中研院近代史研究所口述历史系列

海校学生口述历史 2

访问 张 力 吴守成 曾金兰
纪录 张 力 曾金兰

九州出版社 JIUZHOUPRESS | 全国百佳图书出版单位

图书在版编目（CIP）数据

海校学生口述历史. 2 / 张力，吴守成，曾金兰访问；张力，曾金兰纪录. --北京：九州出版社，2012.10
（中研院近代史研究所口述历史系列）
ISBN 978-7-5108-1202-6

Ⅰ. ①海… Ⅱ. ①张… ②吴… ③曾… Ⅲ. ①陈在和（1922～？）－生平事迹②徐学海（1928～？）－生平事迹③马顺义（1928～？）－生平事迹④海军－军事院校－史料－中国－民国 Ⅳ. ①K825.2②E296.3

中国版本图书馆CIP数据核字(2012)第254802号

海校学生口述历史 2

作　　者	张力　吴守成　曾金兰 访问　张力　曾金兰 纪录
出版发行	九州出版社
出 版 人	徐尚定
地　　址	北京市西城区阜外大街甲 35 号 (100037)
发行电话	(010)68992190/2/3/5/6
网　　址	www.jiuzhoupress.com
电子信箱	jiuzhou@jiuzhoupress.com
印　　刷	三河市东方印刷有限公司
开　　本	680 毫米 ×970 毫米　16 开
印　　张	14.75
字　　数	206 千字
版　　次	2013 年 3 月第 1 版
印　　次	2013 年 3 月第 1 次印刷
书　　号	ISBN 978-7-5108-1202-6
定　　价	32.00 元

出版说明

台湾中研院近代史所，从建所至今，几十年来共采写和出版了二百余种“口述历史”。近代史所的学者制定了严格的口述史操作规范，并进行采访和撰写，使类似史料层面的“回忆录”和“纪实”，上升为可供专业人员研究的“口述历史”。他们的访问对象涉及当代军事、政治、经济、文化等各方面的重要人士，请其自述生平，为现代史研究留下了一系列珍贵的口述记录。

九州出版社“中研院近代史研究所口述历史系列”，是上述二百余种“口述历史”的精选集，也是海峡两岸出版交流中心的重点引进出版项目。本系列以简体字出版，对原书注文体例和文字错误进行了必要的订正。原版本的丛书弁言和前言，介绍了该丛书的缘起、价值和意义等情况，简体版将其主要内容附于书前。

该书访谈对象的某些政治立场、观点和看法，我们并不认同，但为了保留史料，便于参考研究，在编辑过程中，我们对文中对我党我军的诬蔑性语句和称谓进行了中性处理，内容仍保留原貌；个别之处，有所节略；对于文中一九四九年十月一日以后使用的“民国”纪年，改为公元纪年；对于文中一九四九年十月一日以后的台湾当局相关机构、职务等，加以引号。本系列图书供近现代史专业读者参考使用，望读者在阅读时注意辨析书中的一些内容。

九州出版社

2013年3月

弁　言

口述历史访问计划，中研院近代史研究所在筹备时期，即由筹备主任（嗣任首任所长）郭廷以拟订进行，其目的在访问当代军事、政治、外交、文教、经济、社会等各方面的重要人物，请其自述生平，为现代史保留忠实而深入的纪录，以备历史学者之研究。自一九五九年十月起迄一九七二年九月止，参加访问工作者先后有沈云龙、王聿均等二十二人，接受访问者七十余人，成稿六十六份，约四百八十万言。

口述历史资料，其重要性不亚于文献档案。民国以还，内乱外患交相迭乘，史料损失，不可胜计。对历史真相的了解，需要参证当事人口述之处甚多，这些笔录，对中国现代史的研究将有莫大的帮助。本所于一九八二年开始征得应访者（或其家属）同意，陆续刊印访问纪录，列为口述历史丛书。一九八四年春在所长吕实强推动下，成立口述历史组，恢复访问工作。

本所访问人员力求应访者尽情畅谈，所成笔录文稿保留口述原意，不予刻意修饰。初稿送应访者校订后视为定稿。惟应访者记忆难免有所疏误，或有涉及价值判断、个人恩怨、政治立场，而纪录或语意不清，印刷或有手民误植，尚祈读者赐函指正。

中研院近代史研究所口述历史组　谨识

序言

一九九七、一九九八年间，吴守成教授、曾金兰小姐和我本人在全台各地，口述访问曾在海军服务过的多位前辈，其中九篇访问稿刊于《海军人物访问纪录》第一辑*中，于一九九八年九月由本所出版。本辑所收陈在和、徐学海、马顺义三位先生的访问稿，访谈与整稿也在这两年间，但过去三年我借调至花莲“国立”东华大学历史学系服务，平日忙于教学与行政工作，无暇顾及访问稿之出版工作，致使第二辑迟至今日才付梓。

本辑收录之三篇访问稿，内容涵括二十世纪三十年代至七十年代的海军发展。陈在和先生于廿三年考入马尾海军学校航海班第八期，抗战期间在贵州桐梓继续课业，三十年底毕业。徐学海先生于卅二年考入马尾海校航海班第十三期，在桐梓入学，抗战胜利后该期学生纳入新制海军军官学校，为三十八年班。马顺义先生则于卅六年考入新制海军官校，为四十年班毕业生。三人不同时期就读海校经历，恰能呈现海军军官基础教育的转型。

徐学海与马顺义先生服务海军时间均长，曾担任多项舰艇与岸上职务，对其经历均有巨细靡遗的叙述。举凡国共之间的重要海战，海军在台的建军备战作为，中外海军之合作，均因受访者的亲身参与，而有第一手史料的价值。

本所陈三井、吕芳上、陈永发等前后三任所长，大力支持访问计划之

---

* 《海军人物访问纪录》第一辑，在本社出版之《中研院近代史研究所口述历史系列》中名为“海校学生口述历史”。——简体版编者注

进行，吴守成教授协助安排访谈，曾金兰小姐担负整稿重任，口述历史小组沈怀玉小姐安排稿件送审及编排事宜，以及段佑泰先生惠借《海军军官学校三十九年班毕业同学录》（封面封底照片来源），均使本辑访问纪录得以顺利出版。谨表由衷的谢意。

张力　谨识

二〇〇二年十月十四日

目　录

陈在和先生访问纪录

时间／一九九八年五月十三日、六月十一日

地点／台北市济南路徐学海先生公馆

访问／张　力（中研院近代史研究所研究员）

纪录／张　力

海军世家

我是福建省林森县人，民国十一年九月九日出生。先父陈宏泰系黄埔海军学校第三期第一名毕业，民国十一年前后被派到美国学习潜艇。陈绍宽任国民政府海军部部长时，以有限的经费投资造舰，贡献甚大，然未能发展潜艇，是故先父所学并无用武之地，主要仍在舰队服务。抗战前曾任江贞、永绥、逸仙、海筹、平海、宁海等舰舰长。先父之军舰每到一地驻防，总要待上一年半载，我们一家也就自行设法跟随到驻地附近赁屋而居，因此福州、厦门、南京、汉口等地，我们都住过，最后才在上海定居住。我也在上海就读过清心小学和南洋中学。

我在幼时有机会上过先父担任舰长的军舰。海军部长陈绍宽对舰艇整洁要求甚严，他率领军官上舰视察时，每人戴着白手套，专门触摸死角，看看有无灰尘。所以舰艇甲板用椰子油擦得很亮，各个角落也不敢疏忽。我也有机会认识先父的海军友人，如郑耀枢、严寿华（先父接海筹舰长职时，他在南京接先父任逸仙舰舰长）。抗战前某次有二十三位舰长认为陈绍宽部长处理某事不当，联名抗议，号称“二十三诸侯”，先父也是其中之一。抗战爆发后，先父率宁海舰于江阴抗敌，宁海不幸遭日机炸沉，先父遂调为布雷总队总队长，在湖南长沙。后又调至重庆山洞的海军总司令部任司长。抗战胜利时，曾随何应钦将军同赴南京受降，并接收伪海军，后出任第一舰队司令，民国三十五年七月我随同八舰自美返国后不久，先父即自海军退休，居于上海。

民国二十三年海军学校举办第三次全国招生，先父亦希望我在海军中有些发展，就问我要不要报考。我因自幼耳濡目染，对海军印象至深，且有一种亲切感，就报名考试。海校招考有一项规定是，海军中校以上军官可以保送一名子弟投考，故而海军之中颇有一些父子档或兄弟档。除了我家之外，另有傅成、傅滨烈父子，萨家与欧阳家的几个兄弟，也都在海军服务。先父虽然鼓励我在海军发展，不过后来我在海军服务时，回到家中

1946 年，海军第一舰队司令陈宏泰将军会晤美国海军上将考克将军

也很少和他谈海军的事。他只是有时笼统地对我说：大家对我很好，期望很高，要我好好努力，对国家有所贡献。

海校生涯

我们在南京考取海校的五十名学生，搭乘通济舰到马尾报到。当时学校已有航五、航六、轮四、轮五等四班学生。马尾海校的学制是航海班校课五年，见习三年，轮机班则为校课六年半。我们到校后不久，航四即完成校课离开学校。我们录取的五十名同学被分成航七、航八两班，我为航八。是时校长为李孟斌，训育主任为黄显淇，航五的孟汉钟与轮四的王先登先后当过我们的队长。

入学第三年，中日战争爆发，日机不时轰炸沿海城市，福州也是目标之一。马尾海校因此迁往鼓山，在涌泉寺旁一幢福建省政府前代主席兼财政厅长陈培锟所建的楼房中继续上课。约一年后计划迁往内地。我们携带简单行囊由马尾乘船到延平，换公共汽车到江山，再搭火车经江西南昌抵湖南湘潭，一路上十分平顺。但我们也看到难民涌入内地的悲惨情况。火车停在南昌准备转往湘潭时，就瞧见别的火车不仅车厢塞满了人，火车顶上也挤满难民，堆放行李。我还亲眼目睹火车头在接挂车厢发生冲撞的一刹那间，有人从车顶摔落到铁轨上，双腿遭火车辗伤。我们的搬迁均有妥善安排，非常有秩序。到了湘潭后，学校已租妥一座大院子，屋舍很多，充作教室，我们继续上课。不久学校又迁到贵州桐梓的金家楼。

二十八年结束校课，先到重庆下游五十里的木洞镇学枪炮，那里有永绥军舰，舰长傅成。我们在课堂里学小武器，课本里也有英美等国新武器的介绍。再到永绥舰上实习。永绥舰没有别的任务，日机来袭时，听到警报后永绥也备战，不过日机只是轰炸重庆而已。一年以后到辰溪学鱼雷，辰溪有个鱼雷营，也有一个水雷制造所，所长曾国晟，聪明能干，为改进水雷而努力不懈。我们一面学鱼雷，一面学水雷。又过一年后，再返回木洞镇学舰课，亦即除武器以外的各种舰上操作，如舱面、轮机、绳索、抛锚等，时间也差不多是一年。

民国三十年十一月，我以全班第一名毕业。依照战前海军部的一贯做法，每届毕业生的前十名由海军部派往欧洲国家留学，主要是英国。然而抗战期间，交通不便，英国也忙于欧洲的战争，我们就没有机会保送出国。因我是第一名毕业，就被派到桐梓海校担任新招考的航十班（后来的三十六年班）队长。半年之后又招考了航十一和轮六两班，我们班上的同学刘渊和李景森也被派到学校当队长。

当我还是海校学生时，就有同学感觉到我们在专科学术方面学习得很扎实，几乎所有课本都是英文本，且有英籍教官授课，但一般学识就显得不足。这是陈部长时期的作风，非常重视学术，学生埋首书堆，很少看报纸、杂志，缺少广泛的知识；学生很单纯，但几乎与社会隔绝，不够当一个有指挥能力的海军军官，更谈不上与友军之间的合作。我们认为这是个缺陷。所以我们三人当队长时，认为学生除了要有专科学识之外，也要对国际局势、世界海军现况、国内社会情形有所了解。因此我们比较注重学生的多方面发展。由于我们年轻，对学生管理甚严，但也爱护有加，尽量配合学校的教学，以便能培养学生将来成为真正有指挥能力的海军军官。

在学校我们还带学生的体育课，也在学生自修课时，为他们解决问题。当时学校的条件虽然不好，但是同学的上进心很旺盛。教师除一位教三民主义的文职教员外，都是海军人员。我在校期间，陈部长来过两三次，每次都对我们训话，我记得他要我们注重海军的学、术科课程与作战，也对学生的身体情况十分关心。

桐梓海校校长为高宪申，他并不管事，主要管事的是训育主任，其下有学监，然后再是各队的队长。我们在海校当队长时，训育主任原为周宪章，后由邓兆祥接任。久闻邓兆祥是标准的海军军官，我们得知他来接任，感到十分高兴，认为对学生将会大有帮助。但相处之下，我们三位队长竟与他常是意见相左。邓主任的操守与学识，我们从未怀疑过，然而他个性相当固执，一切依海军学校章程办事。而我们认为海军学校章程是在民国初年所订定，其规定已不合时代要求。我们提出许多建议，邓主任却紧紧守住章程，我们只好自行设法。譬如说我们想要举行运动会，邓主任却说章程里没有举行运动会的规定。我们则告诉他说现在学校里举行运动会十分普遍，就自行筹备，进行各种比赛。运动会结束后，邓主任也觉得不错，说我们办得很好。其实我们的目标就是要把学生训练好。

不过有一件事令人扼腕。桐梓气候不好，瘴气很重，学生常生病。学校有一位医官，但每两三个礼拜才来一次。我们向邓主任说：平日学生的小伤小病，我们可以处理，但内科疾病，必须找医官诊治。我们既然有医官，不需要他每天来，只要每周一、三、五各来一次，每次固定时间看病两小时，对学生就有很大的帮助。然而邓主任并不赞成，说章程上无如此规定，即使蒋委员长也没办法。后来有位名叫周铁夫的学生严重牙疼，我们报告邓主任，要他赶紧找医生来处理，但他还是说没办法，结果周铁夫病情恶化而去世。我们为此很伤心，邓主任也掉了泪。我们三人则说："邓主任，你现在哭太晚了，学生已经死了，他的家人很伤心，学生也失去了一位好同学。"

我们初到桐梓时，因物价稳定，伙食还都不错，甚至常有鸡吃，航七的甘敏甚至还说我们天天吃"铁公鸡"，平日馒头、稀饭、大米，也都还有。到木洞镇时，日子就苦了些，虽说仍是四菜一汤，却常是白菜、萝卜，不是煮就是炒，那时我们当见习生，手边有点钱，就买点酱油凑合着吃。倒是每个星期有一次加菜，会有一大碗肉。我当海校队长时，日子就更苦了些，但我们三位队长对学生的伙食情况非常关心，每天早上有一名队长随同伙房的人采买，注意他们有无克扣，并询问菜价，大批购买才能便宜些，学生也能吃得好一点。我还记得米里杂质太多，我们集合学生在操场挑拣杂质，然吃饭时，饭里仍有小石头和细沙。即使如此，海校的伙食比一般学校还是好一些。

说来有趣，我们三人对学生十分用心，也配合得很好，但因个性不同，似乎所带的学生也受到影响。我自己重视学术，平日不太与人交往，我所带的学生在功课、运动方面都不错，但其他方面就显得呆板些。李景森在管理学生方面有长才，这方面的事我们都找他商量，他擅长组织与办活动，他的学生似乎也有类似的表现。刘渊则有艺术家风格，人很好，能作曲。他带领学生办报纸，组织乐队，学生也就十分活泼。

赴美接舰

抗战后期我国曾派出数批海军军官赴英、美两国受训，并接回舰艇。《海军抗日战史》所载军事委员会派遣陈心华、陈在和等二十八名海校毕业生出国受训，专习潜水艇后参战，当时我并不知道此事。正如前面说过，战前海军部原有派每班前十名毕业生赴欧洲国家留学的先例，或许海军总部就是依此惯例，把航七、航八两班毕业生全部推荐候选，军事委员会饬令海军总部办理。然而此事并无下文。

不过我在海校服务时，学校收到一份海军总司令部转来的军事委员会公文，大意是说盟军已达成协议，我国可派军官和士兵赴英美借舰参战。我们三名队长都有报国热诚，看到公文后都想一试，就向校长高宪申报告。高校长指着公文要我们注意，虽是海军总部转颁的军委会公文，但最后一句却写着：本部过去均有选派年轻优秀军官赴国外受训深造，这是海军部的传统，意思就是要我们别急，以后还会有机会，不要参加这次的考选。我则是推测盟军之间合作协议的借舰参战，国内应由海军总部来主办，但却是军委会主办，海军总部就不很积极。陈绍宽虽为海军总司令，但电雷、黄埔、青岛出身的海军军官，并不受他管辖，他也无可奈何。

公文上既然未明文禁止我们参加考选，所以仍然坚持报名，高校长也将我们的意愿转呈海军总部。不久海军总部有了回音，说我们为海军为国家效命，志气可嘉，准许我们报名参加接舰参战，但要等到接替我们的人报到后，才能离开。我们认为这份公文已是核准我们报名，但高校长却说并未核准，因为公文未提何时和派何人来接替，其实还是不能去。我们再等了几个月，果然没有消息。而我们在桐梓多年，当地缺乏资讯，对外界了解不多，也想趁此机会到重庆去看看。但不能三个人同时去，最后决定我和李景森去，刘渊留在校中。学校有人把我们赴渝之事向海军总部报告，依照规定，海军人员若要离开职守到别地去，必须得到总部的批准，我们却只得到学校的同意。结果学校收到总部的电报，询问陈、李二员现在何处？高校长急电重庆通知，我们遂立刻赶回桐梓。高校长另复电海军总部，说我们二人因牙疼，而桐梓医疗设备不全，故远赴重庆求诊，学校收到总部询问电报时，二人已返回学校。总部又来一电，说我们未得总部允准，擅自前往重庆，着罚薪一月。公文后半段又写着：刘渊即到重庆，参加留英考试。我们两人看了公文很感丧气。心想虽然没有留英的份了，不过为国家出力不一定要留在海军，就在三十二年七月和学校打个招呼后，离开桐梓再到重庆。我们此举形同潜逃，还因此遭到海军总部的通缉。

李景森回到江西他父亲的工厂帮忙，我则进入重庆的航政局任视察。当时位在九龙坡的交通大学征求一名讲师，我就到交大去试试。我因年纪尚轻，也没到国外留学过，却需要教四年级的毕业班，有些学生的年纪比我还大，学校就要我当助教，等发表了一些著作，教育部核准我的讲师资格后，学生就没有话讲了。我认为无妨，就一面在航政局当视察，一面在交大当助教。航政局有宿舍，也可随时搭便船到交大，十分方便。这时先父在海军总部任司长，我有时会在周末到总部所在地的重庆山洞去，但我因遭通缉，不敢进总部，倒不是怕被逮捕，而是担心令先父难堪。不过重庆有个海军总司令部办事处，我倒是去过。一般我会住在罗家湾的潘其武表哥家中。

某日有一航七的同学张敬荣（他的父亲曾担任过陈部长的副官长）来航政局看我，他也暂时离开海军，在别处供职。不过他已正式报名接舰参战，正在等候考试。我注意到他的手中拿了一份资料，原来是他要报考中国航空公司，他也鼓励我一同报考，航空公司设备好，待遇高，对我确有吸引力。然而通过笔试面试后，发现仅录取我一人。我就辞去航政局和交大的工作，于三十三年四月派赴印度加尔各达机场的中国航空公司办事处。该公司的航务部门是由原陈纳德飞虎队退下来的美国人所主持，负责飞越驼峰的补给。

不久重庆的总公司派给我一名助理，是青岛五期航海甲班第一名毕业的金春衢，我们在一起相处得非常好。几个月后，他说要回重庆参加接舰参战的考试，邀我一同报考。我虽很想回去，但因通缉有案，如何能回海军？而在此工作也很好。他说没关系，这项考试是由军委会主办，可能不会理会海军总部的通缉；只要是人才，就可试试，并要帮我报名，我接受了。两人遂向航务主任报告，航务主任也很鼓励，并说我们可以随时回来，结果两人都考上赴美接舰。陈部长得知此事，就发了一份公文给军委会，指称有本军遭到通缉人员考上，应予剔除。军委会则请海军总部提供名单，因备取人员很多，剔除后递补不成问题。陈部长没有再回公文，于是正式录取名单公布。其实录取人员中只有陈鸣铮和我遭到通缉，我俩写了悔过书给陈部长，他并未再有其他举动。过去马尾海校每班前几名的毕业生出国深造前，陈部长都会请吃西餐，教些 table manner，并训勉一番。有人说陈部长讲过，这次请吃饭就会和陈在和握手，这样不行，所以就不请我们了。昨晚（五月十二日）刘和谦告诉我，他看到一份公文，对此也有些了解。陈部长虽然不太高兴，但我考的成绩很好，心里仍是十分愉悦，因为海军部参加考试的人，毕竟没有丢海军部的面子。

我们接舰军官至印度乘船，经澳洲到美国，沿途有两艘驱逐舰护航。抵洛杉矶后换火车到迈阿密的 Naval Training Center 受训，另登上美国海军驱逐舰进行海上训练。完成接舰仪式后，我们到古巴的 Guantanamo 做 shake-down training，我被派为永泰舰的通信官，舰长为王恩华。之后八舰就返国。

八舰返国途中没有什么大事，不过舰长、副长常在一起谈到，舰上通信部门的人员很难管理。因为派到通信部门的多是从军的大专学生，有些甚至已经毕业了，他们脑筋灵活，学识亦佳，对通信、电子、雷达、声纳等新知学习得很快，不过也常有主见；有些军官甚至感觉自己不如这些士兵，故而很难管理。但我和舰上的通信部门人员相处得不错。

返国后的职务调动

八舰回国后，我被调为太康舰舰务官。舰长原为梁序昭，后由高举接任。高举学识操守均佳，但个性甚急，且很固执。譬如他当舰长，常下达一连串操控命令，就要立即见到结果。但下达前进命令，必须敲车钟，到机舱，机舱复诵命令后，才开动机器，然后推进器转动，船才能前进。操控军舰不比驾驶汽车，有一定的步骤，岂能立刻得到反应？八舰返国时，他舰上的轮机长杨珍就是因为和他处不好，而在夏威夷就被调回国。

这时国内情势很乱，海军也乱。海军事务已由海军署接管，署长为陈诚兼任，不过真正管事的是参谋长魏济民，他也是我的学长。我原先服务过的中国航空公司已迁回上海，我曾去那里看看老朋友，因为他们过去对我的印象不错，希望我再回去。我想回到航空公司也好，就向高舰长报告，希望能调到海军总部当科员，这样离开海军就不会有人注意到；如果在船上任职，一旦走掉，会被认为是潜逃。高舰长则说他要考虑考虑。

有一天船靠泊在下关码头，魏参谋长到太康舰视察，在官厅里他问高舰长有什么需要解决的问题？高舰长表示一切情形都好，不过通信部门缺少一位适当的通信官，建议由我兼任通信官。我当即报告兼职不好。魏参谋长走后，我继续向高舰长说，我早就准备离开船上了，你怎么还要我兼通信官？高舰长立刻性急地对我说："好，你不做，我就把你降级调任。"因码头距停车位置还有一段距离，高舰长立即赶去追上尚未上车的魏参谋长。这时船上同事劝我不要急，别和舰长闹翻，可以慢慢谈。我说我不管了。不久高舰长回到舰上，对我说："我想了想，你是海军的优秀人员，当舰务官兼通信官是委屈了你。所以我刚才在半路上改变了主意，就向魏参谋长建议升你为副长，他也同意了。"第二天我就接到公文：调为永顺舰副长。

永顺舰长是马纪壮。我到永顺不久，船由南京开往青岛。之后桂永清也来到青岛，搭乘永顺舰巡视渤海湾的岛屿和港口。我们就由青岛出发，到过烟台、天津、秦皇岛、葫芦岛等地，并在两个礼拜的航行期间，进行实弹演习。桂先生曾在南京看过每一条船，但看了永顺官员士兵操作执勤时一丝不苟的严肃态度，印象极为深刻。马舰长多半陪着桂先生，舰上大小事情则由我负责照管。船驶返青岛的前一天，桂先生找我单独谈话，他说："你们船上的情形非常好，你也做得很好，希望继续努力，好好地做。"我则说："报告总司令，我已接到命令，即将调到海军总部第四处任上尉科员。"他说："没这回事！"我拿出调职令说："这上面有你的名字。"原来调职的公文是在永顺准备离开南京时，刚好送到，而我也向马舰长报告过，马舰长说："大家在船上都很好，你何必要到总部去做事？"我当时表示想休息休息。桂先生看到我拿出的公文后，却叮嘱我说："你不要离开舰上，要等我的电报。"永顺回到青岛的第二天，我就接到桂先生的电报，上面写着："永顺军舰舰长马纪壮调太康舰长，舰长职务由副长陈在和升任。"我就没到总部去。

永顺舰长

我在永顺舰时，经常参加北巡任务，后来在青岛掩护过阙汉骞的部队撤退，永顺是最后一艘离开青岛的军舰。我们奉命到海南岛支援作战，但在半途又奉命到福州镇守。此时先父已离开海军，回到福州居住。我向他提起是否全家搬到台湾去，因当时先祖母仍健在，先父说老人家行动不便，需要照顾，不能去台湾，故而最后只有姊姊、妹妹和我三人来到台湾。

在海校和我一起当队长的李景森，后来也考取赴美接八舰，且和我同乘永泰舰回国，他任舰务官，回国后调永兴舰副长，后来在广州离开海军，回到福州。我率永顺舰到福州时，劝他再回海军服务，贡献所学，他答应了，并乘永顺和我一同来到台湾。然而当时局面混乱，海军总部没有人处理此事。李景森看看无事可做，又返回大陆。中共建政后，据我所知，他主要致力于海洋学术的研究，发表过一些文章。

那时海军的高层官员大多还是陈部长时代培植出来的人，对陆军的人来主持海军，心里总觉得格格不入。像是魏济民、林祥光、高如峰等人会认为建军的方向不对劲。桂先生也感觉马尾的人特别多，又有些人在他旁边加油添醋，桂先生就开始对马尾的人有所压制。

就我个人来说，桂先生对我还是不错的，我接马纪壮任永顺舰长，隶属于第一舰队，司令是原峨嵋舰舰长梁序昭。不久马纪壮升任舰队司令。桂先生原本也不认识马纪壮，由于马先生是位八面玲珑的人，在永顺舰长任内也有很好的表现，故甚受桂先生赏识。马先生有一次提到桂先生原要调我接太康舰，然而他觉得我年纪太轻，应该由永宁舰长黎玉玺接，所以他调离太康舰后，是由黎玉玺接舰长职务。我则觉得无所谓，反正都是服务海军。

我个人的看法是：桂永清当时可能认为海军一则需要年轻人，二则福建人太多，就让一些人退了。他的处理方法是否恰当，这很难讲，不过确实有不少人就因此离开海军。不过他对我个人还是很好。

先父和陈绍宽后来都留在大陆没有出来。我听到的消息是他们常见面，先父仍受到陈绍宽的照顾。先父担任过福建省政协常务委员，但只是空的头衔，没有实权。他留在大陆，对我在台湾的海军发展自然有影响。那时有人给我看一张刊载在大陆报纸上的照片，上面是我一位同父异母的妹妹在北方某地溜冰，介绍文字就写着：“陈在和之妹”。

永顺舰参加北巡期间，我与秦皇岛葫芦岛港口司令何世礼将军常有来往。从永顺舰下来后，我调为“国防部”联络官室为副总联络官，这时何世礼将军也已调为我驻联合国军事代表团团长。由于何将军过去对我印象甚佳，就把我调为他的副手。在美任职四年后返国，这时海军总司令是梁序昭，我就在总部任上校通信处处长。先父留在大陆对我的事业有一定的影响，而政府可能也有其他的考虑。当时我想也许是我能力不强，不能对国家有更多的贡献，还是该退下来让年轻人上来，就于一九六三年退伍。

踏入航运界

一九六四年我进入董浩云先生的 C Y TUNG（东方海外公司）船队服务，一般称之为金山公司，但在台湾则称为“中国航运公司”。董先生的船队最高纪录时曾有油轮、客轮、货柜轮、散装轮等，总计达一八〇艘。我初进公司时担任船长，第一次即由台湾驶纽约。到纽约时正好董先生和其公子董建华也在那里，我和董先生也是初次见面，就在金山公司的纽约办公室内，向他报告船将在下午完成装货，当晚十二点离开纽约港。我又提到下午会有几个朋友来看我。董先生问我是些什么人，我答曰有杨西崑、陈雄飞、薛毓麒，都是我任职联合国时结识的外交官。董先生和他们也熟，就说也要到我的船上去。当时是十二月，天气很冷，而从纽约市中心到船停泊的新泽西州有一段距离。董建华就说：“爹爹，那么冷，别去了。”但董先生执意要去。一行人遂从纽约出发，后在船上参观、用餐，直到我开船才离去。

第二次我的船到纽约时，董先生正好又在那里。他就调我到旧金山的分公司去管理船务，包括西岸的阿拉斯加、加拿大、西雅图、波特兰、洛杉矶、圣地牙哥等处港口，有关船只进出、装卸货、船上人事之业务。后来调我到香港的总公司。在香港期间，董先生要开辟中东航线，我曾为此七次走访中东各国。后来我又调回台湾服务。

董先生也是一位急性子的人。他的心脏原本不好，一九八二年四月十五日，他原要在香港迎接摩纳哥国王雷尼尔和王妃葛丽丝凯莉，然后一起到台湾。不料专机提前抵达，安排接机的人尚未就位，董先生为摩纳哥驻香港名誉领事，他匆匆赶抵启德机场，机场人员只准他或他的媳妇其中一人，由港督副官长陪同，进入停机坪迎接。董先生只好让其媳妇进入，他在大厅等候，心中十分不悦，当晚心脏病发，抢救无效，十分可惜。董先生生前对我很赏识，曾多次要我随同他赴各国考察，也特别提拔我，令我十分怀念。董先生过世的第二年，我也自金山公司退休，此后就长居美国。

徐学海先生访问纪录

时间／一九九七年四月一日、四月十六日、五月三日、五月三十日、一九九八年一月十九日、六月十一日

地点／台北市济南路三段徐宅

访问／张　力、曾金兰（成功大学历史研究所博士班研究生，曾任中研院近代史研究所口述历史组约聘助理）

纪录／张　力、曾金兰

家世与早年教育

我的祖籍是浙江，徐家原是一个大家族，在堂兄弟之中，父亲排行廿一，年轻时随伯父到广州，遂在此定居。父亲未受过很好的教育，后来有机会进入粤海关服务，生活才渐感安定。母亲则是越南华侨，也没受过太多教育，由于我离家很早，对于父母亲的状况并不了解，同时在那个威权时代里，也不容许我们过问长辈的事，故父母亲如何认识与结合，我均不清楚。据大姊告知，母亲可能较父亲年长几岁。

由于母亲自越南带了不少妆奁返国，而她最有兴趣的事就是置产，一口气在广州买了三栋房子，故当年除了父亲在海关的收入，我们还可靠收租过日子。直至今日，承母亲余荫，我在广州还有一栋房子。那是因为抗战胜利后，祖居后有一户人家，房舍已被日本人炸毁，母亲就用我的名字

买下这块空地，盖间平房暂时出租。她认为他日若儿子返乡，婚后亦不会与她同住，而媳妇也不一定和她处得来，所以先盖间房子，让儿子自己住。正因如此，一九五七、一九五八年时，广州人民政府更换房契时，这间房子还在我的名下，因而没有斗争母亲。后来中共将此平房拆掉，与附近的房子一起盖成一栋十一层的大楼，几十年来承租的那户人家，也因此而获得新盖大楼中的一户。两岸往来之后，妹妹建议我向人民政府要回这间房子，请原房客搬走，经过一段很短时间的官司，我以胜诉要回这间约四十坪的公寓，现已装修完毕，一切设备与台湾无异，目前由妹妹替我照管。

由于父母亲未受过很多教育，所以很注意我和三个姊姊、一个妹妹的教育，希望能培养我们。

我生于民国十七年四月廿四日（官籍表则为民国十六年），五岁启蒙，念私塾，后来才转入小学，从三年级开始念。抗战时，日本人轰炸广州，我们整个家就改变了。我念的小学设备好，教室外有地下室，因此日机来袭时，学生都没有受到伤害。但有一天下午放学，我陪同学回家，他家已被炸毁，父母也不知去向，故在我幼小的心灵中，从此埋下对日本人的仇恨，决心一生不用日货。当时父亲有个很要好的朋友黄伯伯，他是粤北坪石人，力劝父母亲搬到坪石，我们乃举家迁往坪石，而我也从小学四年级开始就会讲国语。在坪石念完小学，之后到坪石北边卅多华里的湖南省境念宜章中学。当年到湖南念中学的广东人，年纪都较湖南同学小四到六岁，湖南同学都叫我们“广仔”，调皮地欺负我们，要我们宝。之后父亲到曲江（韶关）工作，我就转回曲江的志锐中学就读。

志锐中学由张发奎出资兴办。众所周知，张发奎当年曾与蒋先生过不去，因他系汪精卫栽培出来的人，有此因缘，才会支持汪而与蒋先生作对，不过他本身算是一位开明之士。志锐中学原在其家乡始兴成立，他一直有意搬出来扩大招生，所以在曲江校舍兴建期间，曾一度迁到柳州的大桥，然后才由大桥迁到曲江十里亭，成为当地首屈一指的学校。然而该校在抗战时期也不能躲过日机轰炸的噩运。

本校最大的特色就是军事化管理，每天早上集合、升旗、出操，非常规律，不过学校师长并没有军人。另外学校也辟一块很大的地让我们学生种菜，所需肥料就到厕所挑水肥，栽植的蔬菜不少，因此学校的伙食在那个时候算是不错的，不过没有养猪。由于张发奎的投资，所以校舍建设堂皇；而他的作风开明，邀请不少当年文化界颇负盛名的人来校任教，如曾创作不少抗战歌曲，后来也是大陆的名音乐家孙慎（今在北京），就是我们的音乐老师。男女学生比率约为二比一。校内社团很多，如鼓号乐队、合唱团、话剧队等。学生后来的表现也很出色。然而前几年我和以前在志锐的同学聚会，他们告诉我的话却让我惊讶不已，许多人坦承他们在念初一时就加入共产党，例如长我一两岁的李国瑶，说他初一在梅县就是共产党，因为在梅县被人家抓了，梅县赶他出境，要他永远不能再回乡，他就来到曲江念志锐中学，和我同班。在班上，他功课和体育都很灵光，不过从没听他讲过共产理论。一九四九年之后，他担任梅县附近几个县市区的政委。另一位吕同学，毕业后考上中山大学地理系，后来成为大陆上的探油专家，他在初一时就是共产党员。当年校内很多老师也加入了共产党，但我在校时毫无所觉，他们从来不对我灌输共产主义思想，也没吸收我加入，所以我根本不知情。我想那时加入共产党还是秘密的，而我总是一下课就跑去打球，也没机会让他们吸收我。学校会有如此多的共产党，我想主要是因为张发奎的关系。当年台湾最大的“匪”谍案——吴石案的主角吴石，在台湾担任“国防部次长”，原来是张发奎第四战区的参谋长，而张任第四军军长时，其参谋长是叶剑英，独立团团长为叶挺，师长是朱晖日，全是共产党，可见他那时因为作风开明，使得共产党可以有存在的空间。

我入校时为志锐中学的第二班，初中毕业时，校内已有高一生，后来就发展成完全中学。当时毕业的学生主要分两条路，很多人投考军校，其他人则升大学。如今志锐的校友会在全广东是最出色的，因为抗战胜利后，张发奎回广州当行营主任，就把以前的学生都找回去做干部，还在广州捐了一栋不大的房子作为校友会。我的同班同学杨资元还是四年前的广州市市长，所以志锐中学的建校时间虽然比不上广东其他的老学校，但校友会却是广东最出色的。

投考海校

毕业前不到两个月，我就去投考海校。当时我一心想从军，但要从哪一个军种呢？我希望当军官，那就必须念军校，若考陆军官校，我年龄不足，投效空军，父母亲都认为危险，所以就考海军学校。其实我对海军印象非常模糊，只知道有位留美的堂兄在黄埔海校当英文老师，当年大家都认为这个堂兄很杰出。不幸的是某日有位舰长请他到黄埔吃饭，餐毕和一群人从黄埔坐小火轮回广州，途中被一艘轮船撞翻了，堂兄因此过世。除此之外，我对海军没有印象，反正那时只是想从军。

我们考时已是海校的第三次全国性招考，每次考试广东省都是人山人海，光在曲江这一个考区，起码有八九千名少年应考，竞争很激烈。以力行中学为例，学生是抗战中被送到后方的孤儿，收留在蒋夫人办的儿童教养院长大的孩子，广东地区由省主席李汉魂夫人吴菊芳主持，这些儿童长大都入力行中学，人数有好几千人，毕业后当然都愿意从军，他们有省主席夫人的照顾，就占了便宜。广东分成数区，一共才取廿名，我自忖没有把握，但我晓得侨务委员会在广东招考侨生，这类考生比较少，大约只有几百人。更巧的是，处长张天爵（闽南，原是华侨，后来出任厦门市长）是以前志锐中学的校长。我在广州就读时，日机来轰炸，母亲顾虑我这个独子的安全，曾带我到澳门暂住一阵子，所以我就以侨生的资格报考。招生名额不多，规定招两名，因为应考人多，处长后来决定正取两名，备取两名。正取第一名是李用彪，第二名姓宋，我和另一位同学备取。我记得处长面试时问我："徐学海，你认不认识我？"我说："我认识您呀，您是我们过去的校长。"他说："很好，很好。"我不晓得自己是否因此而备取。

同在志锐中学而考取海校的有三个人，一位蔡文彦，后来低我一班，他智慧很高，国文素养很好，会作诗，很早就转入商船界。另一位同学在舰训时，于香港出了车祸，家人留他，他就留了下来，日后回武汉念医学院。但因他有海军学校的这段经历，后来被中共斗争得很惨。

那时考上海校的人莫不以为考取是件了不得的事情，因为广东省政府在招待所招待了我们三天。三天之中，战区司令长官、省主席、厅长等官员都来看过我们，令我们觉得非常荣耀。

录取的廿四人从曲江赴重庆，走粤汉路往衡阳转湘桂路经桂林到柳州，全程坐二等卧铺，两人一个房间，非常高级。在终站柳州下车，再转乘广东省银行的专车（也附载邮件）到重庆，时为民国卅二年，当年有汽车坐是很受宠的。

在重庆的复试，可说全国未沦陷的地区都派人来考了。广东省最多，福建省除了省政府保送名额外，海军子弟也可以保送，所以人数也相当多。其次湖北来的人也不少，可能与陈诚在湖北恩施主持军政有关。还有一个有趣的现象是，从湖南、广西、重庆三个地方保送的人，居然很多不是当地的孩子，而是广东人，所以本班广东人多就是这个道理。

口试由总司令陈绍宽主持，也由他主导，但他问的问题不多，据说他主要是看相，看应考的孩子是不是坏胚子。至于问题的细节已记不得，因为那时太过紧张，进去考试前，有人叮嘱我们：第一个问你们的是总司令，见到后要行鞠躬礼，一定要很大方。我们原先不以为意，一进去看见一排“金板板”坐在那里就吓住了，鞠完躬，问家世等，详细问题已记不得了。回答都用国语，但有些广东同学实在讲不来，只好用广东国语尽量凑。

那时我们喜欢用广东话聊天，免得外省的同学听到，某次我和李用彪两个人到洗衣店洗衣服，边上有个孩子，我们两人就用广东话嘀嘀咕咕地修理别人，没想到他讲的广东话和我们一样好，后来也成为我们同学，名叫王铁铮，是湖南省保送的，但也是广东人。

所以当年很有意思，在重庆的这段日子也让我们觉得非常难得，因为没有任何负担，有些同学连家都没有了，我们还有家，因此身上带了钱，也穿蛮好的衣服。广东人喜欢穿短裤，重庆二、三月下雪，我们照样穿着短裤，外省同学看傻了眼，心想我们这些老广怎么回事。不过我们进学校前，在山洞就把所有的便服卖掉，换得不少钱。我们自广东穿来的夹克，在当时的重庆是很神气的。

民国卅二年四月十二日，位于重庆郊区山洞（地名）的海军总司令部，公布是年全国招取海军学校学生名单，计正取、备取生共一百零五名。我们一百零五名新生由海军总部指派的军官率领，集中在总部大礼堂学习唱校歌和一些抗战歌曲两天，四月十四日，再由官校队长刘渊中尉（后任重庆舰枪炮附，随该舰留于大陆）带队，搭乘海军卡车三辆取道重庆至贵阳公路，中途留宿于一小镇一夜。次日（四月十六日）下午，全体新生安抵桐梓城西郊，列队进入海军学校。

我们这批正式录取的学生，以民国十七年出生的居多，后来唯一得博士学位的王季中比我小两岁，当时只念到初一。入校后有个甄别考试，把取进来的人分成两班，前面七十多人为航海班，后面六十多人为轮机班。学校按成绩给每人一个学号，叶昌桐平均分数并不高，学号在我后面，但他后来很用功，背英文书，起初我看他此举简直莫名其妙，书也拿来背！但这是有道理的，英文考 dictation 时，老师念，我们就要默写，他会背就不在乎了，但我不会背，抓老师的音都来不及，所以眼看着他飙上来（毕业名次为第二名）。我算是不喜欢读书的，功课只要应付得过去，其余时间除了打球就只爱看小说。那时我托人从重庆寄不少小说来，如郭沫若的《棠棣之花》，无名氏《塔里的女人》、《北极风情画》等都看了。但一到考试非开夜车不可，因为学校淘汰得很厉害，每次期考都将各年班的同学集中在大操场上，错开来坐着一起考，总部也派人来监考，考完还公布名次，弄得大家都很紧张，只有拼命读书。我们一直按正常作息，只有抗战胜利那天，有人听见庆祝的鞭炮声，就偷溜出去看外面的风光，回来被抓还被记了过。

在海校任何规矩都很严，吃饭时排队进饭厅，每个人携带自己的竹筷子筒，坐齐了待发了口令才开动。不准讲话，只要讲一句，队长就过来要你站起来，挨三板；谁要不小心把碗筷碰一下，发出声音，也是三板。终席战战兢兢，直到吃完，起立，列队出来，几百人在饭厅里用餐都没有一点声音，严格地要求我们养成绅士举止。

校长高宪申留个小胡子，很胖，很神气，几乎没和我们打过照面，只有偶尔朝会出来主持一下。所有事情都由训导主任邓兆祥负责，他让我们服气透了，现在找不出像他这样的一个政府官员。他把太太送回家乡广东肇庆，八年没有往来。他不只投入海校事务而已，每天比学生早起，比学生晚睡，我们的灯坏了，闪闪烁烁像鬼火一样，他自己搬个梯子上去修，负责尽职，让我们服气到了极点。另外，桐梓冬天很冷，早上洗脸用水几乎结成冰，就有同学偷取好不容易烧开的水来漱口、洗脸，被他抓到了。他除了处分那位同学之外，又集合全体同学，他拿了一个装满冷水的木盆说："没有不可以洗的呀！你们认为洗脸难过，我现在洗脸洗头给你们看。"洗完、擦完后，又说："你们这一点苦都不能吃，将来上船，碰到晕船怎么办？"他的以身作则，令我们十分服气。

在校没有寒暑假，礼拜天早上要校阅，检查服装，铜扣必须用牙粉刷得亮晶晶，这是唯一可以表现我们精神的地方。校阅完毕还要查看内务。中午加菜，碗里多一点肉，午饭后放假四小时。有一回我们班的表现被认为不好，邓兆祥先生就禁我们四个小时的假，我们很生气，在校内就猛吃饭，他却不生气，饭吃完了就叫厨房再煮。我曾因生气而吃了十碗饭。

我们给邓兆祥取个"老牛筋"的绰号，这是因为有一次一位姓蔡的同学（后来转入卅九年班）曾在周记上写道："邓主任，我们看你的皮鞋年岁颇大，请问多少年了？"邓主任就在同学集合时回答说："有个同学问我的皮鞋几年了，现在已经十七年了，我还要穿到抗战胜利。"像邓兆祥那么为国为海军的人，后来被桂永清整得要死，这种负责尽职令我们五体投地的人到哪里去找？却不能为蒋介石所用，蒋介石在大陆焉有不败之理？

当年我算是比较叛逆的，叶昌桐和我私交很好，因为某年他得炸腮（腮腺炎），整晚没吃饭，第二天也没吃，我说我到外面帮他买碗面或馄饨，他说："哎，你不要出去，会记过。"我说："管他！"就从体育场的边门出去，用漱口杯买了碗馄饨面。结果回来的路上就碰到杨学监（介于队长和主任之间的阶级），他是福州人，问我："徐学海，你出来干什么？"我说：

“报告学监，叶昌桐病了，没吃东西，我给他买了一碗馄饨。”学监说：“好，你回去吧。”我就回去，结果晚上布告就出来了，记我大过一次。所以那时学校没道理好讲，他病了有医官照顾，关我什么事呢？那是私谊之故。

我在海校记了不少过，几乎濒临开除边缘。那时海军对开除的学生并没有任何安排，任由其自生自灭。有位吴同学，他和我一样是从广东录取的，相貌堂堂，却因眼睛不及格被开除，无钱回乡，遂住在学校旁边的城隍庙。这座庙没有灯，只有蜡烛，外边还摆着很多棺木，一到晚上黑漆漆的，很吓人。学校饭厅窗户外面就是这座庙，每天晚上我就在饭厅偷一点剩菜和剩饭，爬窗户进去，送给他吃。后来他在重庆靠关系到书局打工，但是书局生意不好，他就进宪兵学校当文书上士，之后随宪兵复员回到广东，终于回到家乡。不久政权易手，中共统治了大陆，他因有海军和宪兵学校的经历，使他被斗争得很惨。后来进入军政大学，但大学只是一种表象，实际上仍将他们派到部队，隶属于共军的某个兵团，调到昆明。再由王震带领到西双版纳垦荒，种植橡胶，他因此在西双版纳待了卅八年。今在昆明居住。有些被淘汰的同学改投陆军，或重行考回海军，如有位王同学重行考入四十一年班，今在纽约从事房地产生意，事业很成功。但也有很多被淘汰的同学，因为他们在海校的这段经历，让中共认为是问题人物，被斗争得非常凄惨。这是我觉得学校做得比较苛刻的地方。

从桐梓到重庆

抗战胜利后不久，海校即迁往重庆。我们坐汽车离开桐梓，途中车子曾转进某个地方搬运弹药。走到松坎，车子坏了，无法前行，我们乃投宿旅馆，几个同学同住一间房，一人睡一个铺子。不久从昆明来了一个青年军的辎汽营，这种辎汽营通常是独立的，配属到其他单位。他们有七八十辆的吉普车和四五辆大卡车，也在这间旅馆下榻。他们的年纪比我们大些，都是廿一二岁的小伙子，我亲眼目睹他们在旅馆荒唐的行径。首先是赌钱，每个房间都赌，闹得很厉害；其次，他们大卡车上载的竟然是从昆明复员的妓女，我记得非常清楚，他们把妓女叫到房间，这边赌钱，那边就嫖，居然做这种事！让我们极端反感。那时我就觉得：这种军队算什么军队！可是因为我们车子坏了，无法前进，带队官就和他们营长交涉。按理说大家都是军人，他们的目的地也是重庆，应该顺路送我们，可是他们却要我们当“黄鱼”，所以从松坎到重庆这段路，我们坐得很舒服，两三个人坐一辆吉普车，但却是花了钱坐的。可见那时的陆军纪律已经恶劣到极点。不过我们运气还不错，当时许多人开车技术不够好，途经著名的七十二弯原本就很危险，又值天雨路滑，有些车子紧急煞车，不慎就会翻下山去，我们同学都很幸运，没遭遇这种情况，全部顺利到达重庆。至于张力先生发现档案中记载，军事委员会对桐梓海校未经请示而径行迁校，表示不以为然，我们当时完全不知此事。

到重庆后，学校先把我们安置在长江南岸的海棠溪某个小学校暂住，队长也比较轻松，让我们出去玩，我们乃坐轮渡到重庆逛街。有时轮渡收班，我们赶不回来，还睡过码头。

在南岸不久，我们就搬到战时海军总司令部在山洞的旧址上课。在此约七八个月，虽然照常开课，但人心却是浮动的。因为我们离家已久，全国各地都在复员，我们也很渴望见到家人，此时卅六年班奉令先行离校，由陈嘉震教官（留英，很早即离开海军，一九四九年后任上海交通大学教授，上海海洋学院院长）带队，经由陆路，绕道回上海，再到青岛报到，比我们幸运地得以先看看外面的世界。山洞和桐梓不同，不是一个封闭的校区，四通八达，很多地方都可以出去，学校不易管理，所以同学都想办法找机会溜出去；特别在与家人联络上之后，有了接济，便经常到街上尝尝四川小吃。我们通常到广东馆子饮茶，当时重庆有间“大三元”，他们的蛋塔还不错，也不算贵。唯一觉得贵的，是有一次到一家江苏馆子，我们莫名其妙地点了砂锅鱼头，吃完结账，惨了，赶紧找同学凑钱，才勉强付清。那时重庆也有自助餐，但不是自己拿，在公家办的青年馆里面，三百元一顿，价位算高的，我们偶尔才去吃一顿。从山洞到重庆市街，有公车可搭，车程四十五分钟到一个小时。我们的主要活动是看电影，如《出水芙蓉》、《蛇蠍美人》等片，都是在此时期看的。票价不算贵，大概一百多元，但我们穿着军服，进场不要钱，有座无座都无妨，赶两场电影，吃过午饭就回校。但有时在街上逛太久，错过四点钟的最后一班公车，我曾和李用彪及另一位同学从重庆走回山洞，竟花了四个小时。

这段期间有点像大学生活的味道，生活管理不如往常那么严，学校的主任也换成黄锡麟先生。黄先生给我们的印象是非常英俊，他戴的帽子是美国海军做的，在我们学生眼里，这种帽子比国内以往习用的英国制帽子好看。他在校不大管事，因为管理学生，队长已经足够，以往邓兆祥主任则是自己找事做，凡是能想象得到的事情都有他的影子。而原先学校的队长，除了李护为（今住左营）和王良弼没走以外，其他都考上军事委员会的留英、留美考试，所以黄先生来时带了两个人来，一位是队长徐家骥，毕业于青岛五期轮机甲班，管理一般事务；另一位是体育教官陈启仁（今在左营，白色恐怖时期被关过）。

尽管如此，学校对课业的要求依然很严，期末考后，有些课业不好的同学就被开除。我记得有位姓彭的广西同学，被开除了，中午吃饭时，他愈想愈气，拿碗往地下一砸，大叫："饭碗打破了！"此时队长李护为看不惯他这个样子，吼他，要用以往的方式拿竹制戒尺打手心三板。我在旁愤愤不平，向队长讲："人家已经很可怜了，您何必要打他呢？"队长说："啊，干么？你还为他争辩？你也打！"所以我也挨了三板，相当痛。

复员到南京

民国卅五年冬，我们终于获得通知复员，沿嘉陵江、长江下南京。共分两段走，头一段从重庆到湖北宜昌，乘坐由拖船拖带无动力的英山舰，船舱不大，但有位子。我们在晚上上船，开船前，附近有艘船灯光耀眼，强烈的光束照得整个码头通明，那时我们看到这艘船觉得好神气，后来不晓得哪个比我们懂得多的人说：这好像是军舰改的哩！后来我才晓得是由中型登陆舰美字号改装的，隶属于民生公司。那是我们加入海军后第一次看见军舰，觉得军舰好神气，干海军真有前途。

重庆到宜昌一路上颇为平静，虽然轮船不大，但驾驶得很顺当。沿途我们趋避过长江三峡航道中的险礁，目睹两岸赤身裸体拉纤上溯的纤夫，虽然落伍，但也觉得理所当然。不知何故，到宜昌就下船，暂住在一所小学里等待。因为同学都是十七八岁的小伙子，有些会骑脚踏车的同学，就带不会骑的同学，到宜昌街上租车练习。所以这段时间我们白天就做两件事，一是学骑脚踏车，二是打篮球。晚上则穿着军服看免费的京戏，全在宜昌城里活动，没到郊区。我们觉得这段时间很舒服，不用念书，整天玩，又不愁吃，因此也不在乎走不走得成。

后来学校雇用两条木船，由一艘小火轮拖带，从宜昌下行。途中小火轮鸣汽笛，哔哔直响，我们想这是做什么呢，因为没学过，不懂，就问带队的徐家骥队长："徐队长，鸣汽笛是什么意思？"他说："这个都不懂，向码头敬礼呀！"我们"噢"了一声，但看看四周也没码头！事实上这个汽笛是表示船往某个方向前进，免得与他船碰撞。由此可见，徐队长对海军所知有限。但他后来不知怎么从轮机官员变成小炮艇艇长，当上海撤退时，他被指定带不少中央银行的黄金到台湾来，好像在途中把押黄金的人丢下海，吞没黄金，后来被判刑，关几年之后调服劳役。一九五四年我到三军大学帮忙第三期学员演习作业时，看见他在那里服劳役，他躲躲闪闪的，不好意思，后来就病死了。

自宜昌下行，某日傍晚时分于湖北郝穴稍停，我们上岸到街上看看，路边有很多被盗墓者挖起来的棺材，还有骨骸，我一向是班上最调皮捣蛋的，同学起哄问我敢不敢睡棺材，我说有什么不敢的，就跑进棺材里躺了一下。

之后拖船驶抵汉口，我们上街看《雷雨》、《放下你的鞭子》等话剧，也登黄鹤楼观望一番，之后继续前行。到了九江，有位广东同学的父亲是军医，复员到九江，请我们吃饭。途经安徽芜湖，靠码头时，正值大雨，路上满地泥泞，市街也一片破烂，令人觉得失望。总之，沿途中的点点滴滴，我们记忆犹新，这段时期可说是最无忧无虑的，根本不晓得人间世事，有得玩有得逛，无比快活。

到南京后，终于看到真正的军舰。当时在我们木船附近正好有艘“伏波”舰，听到他们的广播，以及站岗的卫兵，觉得军舰好威风。事实上伏波舰只有八百多吨。之后就到下关军官总队部的一栋大营房里住下。军官总队是许多要裁的陆军军官，暂编在这里，让他们慢慢复员，可是这群人无一技之长，复员就等于要饿饭了，所以跑到中山陵哭陵，说蒋委员长亏待他们。

海军总司令部安排我们在海军医院大礼堂上“海军常识”的课，其中一位教官是刘广凯，上了半个月。这点常识对我们上船帮助不大，因为专业的课目必须深入，比如锚链如何计算，下锚每下一段锚链都有不同的颜色，需要较长的时间学习。不过这半个月算是上船前的一个印象课。同时总部也发了墨尔登呢的制服，以及衬衫。但后来我们发现这些衬衫大小不一，而且没有领带，我们只好照穿，有些同学就用黑袜子权充领带。但不管怎么样，还是觉得海军可以干，有呢的衣服穿。

有一次，代总司令桂永清来训话，我们那时还是穿着从重庆带来的黑棉衣，训话前，他先作了校阅。过去我们在学校时，出陆操非常严格，任何一个动作没做好，操练官在无预警的情况下，鞭子就打下来了，所以我们的陆操做得很好，他看完后并没有批评我们的动作。但他一上台却说：“看你们这个样子，土里土气的，一个个都像娃娃样，你们还想当什么官呢？你们好好地学，不要想当官。”那时我们只是学生，距离当军官还远呢，根本没想当官，代总司令的一席话，大家都不以为然。因为我们复员并不像一些大官一样，从重庆坐飞机一下子就到了南京，我们从重庆下来，少说也有二十几天，他还莫名其妙地修理我们。

下关有间规模很大的海军医院，里面有篮球场、运动场，我们在那里活动，很愉快。放假到南京市，也一样去看电影，连中山陵都没去，一有空就看电影。

我们从重庆复员之前，海军总司令部已于卅五年在上海另外成立一所中央海军军官学校。他们举行全国招考时，四川录取八到十名学生，在等待到南京复试前，曾到重庆海校与我们同住。他们是高中毕业生，年龄与我们相仿，彼此还曾比赛过篮球，但我们心里觉得奇怪，他们怎么考“中央海军军官学校”，为什么不到我们这个学校来呢？我们学校又怎么了呢？我们不懂。后来这批同学考进上海的中央海军军官学校，成为卅九年班。

当时海军总司令部此举颇遭非议，因为原来已经有一所海军军官学校，又另外成立一所，二者关系如何呢？据我查证，传说要把我们并入中央海军官校，可是又没有并，就让我们上舰舰训。但舰训必须到上海上船，所以又把我们送到上海的中央海军官校暂住。在那里的新生规规矩矩地上课，我们就没人管，出去玩或看电影，学校虽然不耐烦我们，但我们没捣蛋，只是奉命住在这里。后来由海军地区司令部派舰艇送我们八位同学到吴淞口上中权舰。

上“中权”舰训

上船后，船上官兵对我们起了疑心，由于我们未毕业就上船，他们想是不是海军总司令部派我们来监视他们的呢？因为那时三军都有些不太光明的事，如空军，大者可走私黄金，次者走私火腿，西康、云南火腿非常便宜，带到台湾来卖，利润很高。海军也是，例如船到广州，他们就到香港带点东西到北方卖了赚钱。陆军也一样，特别是炮兵，因为炮兵利用卡车拖炮，我一位亲戚担任炮兵连长，利用卡车从湖南买米运到广西来卖，就发了财。所以我们上船，让船上官兵有此联想。

“中权”舰一共有我们八位同学见习，轮机、航海各四名。由于我们海上学科都没学，起初船上安排课程教我们，但副长（黄埔海校毕业，期别、姓名不详，瘦瘦的）海军学识非常差，排的课就请两位马尾海校航九、航十的学长来教，他们在船上任官，替我们上课没有任何待遇，所以刚开始还教得不错，后来就不热心了。我们只好向士兵学应有的技术，如打灯号、打旗语等，因为我们英文比较灵光，后来都学得比士兵还快还好，也因此很让他们服气，不再怀疑我们。

在船上我们与士兵处得不错，我们不端架子，向他们学东西。有些长得高的同学，还和士兵到上海的舞厅学跳舞，也学得不错。当年三军在舞场容易冲突打架，所以后来跳舞的地方都有所区隔。入场也是免费，但请舞小姐则需付费。

民国卅五年冬天，“中权”奉令从上海开往台湾。一出黄浦江就有风浪，这种风浪还算平顺，但我们已经受不了，开始吐，后来在甲板上实在受不住了，就到士兵舱改成的学生舱内躺下，但仍然吐，日子很难过，没办法进食。此时又觉得海军真没干头。

到台湾海峡后因风浪大，我们乃将船的左舷沿着台湾岛走，浪逐渐变小，我们恢复体力，又回到甲板上。南行一段时间后，船停下来，船上有些原是台籍日兵的中、上士士官，系在青岛受训后上船，他们询问在附近作业的渔船我们靠近何地，渔船告知是左营。当时（卅六年一月）左营港还有很多被美军炸沉的日船，我们由领港领入港口靠泊，下船前，每人都发了些台币。上岸发现左营有两个地方遭受过猛烈轰炸，也到左营要塞看过，然后从左营街坐公车到高雄。当时的公共汽车非常破烂，走的时候，好像车底板贴在地上一样，一路响。我们勉强坐到高雄五福四路附近下车，想找地方吃东西，但走遍高雄找不到一家饭馆，总算发现一家“爱人酒家”（后来老振兴位于此），大家高兴地走进去，但马上围上来一大堆女人，我们莫名其妙。轮机班的同学赵旗（东北人），当时已有一百八十公分，长得又高又壮，看见小姐围上来，就赶她们“走走走，干什么？”这些小姐都笑了，我们还是莫名其妙。坐下来看有什么能吃的，比手划脚之后，发现什么都没得吃，正好看见里面有菠萝（凤梨），我们想菠萝也好，但她们也不懂菠萝是什么，我们指给她们看，她们大叫：“旺来呀！”这也是我学的第一句台湾话。因为没饭吃，吃完凤梨我们就要走，她们想要钱，但我们并没有不轨的行为，凑点钱给她们就走了，她们也没办法。当年的高雄市非常贫乏，有电影院，但电影不多。我们到“大舞台”看电影时，遇见一位和我们穿一样冬服的同学，问他哪个学校，他说：“海军官校呀！”再问他：“你们海军官校在哪里？”他说上海，我们才晓得他是卅九年班的同学，名叫陈德魁，厦门人，学校放寒假，他到台湾来玩。他的足球踢得非常好，后来在一九六五年的乌丘海战时船沉了，被救回来，不久就自海军退役。

左营待了不久，船就开马公。中权舰可说专为送桂总司令到马公的，他如何到左营我们不晓得，但他从左营上船，我们专程送他到马公。我记得他很臃肿，当时船没办法靠码头，在港中靠小船接驳，但马公的冬天风浪非常大，他很恐惧，怕上不了驳船，一番折腾之后，总算上去了。

我们和士兵逛马公市街，那时有间妓女户叫“杏花楼”，很多士兵蜂拥进去解决他们的问题，我们也进去看看。里面是一个大厅，用破烂的布隔开，一个木板床上有许多妓女在那里等着，非常简陋。我们在马公唯一的收获，是得到许多军区里的日本罐头，桂永清先生下令发给我们，所以船上增加很多肉罐头和干粮，觉得很不错。

之后桂总司令又坐我们的船回到左营。卅六年二月中，船驶抵基隆，为什么到这里，我们并不晓得。船靠六号码头，我们无所事事，虽然天天下雨，也阻挡不了我们上岸看电影的念头。当时六号码头到街市很远，我们坐小艇往今基隆港务局客船靠泊的地方，那里有些木头并排着，旁边有个派出所，我们在此上岸，走几步就到大街，然后找电影院看电影。几乎每天都是这个节目，白天在船上，五点吃完晚饭就上街。我记得当年有位田姓看护兵，长得很帅，他大概是高中毕业后响应青年从军的，学护理，因为船上没有医官，他就负责船上的诊疗所，等于是船上的医生，很神气。他很有办法，一到电影院就认识一位漂亮的女孩子，往后几天他就不回船，住在这个女孩子家里，我们看电影都会看到他带着这个女孩。而我们还是学生，看他这样，但从来也没想过要学他。

亲历二二八

二二八那天下午，吃完饭我们照样坐小艇上码头，往中央戏院走，路上看到很多台湾老百姓一群一群地围着听收音机，我们没事也跑去一探究竟，他们嚷着赶我们走，并没有敌意，不过我们也听不懂，没理会他们就自顾走到电影院。看完电影出来，还没走到门口，就听到外面人声嘈杂，有人吼叫着，我们以为一定又是水兵闹事，由于我们戴着官校学生的帽子，阶级如同上士，遂敢出去劝："不要闹，不要闹，和人家闹什么嘛！"但水兵说："不是呀，人家打我们哪！"接下来的举动，显出当年的水兵的确够厉害。海军很多水兵，都习惯利用船上的钢丝做成拇指粗的钢丝鞭，约三到四尺长，鞭头用铅块包住，平常围在身上，外头衣服罩着看不出来，此时就抽出来当作自卫的武器，台湾人开始打我们，水兵就往人群中抽，抽一个倒一个，两下子把台湾人吓住了。水兵高喊："你们跟我们走！"我们一看怎么真的打起来了。此时又有水兵叫道："台湾人造反了！"我们一听知道事态严重，从中央戏院出来想尽快走到码头，离开混乱的现场。途中必须拐过一条横路，我们一行约三四十人，有钢丝鞭的士兵自动排成两列，沿途打，沿路抽，以防止台湾人接近，我们学生和没有钢丝鞭的士兵则夹在中间，往码头跑。见此光景，台湾人始终不敢接近。一出横路，有水兵大叫："我们有人在那里倒下去了！"大家发现有个福建籍的轮机兵倒在墙角边，可能已经死了，有个水兵就把他扛在肩上走。到了码头边的派出所，告诉警察这种状况，警察说："暴动。"让我们上派出所二楼暂避。很快外头就有冷枪朝派出所打过来，我们原来坐着，马上躲在窗户下边，他们就打不到。那时我们非常镇静，不过在那种情况下也没什么办法。冷枪断断续续射击了一阵子，很快舰上就派小艇来接我们。艇上士兵在两舷架上机关枪，并带冲锋枪，到派出所附近的木排，警察叫我们赶快离开，

掩护我 们出来。很幸运的是，这个时候冷枪中断了，否则我们很容易被击中，所有人都安全上船。小艇开往中权舰的时候，冷枪声又在空中响起，但已经威胁不到我们了。

回到船上才晓得怎么回事。那天舰长高光佑（资深的中校舰长）因公到台北海军办事处，洽公完毕，办事处派一辆日本小包车送他回船时，途经汐止被人拦住。他们见他是军人，就把他的衣服扯破，也揍了他，所以他回船时，中校制服是破破烂烂的，被打得鼻青脸肿。他发现好多官兵放假仍在基隆市街，乃派小艇来救我们。我们回船后，官兵都没动，而从码头到马路中间有一排仓库，外缘有人守着（应该不是陆军），舰长乃决定利用六号码头的仓库，以掩护船体。我们学生两人一组，每两小时一更，守在仓库外面，此后直到我们离去都没有意外发生。期间基隆要塞派人到船上要求我们支援几百人，但中字号全舰编制才一百多人，根本无法支援他们，我们反要求他们，将先前那位死去的福建籍士兵，用卡车载回岸上埋葬（不晓得他葬在哪里）。

两三天后太康舰来了，但因舰体较中权舰小，后来据太康舰的人说，本地人并没把太康放在眼里。他们认为中权舰上有不少四十公厘和二十公厘的炮，不能惹，不过太康奉命来，也没办法有太大作为，后来陆军才派两个师在基隆登岸，但这些状况我们都不晓得了。

我们在事发后一两周后才走，走之前有人以为事件已经平静，到基隆市理发，结果被割了喉咙，因此舰上再也不让官兵上岸。等慢慢更为平静后，舰上官兵就开始动脑筋，打开仓库，发现里面满满的都是糖；另外有些本地籍士兵不知利用什么关系，找到一艘驳船的废铁，而中字号有个“坦克舱”，什么东西都装得下，所以那阵子中权舰很忙，忙着把糖和废铁搬上船。

命令来了，我们就开船回上海，但途中在宁波暂停，许多小船靠近来接驳糖和废铁，我们冷眼旁观，也不能置喙。这些都不是预定的行程，上级并不知道。一到上海，薪饷改发金元券，我拿了二十几元，这个数目非常大，很过瘾，我趁机买了一套《莎士比亚全集》。之后我们向舰长请求回家看看，此时船上就发福利金，给我们每个学生二万五千元，这是一笔大数目，那时我们的薪饷一个月才一千多元，不到两千元，我们不想要这笔福利金，结果舰长好紧张，学生不要还得了，要副长来和我们谈。副长说："这个福利金是每艘船都有的，如果二万五千元你们认为不理想，我们再多给一点。"我们八人还是不要。副长劝半天，他说："我看，每人再加三万好了。"我们答曰二万五千都不要了，怎么能要五万五千呢？舰长再找我们去谈，想让我们改变主意，拖我们下海。我们八人研究许久，终于想出一个办法，把这笔钱捐给舰上图书馆，充当图书经费。舰长才谢谢我们。我们到青岛后，舰长就出事了，我不晓得他是不是因为此事而出问题，后来就被法办了。

我们没拿船上的福利金，但回广州时，我私下写报告向舰长借二万元当作回乡的盘缠。我自上海坐火车到南京，与一位轮机班的陈同学（今在美国西雅图）同行。军人坐车免费，但火车挤得不得了，无立锥之地。因系宽轨火车，上头有行李架，我帮陈同学爬上行李架后，自己也爬上去，躺在上面，这样一个晚上就解决了。在下关火车站下车时，我带着自台湾买回的两个大西瓜，拜访在南京担任重炮营连长的亲戚，路上好多人盯着我这两个西瓜看，因为三月初的南京还有残雪，这么大的西瓜让他们惊怪不已。之后从南京到汉口改搭招商局的江字号平底江轮，也不用买票，但没位子，我又动脑筋，和同学到餐厅坐。餐厅的侍应生问我们上来干么，我说没地方住。所以我们白天就坐在餐厅聊天，晚上则在地毯上打地铺。在汉口下船，我们到武昌搭车到衡阳，转搭粤汉路。那时的衡阳残破不堪，满地泥泞，抗战时陆军在此打了一仗，困守八十几天。最后我们终于坐上粤汉路回到广州。

回乡后我待了一个礼拜，那时母亲除了房租外，另外又开了一爿杂货店，颇有收入，我回去她就给我一两金子，让我在广州花用。我买了一只当时最流行的表，是既防磁（anti-magnetic）、防水（water-proof），还有日期的新款式。一周假毕，我循原路返回上海。

回船不久，即奉命到青岛报到，结束此一难忘的舰训。这段经验是我一生都不会忘记的，特别是二二八。今天我们平心而论，我亲历二二八，我们并没有冒犯本地人，但那个时候他们绝对是想杀我们的，只是没杀到而已。在那种情况，我们内地人怎么感受呢？所以这件事，如果用不同的角度而又不客观的话，绝对找不出历史的真相。我们在船上亲眼看见舰长的衣服被撕得稀烂，人也被打得鼻青脸肿，还好命大没被杀。但那个轮机兵呢？他好得不得了，阶级低，到学生舱和我们聊过天，对我们的出身觉得很钦羡，说话时一口福州腔。一个不到二十岁的兵就这样被人杀了，这又怎么讲呢？所以二二八这段经过，不同的立场，看法绝对迥异。我们初到台湾，没和任何本地人发生关系，那时我们如果使点坏，绝对可以找到本地的小姐，但我们发梦也没想过，当学生只想念书。其他如田姓看护兵，事件过后他回船上，他说事件中他一直住在那个台湾小姐家里，他们对他非常好。他后来进军官队，做到船长，年纪比我稍长，如果你们访问他二二八这段，绝对非常精彩。

青岛的学生总队

在青岛的那段日子可算是我们的黄金时代，当年大家对魏济民校长都非常敬佩，因为他营造了一个非常好的读书环境。当时学校分成三个大单位，校本部有军官班和接舰班两个单位。军官班是给抗战后期青年从军的士兵补训一年，成为正式军官，他们素质不错，后来做过高雄港务局局长的袁昌炎和做过联勤副总司令的梁天价，都是军官班出身。接舰班是选拔官兵受训，准备送往美国接舰。我们则编为学生总队，位于青岛东镇的若鹤兵营（最早是德国人的兵营）。两处分由两位教育处副处长负责。当时青岛的东镇是难民最多的地方，许多难民从莱阳逃到东镇，非常可怜，可是魏校长不让这些难民打扰我们。我们在若鹤兵营上课，教室并不豪华，但非常安静。普通课程如流体力学、气体力学等，都由山东大学的教授任教，海军课程的教官亦为一时之选，所以后来我们都很怀念青岛这段时光，有非常好的老师和非常好的环境，同时还有最好的竞争者。因为卅九年班有些同学较我们年长，他们是第一批招考高中毕业生进来的，有人曾在东北念过四年大学，也有好几位已经做了父亲的，怎么会服气我们呢？所以大家就出壁报在学术上比赛。比如提出英文各种复杂的文法，或出数学题挑战。这种竞争无碍于感情的相处，大家全投注心力于课业上的精进。

负责学生总队教育的是常香圻老师，我们永远怀念这位老师。当年在桐梓他第一次考解析几何，出六道题，考试时间两个小时，但下课铃响我们才做完三到四道题，他要我们交卷，没人动，他说:“好，宽限十分钟，上课铃响不交，我就不要了。”但上课铃响还是没人交，因为根本做不完，大家正伤透脑筋。结果常老师立刻走出教室，我们就跑出去追他，可是他已经不收卷子了，因此我们班全班被记过一次，成绩零分。自此以后我们就叫他“常缺德”。为了上他的课，我们托所有亲戚，从重庆到贵阳，买难题最多的参考书来准备，所以我们这班的数学后来极好，像入学时的最末一名王季中，后来取得清华大学硕士，再到美国威斯康辛大学续念核子工程，获博士学位。因此我们可说是被这些老师磨出来的，全心投入数学。在青岛时美国派一个顾问组在学校，协助学校教育和办理派人赴美接舰等事，学生总队的顾问是高个子的 Martin 中校，他和常老师配合得非常好，我们的程度也因此而提高。

魏校长英文很好，曾直接与顾问组商洽，安排第七舰队给我们示范两栖作战。我们在校所学所用与美国海军官校一模一样，但在表达方面仍有段距离，所以我们到美国船上听美国军官讲解和介绍他们的作战方式，虽然这些海上课程当时我们都还没学到，然而经由实际参与，使我们亲自体会二次大战时，美国的两栖作战如何进行，加深了我们对两栖作战的概念。这个示范演习使我们对美国海军非常敬佩，他们在太平洋战争中，能从珍珠港被袭后的劣势转为优势，进而至绝对优势，打得日本毫无还手之力，我们觉得向美国海军学习是必然也是应该的。所以在青岛那段时间我们获益良多，尤其是英文素养的增进，其影响及于数十年后，当台湾的美国军事顾问团考选我们赴美受训时，可说毫无困难。例如我第二次赴美留学，进入post-graduate school，同学都是美海军飞行员，我的成绩却总是全班第一，有些科目如电机我不愿修，他们也要我修，我选修后也都考一百分，教授乃对我表示，他向顾问团申请让我来修学位。但我说我是海上的军官，不要修硕士学位。此事也说明，当年我们在青岛的训练，无论在基本学术或观念上，都追求一个远大的目标，从没想过要混着过，因为船不是一两个人就可以操作的，所以要有团队的观念，只想在岗位上做好，做个最出色的成员，这也是我们认为魏校长了不起的地方。今日海军发生许多问题，在我们眼中，均深知问题的关键，但现在想要改进，却存在很大的阻碍，因为当年我们在青岛那么好的环境下所吸收的知识，绝非今日在台湾毕业的后生老弟们所能比拟的。

在紧张的课业压力下，我和李用彪两人因为有家里的接济，每周末我俩就外出，翻过一座山到汇泉公园，在此坐马车到青岛市区看电影，同时也头一次尝到羊肉涮锅的滋味，非常快乐。另外，同学们对海军的研究可说极为疯狂，投注很大的兴趣，看完电影，就到码头上看美国军舰，研究军舰上的各项装备，与学校所学相互印证。

因为桂总司令曾说过我们像“娃娃样”，所以到青岛时，几乎全班同学都把年龄改大一二岁；我和李用彪、叶昌桐等就都改成十六年出生，官籍表上也就写成十六年生。更甚者，年龄改大之后，学生毕业，即使没结婚，也报一个太太和一个孩子的眷粮，这是当时国军中很怪异的现象。军队中有这种毫无法纪的事情，军队还成什么样子呢？

后来有同学将年龄改回来，但已是我们担任驱逐舰舰长的时期了。当时宋长志当总司令，他不接受我们更改。然而我们改回来是有依据的，海军总司令部在民国卅二年四月录取我们时，清清楚楚写着录取哪些人，年龄籍贯都有。但宋长志不接受，因为我们班平均年龄比卅九年班都低，如果我们再改回去的话，年轻那么多，他们怎么能和我们竞争？所以宋总司令不同意我们改。有一次宋总司令出国，由副总司令李敦谦代理，他看报告认为合理，就批准，所以当时叶昌桐等一批在台北总部工作的同学就改回来，而我们在驱逐舰上服勤者被通知可以提出更正时，宋总司令就回国了，我们的申请也未能获准。

厦门时期

民国卅七年底，因为局势日坏，学校乃迁往厦门。我们搭乘中训、中练两船南下，睡在坦克舱内的面粉、米袋，以及美制的床垫上，整个过程非常顺利。船靠厦门港后，首先领教了闽南人的慓悍。由于船上装了很多学校的米和面粉，队长要我们扛上卡车，我们依言照办，但此时码头上的工人却说："不可以！"我们莫名其妙，他们说："在码头上搬东西是我们的权利，也是我们的工作。"我们说："这些是军品。"他们则说："军品也得让我们搬，而且必须给钱。"但学校哪有钱呢？遂起了争执，我们与之相持不下，大家都预备和他们打架，同时船上的机关炮也都架了起来。他们一看我们竟来真的，只好放弃，总算没有引起严重的事故。这是我们第一次领略闽南民风。

我们搬进当地的一所小学校，此地原为海军的一个司令部，该司令部撤销后，原址就成立一所小学；现在我们迁来厦门，小学就结束，让我们进驻。学校不大，一切都凑和着过。时值冬季，我们着棉的工作服，走在街上，仿佛散兵游勇。此时厦门最大的报纸《闽厦日报》（星岛报系老板胡文虎的报纸之一）对我们大肆抨击，说我们这批散兵游勇居然跑到厦门来逃难，占据他们的小学等等，多方侮辱。我们看了报纸莫可奈何，也不怎么在乎。魏校长则不动声色，学校安顿好之后举行校阅，要我们全穿上呢冬服，然后放假。就在我们穿着正式军服出去后，情况就改观了，当地老百姓和舆论不再认为我们是散兵游勇，而且我们也没有散兵游勇强吃强住的恶劣行径，一切都规规矩矩，之后舆论就出现正面的评价。

接着魏校长举办一场晚会，邀请当地人士观赏。当时厦门没有这么大型的晚会，老百姓的观感亦有所改变。我们从何得知舆论的动向呢？那时许多小学六年级的女学生，看到我们所有书本都是原文书，非常羡慕，遂找我们教英文，我们也高兴与她们相处；放假时还带她们到鼓浪屿玩，请她们吃便饭、看电影，家长都很放心地让我们带这些小妹妹去玩。后来她们还把她们的姊姊介绍给我们认识，到她们家里拜访。四十五六年后，我回厦门找她们，起初一个都找不到，但我锲而不舍，托当地旅行社到公安局去找，终于找到一个，今已迁至广州，目前联络上几人，她们都是祖母级的人了，大家欢聚一堂，合影留念。

虽然厦门的百姓对我们的观感由坏转佳，但整个大陆局势却急转直下。由于桂总司令的领导有问题，开始有军舰和海军官兵变节。最引人注意的就是重庆舰的投共，之后是长江第二舰队林遵的变节。我认为蒋介石最大的错误就是以陆军的人来统驭海军。当共军未过长江时，长江的军舰的确可以支援陆军作战，但若长江两岸都被敌军所占，处在江中的军舰等于鸭子一样，腹背受敌。特别在长江下游江阴要塞的戴戎光被中共以金条策动投共后，整个长江的军舰就被封锁死了。

我认为林遵的“叛变”，和他心中潜藏的恨意有关。民国卅五年他自美接舰回国时是上校领队，后来才升一级做舰队司令，但他的下属如马纪壮等少校，都升到和他平起平坐的地位，而且大有超越他的态势，他的心中自然产生恨意，等遭遇激变时，什么事情都做得出来。他的投共除了怕死，不敢带船冲出来以外，他对桂永清的不满是千真万确的。

我后来发现，包括林遵及其他长江舰队的舰长，曾联名电请桂永清将军将舰队自长江中调出，可能上级要求桂永清，海军一定得阻止中共渡江。但我们试想，长江那么长，我们有多少军舰可以阻止中共渡江呢？所以今天我为什么会批评上级无知，也是这个道理。如果总司令是海军出身的话，他懂得战略态势，也许就向上级反映，认为这样是办不到的。为什么办不到呢？这如同当年郝柏村在军事会议中问我的问题一样（详见下文）。因此以陆军来统率海军，对海军毫无了解，导致留在长江的第二舰队处在极险恶的情况下。

但后来桂永清整肃卅六和卅七年班，则与陈万邦（湖北人，卅七年航海班）有很大关系。陈万邦在校并不出色，偶尔喜欢开点小玩笑。毕业后服务于永兴舰，卅八年五月一日该舰自上海往江阴开的时候，于江苏太仓县浏河口外的白茆沙江面，他伙同几位官兵先控制了舰上的轻武器库，再要求舰长陆维源将舰开往南京投共，遭陆舰长拒绝，陈乃一枪毙了舰长，然后开船往南京。但舰上许多忠贞之士不同意，将看守轻武器库的“叛变”士兵骗出格毙，夺回了轻武器库，与陈万邦等人对抗。而船尾有两门四十公厘炮，原只能对两舷射击，无法朝船头射，忠贞之士把挡住炮管的障碍物去除，将船尾的炮转向占据指挥台的陈万邦等人射击，附陈者被打死，陈却趁势跳到江中，但游出不远，也为船上的机关枪和卡宾枪扫射而死。

桂永清随后就逮捕了卅六、七年班全体同学，但确实冤枉了他们。因为只因卅七年班一人投共，就把全班同学抓去，若依此理推断，那么桂永清的黄埔同学如郑洞国、王耀武等在东北、山东投共，桂本人是不是也应被他们的校长抓起来枪毙或关起来呢？所以这是个天大的笑话。

海军白色恐怖

我们还在厦门的时候，突然发现魏校长不见了。后来得知他被桂永清以开会为由急电召至上海，然后要他到陆战队周雨寰师长那里报到。魏校长到周师长那里就被关起来了。不久，学校就由教育长何希琨（福建人）布达，以电雷学校一期毕业的上校学生总队长郭发鳌（原为黄埔八期，再改入电雷一期）代理校长，教育长则离校回闽。

虽然学校有这些变动，但学生都很单纯，一点都不晓得政治斗争的厉害。我们当然了解当时的局势非常恶劣，因为许多老师纷纷不见了。我记忆特别深刻的是，教我们外弹道学的老师是原先重庆号的副长刘荣霖（马尾四期航海班），某天他上课时桂永清来巡视，桂看到刘教官说：“咦，你还在这里呀！”刘教官回答说：“是，总司令，我还在这里教课。”经历这种情形，刘教官下午就携家带眷地逃回福建老家。因他深知，由于重庆号投共，他又是马尾出身，基于这些关系，他一定被抓。

这些事件让我们慢慢了解桂永清的作风，但我们仍旧很投入功课，也没有哪一个有反动思想和行动，一切正常上课。突然有一天，学校把卅八、卅九、四十、四十一几个年班的学生集合在操场上，由队长叫一批人出列，我们也不晓得怎么回事，出列完后，其他人就解散。稍后来了一辆卡车把他们带走，我们也不管。晚上有些人回来，有些人没回来，我们也不以为意，有位同班同学沈白被带走就没回来，我们也没过问，那时幼稚单纯得很，照上我们的课。但后来发现几位卅七年班的区队长也不见了，才晓得他们被扣了，然而仍旧不以为怪。

民国卅八年的六月，我们毕业前夕，校方却告诉我们不能毕业，我们很感纳闷，为什么不能毕业呢？后来学校说要给我们上个“反共抗俄三民主义教育”，我们想：不毕业就再念书好了。学校的政治部主任王道（湖北人，后任台湾省主席周至柔的新闻处处长）一再向我们表示政治教育的重要，要灌输我们三民主义。那时我们就觉得奇怪了，我们在后方已念过三民主义，而且还是念英文的三民主义，当年我们背的是孙总理讲授的英文本 Gentlemen，I have come here to speak to you about the Three Principles of the People... 我们都会背了，怎么还要讲三民主义？另如戴传贤的《三民主义的哲学体系》，我们也是非常熟的，为什么还要念呢？但有什么办法呢？不让我们毕业，还要受政治教育，如今回忆起来，就发现这些政战人员本身懂得多少呢？他们懂得的政治教育又有多少呢？然而在那种环境下，我们只有认了。同时又要我们写自传交待，但学校早已经有了我们的自传，怎么又要我们写？而每天上课要我们记笔记，开检讨会，了无新意。

我们在校又留了三个月，厦门状况越来越糟，乃撤来左营，时为九月底。

撤来台湾时，发现当时被抓的几位区队长都没有跟过来，后来才晓得他们被装在麻布袋里，绑了石头往海里丢，淹死了。

迁校由郭代校长带领，从厦门坐中字号到左营现今校址。当年校区非常破旧，我们因陋就简地待下来。心想九月应该要让我们毕业了吧，但仍未能如愿，此时我们就嗅出政治意味很浓，更不会去讲话了。

在厦门时，学校发的零用钱很少，不够用，然而仍与家人联系，家人把三十块大洋放在香烟罐里寄来接济我。这三十个光洋很管用，但到左营后发现政治情势不对，就不再敢向广州家里联系了，只有等。

在左营还断断续续上政治课，但不若厦门时期那么严谨。那时我们并不真正明白为什么会拖着不让我们毕业。我相信这一定要请示过桂永清才能办，因为卅六、卅七年班出事，卅八年班有没有问题呢？我猜想，后来或许王道说这批是我的学生，应该没问题了，向桂永清保证，才终于让我们在一九四九年十一月二十一日毕业。

毕业典礼由东南军政长官公署长官陈诚主持，桂永清也参与。最使我们觉得莫名其妙的是，桂永清在训话时公开讲："你们从前的同学都是匪

1949 年 11 月 22 日，本班毕业谢师宴（该照片系徐学海先生眷舍失火之后捡回）

谍！”（这有纪录可查）我们想这就奇怪了，我们在学校时，从不知道哪个同学向往过共产党，也没听过哪个宣传过共产主义，更没有哪个讲“我们一起投靠朱、毛”之类的话，因为那时我们可说一听到“共产党”就恨，为什么桂总司令说他们都有问题呢？但我们也没办法对桂总司令怎么样。

我想我们可能是命不好，读了六年多的书，毕业才以准尉任用，现在四年官校毕业就已经是中尉，我们却比少尉都不如，但总算是毕业，勉勉强强算是个官了。

后来的派舰安排，我们可看出政战部做了一些手脚。第一，我们班有一批所谓问题较大的人留校不准派上船；其次，在他们心目中认为忠贞的人，派到船上是舱面见习，被认为不十分可靠的则派在轮机见习。我们原先都不晓得，在舱面的同学被授意看管我们，想来非常恐怖。但也造成我们看清现在台湾的政战工作彻底失败的原因。因为他们以什么标准认为我的忠贞度较差呢？我认为自己非常反共，从小就到海军官校，从来没接触过共产意识的教育，在官校不只念英文的三民主义，而且背得滚瓜烂熟，他们凭什么标准决定我的忠诚度？不过我还算比较好的，可以派上船，有些同学则被限制留校当区队长或参谋。然而最大的讽刺也在这里，某位原先被认为不可靠而留校的同学，后来却升任海军总部政战部主任。而派舰见习同学的互相监视，在实行一段时间后就行不通了。因为我们在船上奉公守法地做，后来且出生入死地到海南岛打仗，看管变得毫无意义。所以当年政战考核的标准是有问题的，亦可见政战内部人员的窳劣，这也是导致我们在大陆失败的原因之一。

在太平舰的岁月

（一）见习官

经过这些年，我发现有些人永远是给人家劳役的，有些人则永远有人给他服务。我属于前者。

在太平舰服务，最初任官准尉，职务系见习官；三个月后，晋升少尉，因无缺可补，改称为候补官；未几，先补通信员，后历任通信官、枪炮官；在舰工作凡三年余。在此期间，历经三任舰长的领导，先后是冯启聪上校、谢祝年上校和桂宗炎中校。他们三人都系粤籍，前两位毕业于黄埔海军学校十九期，按年班算则系廿四年班。桂舰长原肄业于黄埔海军学校廿三期，后毕业于青岛海军学校第五届航海乙班，按年班算则系廿九年班。他们三位虽为同乡且是前后期同学，但在领导风格和为人处世方面则迥然相异。所谓兵随将转，有样学样，作为僚属者亦深受影响。

一九四九年十二月初，我与同班同学宋炯（后以少将退伍）到太平舰报到。他是航海见习，我是轮机见习。当时大陆军事节节败退，舰上气氛相当低沉。我与宋炯被分配住在军士长室，几位军士长都是曾在美接舰的士官，年纪稍长，但多无家室，对于时局从不议论；每天都默默地工作，偶尔他们会将手头上的金条一遍遍地数，作为娱乐。

在左营港靠泊的舰只很多，而以各型登陆舰最众。其时，上级规定各舰官兵早点名后集合，全体唱军歌。我虽不是值日官，但每晨必到。当时前方很苦，一般长官是不会起来早点名的，各舰多由一位官员负责主持早点名，然而冯舰长则每晨必到。在芸芸众官兵之中，帽子长草（上校）的冯舰长在码头上，显得格外凸出。

冯舰长平日很少和官兵接触，更难得开口讲话。记得我们上舰报到时，曾到舰长室向舰长请训，冯舰长三言两语就打发了我们。但有一次他却破天荒地讲了好些话，他在军士长室集合舰上军官，慎重其事宣布他要结婚的日期和地点，同时还发表他的感想。舰上军官在婚礼中均各有职司，我被分派担任车辆的管理。婚宴在高雄凯歌归大礼堂举行，因其位居高级长官之列，婚礼十分轰动，现场一片冠盖云集。

我在舰上的轮机见习是在一种自修观摩的方式下进行。我向轮机长李广借来几册轮机、电机和辅机的说明书自行阅读，经常请军士长们领我到各机舱走走。至于疑问，十之八九不会有答案。由于我还能阅读说明书，所以轮机长就指派我负责申请配件。领配件是件苦差事，记得第一次去领配件时的滋味很不好受。因为当时连脚踏车都没有，我将申请单填好，盖妥官章，得自码头徒步至总部四署办公室（现第一军区大楼后之平房），呈送给杨科长熙龄审核。杨科长是太平舰第一任轮机长，能言善道，更爱出难题刁难人，常常考问我申领某项配件的理由，还不忘记补充“我是第一任轮机长，我最清楚太平舰的需求。”天啊！凭我那点轮机学识，只有听训的资格。迨申请单核定后，就偕同轮机兵李培涛到西码头配件库领取配件。当年到配件库的路是黄土路面，运输工具则为独轮的平板车，我在前面拉，李培涛在后面推，一步步地将领来的配件推至舰旁。当时这些事，理所当然都是我们在做，我们从没想过不该做这种事，只晓得上级下令，我们就该服从。

有一次一位英国海军上校武官随冯舰长执行澎湖至基隆的勤务。该英国武官系奉准参观我海军储存在马公弹药库的水雷。当时海军奉令封锁长江口和厦门港，前者由第一舰队属舰负责，后者则曾以水雷敷设于厦门港口，英海军可能怀疑本军的水雷战力，故有派员了解我海军水雷之举。时系隆冬，台湾海峡季风强劲，海上刮着八级风。船起航不久，冯舰长问英国佬是否晕船，他傲慢地答称“绝对不会”。怎料船驶离东吉屿顶风北驶，英国佬在官厅吐得七荤八素，躺在官厅的长沙发上动弹不得。航行中，冯舰长多半待在舰长室，事后我才知道冯舰长也晕船晕得厉害。

一九五〇年三月间，冯舰长升任澎湖要港司令。遗缺由谢祝年上校接任。此时（三月十八日）正好发生“李朋案”。我见过李朋，他英文非常好，是法新社的记者。他的女朋友廖凤娥是我们同班同学廖干元的姊姊。廖干元原来被认为是最忠贞的人之一，他和另外两位同学非常要好，一位是李光国，为本班第一名毕业，派任桂永清的副官；另一位是赵树森，山东人，今在纽约。“李朋案”发生，逮捕了李朋、廖凤娥、廖干元，由廖干元的往来信件，又抓了李光国和赵树森。那时我们还不晓得怎么回事，心想糟糕了，怎么开始抓人了。幸好此时太平舰有了新的任务，也就无暇理会。

因为这个时间也正好是我们三个月见习期满的时期，按规定补派实缺，如舰上无缺可补，总部会主动调派至他舰补实，或在原舰为候补官。新任舰长谢祝年上校到差不久，就找我到舰长室，告诉我：“舰上航海官调职，理应由你或宋炯派补。不过，今晨马纪壮副总司令告诉我将派他的侍从官翁国梁接任，你的意见如何？”我告诉谢舰长：“翁国梁是我的同班同学，而且毕业名次比我们都高，我没有任何意见。”谢舰长征询我是否愿意留在舰上候缺？我表示愿意，因为我知道轮机官周学潜和通讯官韩瑛均将选送至军官班受训，职缺应不致有问题。就在总部发布我为太平舰候补官的时候，太平舰奉令至海南岛第三舰队报到。在给我的人事命令中注明到海南岛太平舰报到。我乃至供应司令部领取赴海南岛的旅费九十六银元，当年，这可真是一笔可观的横财。

（二）海南岛作战与撤退

四月上旬，太平舰驶抵第三舰队司令部所在地——海南岛秀英港。说秀英是港似乎不甚恰当，因为此地并没有港湾的设施，仅有一可以靠泊小艇的小型栈桥。此时我已从轮机候补官升为舰面候补官。当时我们绝未想到即将和共军对阵开打。我带着近百个银圆，放假上岸时随大伙官兵到海口畅游，而且花了二十多个银圆订制了两套卡叽料军便服。不旋踵，情报显示秀英的对岸——海安至灯楼角一带——有大批风帆船集结，中共林彪的部队已准备渡琼州海峡。太平舰奉第三舰队司令王恩华之令，每晚巡逻琼州海峡。大约在四月十六日晚，太平舰在琼州海峡北区巡逻。22：00左右，平面雷达荧幕上发现了大批目标航向南方，航速五六节。谢舰长当即指挥太平舰以高速接近目标，迨相距约八千码时，首先发射照明弹多发。在照明弹的照射下，隐约可见一大片的帆船。舰长下达发射命令，太平舰几乎是两舷主、副炮齐放，天空中顿时出现一条条曳光。三吋炮发射时，炮口的闪光炫人眼睛，隆隆炮声震耳欲聋。当时太平舰上并未装配炮火射控系统，除了三吋炮长给予目标方位与距离及发射命令外，四十与二十公厘炮则仅指示方位，由炮长负责指挥直接射击。共军也以缚在帆船前端的各式陆军炮火还击，来势汹汹，炮弹不时掠过指挥台。太平舰在帆船队中往返冲杀，指挥台上经常发出谢舰长打火机的声音和火光，周围的官兵每次都很敏感地惊吓一下。迨帆船队靠上了临高角海滩，太平舰才驶离临高角海域航返秀英。这是我第一次尝到作战的滋味。

在记忆中，太平舰和共军激战数夜的过程中，官兵在作战部位上均十分沉着，绝无混乱的情事发生。就以发射四十与二十公厘炮而言，其发射弹数不知超过炮管最大射击数多少，但枪炮官指示换炮管的命令下达后不久，炮又立即恢复了射击。由此可见当年士兵的训练的确相当扎实。

太平舰返抵秀英，桂总司令偕同美退休海军上将柯克（Admiral Charles M. Cooke Jr.）登舰慰问，并向官兵宣布我们的战果，而且以银圆发了奖金。一连两晚，我们都单舰在琼州海峡出战，不过在无线电网路中，微微听到中训舰向第三舰队报告战情。十八日晚王恩华司令率舰出航作战，战斗终宵，舰始脱离战场，往北搜索。战斗部署解除，官兵均在住舱和衣入睡。突然炮声大作，我本能地从军士长室直奔指挥台，在上官员厕所时见到原枪炮官后调整为舰务官的罗俊钧躺在甲板上，医官和看护兵匆匆赶到。迨我跑到指挥台，目睹王司令以手捂着下巴，血不断地在流。他问我："FIRST AID在哪里？" 当时我对这句洋文还不懂，所以重复地问他什么意思。最后他要我找医官来。我到官厅找到医官，他正在为多人急救。原来太平舰往北搜索时，发现灯楼角附近聚集很多帆船，谢舰长乃指挥太平舰往帆船群接近，讵料距岸约一万二千码左右，突遭共军岸上重炮击中，除了王司令负轻伤外，罗舰务官闻战斗部署警报后先赶至厕所小便，不料弹片穿过舷壁直入其胸致死。士兵亦死亡四人，负伤多人。太平舰旋奉王司令命令返秀英，将死难同袍尸体和负伤战士送至岸上。旋接获一桩惊人的命令：撤退海南岛。太平舰遂奉命赶至榆林港掩护撤退。

太平舰驶抵榆林港外，刚下锚，遥见一艘小木船接近，船头上站着一位海军上校。木船还未傍靠太平舰，来者就对舰长吼叫。他系以最道地的四川口音喊道："叫你们的舰长谢祝年来听话！"当谢舰长走到官员步台，来者毫不客气地讲："谢祝年，桂总司令要太平舰在这里完成任务后，立刻到八所掩护第十军撤退，随后赶到香港外垃圾尾去。"他又补充一句："到垃圾尾的时候，不要忘记为我买一床蚊帐，要珠罗的哦！"（粤人认为珠罗蚊帐质料最佳）这段"指示"过程，我一直在舷边，所以记忆深刻。随后我请教刘定邦副长来者究系何人，承告为总部作战署副署长黄震白。

太平舰进入榆林港后，靠泊一公用码头，码头上堆着很多小型马达和一捆捆的电缆。我并不知道是奉谁的命令撤退这些物资，反正官兵奉舰长命令将码头上的物资搬运上舰。由于太平为一艘作战舰，舰上的空舱很少，所以这批物资塞满了舰上的库房和走道。

八所撤退非常狼狈，舰抵八所港外，即见一艘招商局海字号的商船傍靠码头，一批批陆军部队和眷属蜂拥上船。最初状况还算正常，迨至下午，我们在舰上已可观察到离港几里之遥共军对国军的追击，枪声大作。此时，靠岸的商船以广播器广播要离码头了，亦有几艘小木船从港口出海接近太平舰，甚而想强行靠泊登舰。然而太平舰为作战舰，舰长关照绝对不能收容这些难民，同时对愈益迫近的共军不断作阻绝射击。事实证明，若非太平舰的掩护行动，撤运陆军的海字号商轮能否冲出八所港，殊难逆料。但也因撤退得太过匆忙，无法全数撤出。而在撤出的部队中，有许多是我过去文学校时期的同学。

在海南岛的时间非常短促，四月中旬抵达海南岛，五月二日就撤退了。当年我们都不理解，为什么这么快就从海南岛撤退，不过此非我们所能置喙者。

（三）垃圾尾风波

掩护八所撤退完后，太平舰开往香港附近垃圾尾岛。

太平舰驶抵垃圾尾海湾，颇不寂寞。在附近海湾锚泊的有太和、中荣、中胜、回风，以及大天二（游击队的炮艇）。现场指挥官是太和舰上校舰长齐鸿章。齐上校毕业于电雷学校第一期，江西人。由于他和谢舰长既无渊源亦无交情，所以对谢舰长相当不友善。当时从垃圾尾对岸长洲驶来很多小木船，上面载着各式各样的港货如香烟、香皂、牙膏、玻璃丝袜、糖果等。最初这些小木船将港货送上滩头摆设地摊，舰上官兵纷纷抢购。随着抢购者众，往往小船还未靠滩，官兵竟有脱下长裤涉水抢登小船的。那一片混乱的景况使人不忍卒睹，更遑论军纪与形象。

靠泊垃圾尾不久，一艘中型帆船傍靠太平舰，上来几位老广。他们上舰检视我们从榆林港撤运的物资，很快就成交了这笔买卖。士兵被指派将这批物资运送到帆船上。次日上午，我莫名其妙地被通知前往官厅，出席由谢舰长主持的“福利委员会”。谢舰长简明地宣布：从榆林港撤运出来的物资已售卖了，总价三十多万港币，这是舰上的福利金。若将这笔钱分发给官兵，每人所得有限，所以有人建议将这笔款项全数买港货返回台湾，大家意见如何？在那出生入死的日子里，人都是顶现实的，而且也认为自己为国家卖命，攒两个钱有何不可？所以舰长的话自是无异议通过。但是如何去买呢？从长洲来的小木船供货量太少，必须到长洲当地采办。然而派谁去办？众人议论纷纷。结论是：主办者必须是老广，语言不致有碍；其次，该员必须是未负舰上专责者，方不致影响任务。这种条件，摆明是标定了我。谢舰长立即裁示由我执行采买任务，并赋予全权。所谓初生之犊不畏虎，当时我无丝毫远虑，只想应如何达成舰长交付的任务。

我偕同四位士兵搭乘木船前往长洲。这四位士兵有两位是老广，协助我“办货”，另两位身材魁梧，以应付必要时的搏斗。从垃圾尾至长洲约走四小时的水路，船才靠码头，当地警察立即向我等盘查，我表明系来买货，他只说：不要滋事，买完了货走人。我心想：我们怎么会惹事呢，唯一担心的是当地的坏人抢劫。

我带着四位士兵，依照舰上福利委员会所列的货物清单，专挑当地比较大的杂货店铺办货。记得货品中之最吃香的是香烟纸，其次才是香烟和味精。我们从下午三时左右起，不停地作业，迄至午夜，总算作业完成。次日清早，雇用一条木船，开始回程。然而当木船驶抵垃圾尾海湾，却找不着太平舰。这可真急死人了！就在我们极端彷徨不知所措的时候，发现靠近岸边一艘商船模样的运输舰上有人向我们挥手。我们毫无犹豫地将木船傍靠这艘双层甲板的运输舰。此舰名为“回风”，约四五百吨，系海南岛撤退前，因走私而被军方没收交予海军的船。该舰舰长陈志文少校告诉我事情的原委，我乃将货物搬上该舰库房。原来在我离舰不久，太平舰即奉令驶金门海域，掩护对厦门港的布雷工作。谢舰长接获上述命令，因我们五名公差官兵尚未返舰，曾请示齐代司令延后一天开航，遭到拒绝，遂请托陈舰长全力留意，并照顾我们五人。陈舰长肄业于黄埔海校廿三期，后在青岛完成补训学业，系谢舰长的学弟。回风舰上除了舰长系航海科军官外，并没有其他航海科军官，而舰上的航海设备亦不足以航海，不但没有电罗经，仅有的一具磁罗经亦未曾校对过。该舰奉令返航左营，陈舰长向驻垃圾尾陆战部队接洽，借调遭桂总司令扣押之卅六年班军官查大根中尉至该舰服勤。我遂与查中尉轮番值更，终将回风舰驶返左营。

太平舰返抵左营，我将货物全部列单送回本舰，请舰长点收货物。然而有些官员就对我不太谅解，因为他们托我买香烟纸，但货源不足，当时我的脑筋很死，买不到香烟纸就没买别的东西，阻断他们的财路，所以他们臭骂我一顿。骂到后来我也火了，那时我年轻气盛，几至动武，弄得我非常苦恼。随即奉命售卖港货。记得将货运出左营的时候，总部一位监察官还向我盘问过。我傻乎乎地承认是舰上的福利品。几个月后，我突然被军法处传讯，当时舰长已换桂宗炎中校，他指示我不要承认有这回事。然而当时是人赃俱在的。我一度被军事检察官以走私罪名起诉。但我仅系奉命行事，责任应不在我。后来，我硬着头皮径向所属第一舰队司令刘广凯少将面报其经过。刘司令闻悉后深表同情，乃向副总司令马纪壮中将报告。不知军法处的作业过程如何，最后是不了了之，否则我不免坐牢。

（四）拖救和截捕任务

太平舰从金门海域返抵左营后，谢舰长将舰上的福利金处理完毕，即奉调担任第一舰队参谋长，遗缺由桂宗炎中校（事后得知，由于人事署的作业错误，桂中校当了多年的黑官）接任。太平舰前两任舰长因相当资深，适值部分资深官员有人投共，有些人被桂总司令整肃掉，所以冯、谢两位上校担任太平舰舰长似乎系过渡性质。但桂舰长的情形就截然不同了，他以三十岁出头担任太字号舰长，在四所海军学校毕业军官中最为凸出。他的同班同学大多担任太字号副长，如后来担任海军总司令凡七年的邹坚上将，当时仅是太和舰副长。故桂舰长能出任此职，或因其海上经历完整，先后带过永修与中胜舰，同时亦是率舰自南京突围出长江的战斗英雄。当时率先突围的陈庆堃中校早已调升甫自美返国的太仓舰长，桂中校接长太平舰，亦系顺理成章。

由于桂舰长可能因少年得志，亦可能性格使然，故形之于外者不免有股傲气，对于一切颇有不买账的味道。当时太平与太和同属第一舰队，第一舰队司令刘广凯少将，是一位十分讲求礼仪的北方将领。桂舰长不能和刘司令投缘自是意料中事。同时太和舰舰长刘德凯是刘司令低半班的同学，故刘司令以太和为旗舰，驻泊在马公港，所以巡逻台湾海峡中线，就变成太平舰的任务。我们每天晚上吃完晚餐就出港，从马公往北开，快到淡水又转头回马公，注意中共的动静。

因太平舰从未担任过第一舰队的旗舰，故差遣频仍。我们曾在台风天奉命出海搜救一艘漂流的自由轮，在白浪滔天的海上，于接近香港海域附近发现这艘船，上面已空无一人，遂将之拖救回航，然而未至马公，即目睹该轮沉没。

不久，又奉命截捕挪威籍的海后轮。据报该轮满载西药、纺织品和轮胎，预备航向上海；换言之，此轮货物被列为“资匪”，应捕获扣留充公。当时我的职务系通信官，该船的资料和动态均系从无线电的讯文中得知。然而最不可思议的是该船的动态，既无时间，亦无船位，遑论该船的航向、航速。舰队部的指示仅称该船可能在台湾以东海域往上海航驶。舰长乃决定本舰在花莲外海巡航，加派瞭望。太平舰在廿三浬的海域上转来转去，晃了两三天，突然接到舰队部有关该船的船位通报。该船位置系由空军C-46侦搜机在与那国岛附近发现，当时我们虽亦见到空军的侦察机，但舰上并无UHF通信机，无法和军机通话。舰队部接二连三地来电报追询已否拦截了海后轮，甚而讯文中声称，如果未能捕获该船，层峰决定派飞机炸沉之。

幸好当年台湾东海域的来往船只十分少。当太平舰的平面雷达显示了目标，毫无疑问地就是我们的猎物。经过约七个小时的追逐，我们终于碰头。该轮相当合作，从停航、登船、尾随本舰航返基隆，所有行动一气呵成。桂舰长因为捕获该船，十分高兴地称道：“四个轮子滚起了。”意即将来所得奖金足可购买一部汽车。当太平舰和海后轮周旋时，舰队部曾以明语呼叫本舰追查状况，然而当时的无线电室值更士兵均群集舷边观看，并未对舰队部的呼叫回应。在归航途中，我们向舰队部发回喜讯，大家喜滋滋地做着发财梦。

次日晨，刘司令登舰，才落座于官厅舰长座，就气鼓鼓地问：“谁是通信官？”我闻言答应着。他即严厉地责备我，说我贻误军机，这可真让我摸不着头绪，当得知原委后，乃据实向他报告情形，刘司令觉得先前太过言重，最后说：“这次算了，尔后得好好注意。”在此我记起另一次挨刘长官一顿骂，然而这次却是冤枉了。一九五四年，我担任第一舰队参谋，区小骥学长担任太昭舰舰务官，区学长申请结婚，嘱我将结婚报告送请刘司令核准，我均照办。怎料某天下午，刘司令命我至其办公室，不由分说，竟骂我害他记过，我请示他何以如此？长官说：刘秀德（人事参谋）说少将司令无权核准所属结婚，这样会记过一次。我答称：绝非如此。我查过人事规定，少将司令具有此一权责。迨他后来查明我所言属实，亦已事过境迁。

截捕海后轮的任务完成，但桂舰长的“四个轮子”却始终未见滚起！

（五）澎湖整训

一九五一年，第一舰队调防澎湖，负责金门与马祖防务。当年驻防于该等外岛的是“永”、“安”、“太”字号舰，太平舰则经常巡逻台海中线，晚出早归。太和舰因常驻港内，故舰容的保养自然容易，而且太和舰从美国接舰回国未久，先天上亦较太平舰强。当时，我班两位同学在该舰担任部门主管，我遂借登该舰探访同学为名，暗中观察该舰在保养上的优点，返舰后便对所属作同样要求。其时，先后两任副长均系舰长的同学，他们对我们部门主管从未特别要求，系采无为而治的态度。而我们因无家室，又无女友，真正做到以舰为家，全心全力投入的境地。

那时舰艇训练司令是梁序昭少将，不知何故，总部命令六艘太字号舰向舰训部报到，接受舰队操演训练。舰训部复通知各舰：训前需接受装备校阅，通过校阅者方能接受训练。此一通知震撼了全舰官兵，因大家心知肚明，论装备保养，太平舰无法与卅八年间返国的四艘太字号相比。记得一次舰长检查，认为轮机保养太差，桂舰长和李广轮机长争论十分激烈。那时我已调任枪炮官，枪炮部门有一处死角，那就是曾经淹过海水的枪炮库房。此乃缘于卅八年初，前冯舰长率舰入左营港，舰底遭港内沉船割破所致。后舰底经入坞焊补，但主甲板下层第三层几个库房仍被海水淹没。当本舰忙于作战任务时，这些库房和存放的料配件就得过且过了。如今面对这项正规的考验，非得认真处理不可。在最下层的库房内，空气潮湿而且稀薄，在里面油漆，只不过两三分钟就会呼吸困难。如果自己不亲自落舱督导，士兵们更振振有辞地表示受不了。那段日子，我常光着上身，仅着一条内裤，领着枪炮队士兵轮番落舱刮锈、油漆，其艰苦也甚！

舰上保养完毕，返抵左营接受舰训部检查组的校阅，很幸运地过关，太平的姊妹舰太康却未通过。于是太康舰被安排约半个月的整备，接受二度校阅才通过。

训练时，梁司令每天轮番更换旗舰，率六艘太字号出海操演各种队形变换，舰训部教官则在各舰指导部署操演。梁司令规定由值更官负责舰船操纵，舰长在旁督导而已，如此不断地操演，使我们这些资浅官员对舰船操纵的信心大增，而且熟能生巧，大家都做得可圈可点。所以在尔后执行任务时，桂舰长甚少留在指挥台，均让值更官处理海上状况。舰训部还实施其他训练，类似该部后来负责对新成军舰艇的成军训练，以及大修后舰艇的复习训练所做的课目等。换言之，系为舰艇的基本训练打下一坚实的基础。惟射击训练付之阙如，究系因当年弹药存量不足，抑或其他原因而未实施，则不得而知。

当年舰上士兵有许多是流亡学生投军的，故初中、高中程度者颇不乏人，他们在舰上工作之余，亦甚能上进，因此我们主动安排每天约三个小时的随营补习，分不同程度授以英、数及理科等课程。我们从未期望过上级对我们的额外工作给予奖励，完全是基于为所属们尽点心力而做。这些青年同仁们，后来有许多人考入海军官校四十五、四十六年班，他们毕业后又和我们一起在舰队工作，想来十分欣慰。不过有些进入官校后，觉得海军太苦，念完官校后就朝外文方面发展，例如新闻局内法文最好的尹沅，他原是我的信号兵。

在这段日子里，个人亦闯过一劫，算是十分幸运的。我当通讯官时，同班同学宋炯当枪炮官，我们共住一个两三坪大小的房间。一晚，我伏在折叠式的桌子看书，宋炯在床沿上坐着，正用布清洁他保管的点四五手枪。我回头关照他说："宋炯，小心点！"他答我："怕什么，又未装弹。"话才说完，"砰"的一声，一颗子弹在我的右耳飞过，子弹在隔板上反跳两回，留下深深的弹痕。记得我说了一句"怎么搞的嘛？"不料宋炯竟回我一句："又没打中你！"真是好险！

（六）赴日本大修

一九五一年五月一日，美国总统杜鲁门宣布派遣第七舰队协防台湾，并于是日派遣美军顾问团来台协助国军建军与整备。太平舰被安排至日本大修，即是顾问团海军组最早期协助海军整备的重大工作之一。

一九五二年夏，太平舰奉令驶至日本横滨三菱造船厂进行约八个月的大修。

回忆自一九四九年毕业后，至一九八四年八月退伍，服务海军卅五年的岁月中，过得最轻松愉快的日子应属随舰在日修船的七个月。因为那时我们当官员的薪水还买不起脚踏车，用这种薪水到日本，顶多看场电影，再到松鹤楼吃碗面就打发掉了。这种窘况从垃圾尾回台后稍有改善，当时曾发一笔奖金，使我们手面略微阔绰一点，曾到左营联谊社请舞女跳舞，跟她们学舞步。但到日本后，我们中尉的待遇为美金四十五元，一美元可以兑换日币三百六十元，当时日本生活开支很低，到舞厅跳舞，包括入场券、请舞娘跳舞的费用，以及宵夜，三百六十日币已足够支付。而我们的阶级低，责任轻，既无家室，自无家累。在这种无忧无虑的日子里，非常快活。

1. 与法国潜艇母舰为邻

太平舰在三菱船厂大修，修理的主要装备系舰上的主机、发电机和辅机。轮机队的官兵自然是配合厂方整理机舱，是最忙的一个部门。我的枪炮队只做例行的维护保养工作。当时除我之外，还有几位同学，如航海官是翁国梁、通信官宋炯、轮机官邓大明，大家约定，到日本虽然轻松，但一定要遵守规定。因为士兵一旦懒散惯了，军纪士气将一泻千里。故我和几位同学均一致行动，要求各队严格依照舰上作息表行事。每天清晨，我们全体士兵集合，晨操和跑步，即使落雪天亦不例外。当时在三菱造船厂另一个码头泊靠的是一艘万余吨的法国潜艇母舰，当我们晨操时，该舰的士兵才三三两两地自外返舰，而且均露出一副无精打采的模样，军纪之坏和我舰成一强烈对比。从三菱船厂的工程师说明中，我们才知道这艘法国舰从越南来到此地已快一年，主机修好了，又遭舰上士兵故意损坏，反正他们就是想尽办法不要返回越南。

三菱造船厂安排一位曾留学美国的公关负责人每周三个下午到舰为官员们补习日语两小时，我因为曾经历过日本飞机轰炸广州的惨烈场面，故对日本人毫无好感，而拒绝学日语。

三菱造船厂内建有一所很够水准的体育馆，经与厂方交涉，该厂同意我们无条件且无限制地使用。由于枪炮官并没有太多工作，我又是个运动迷，无论篮、排、足球和乒乓球都有兴趣，同时为了抒发这些年轻士兵的精力，每日下午三时，我乃主动领着舰上的士兵到体育馆运动，同时又组成太平舰篮球队，不断地练球。但船上每天都有三分之一的士兵放假，老是打球也没什么意思。有时晚餐过后，若未轮值为理事官，我们即三五结伴到舞厅跳舞。横滨的舞厅水准比当年左营海军联谊社高，与“四海一家”不相上下，系以乐队伴奏，舞娘多达百人，系采坐台制，很多年轻寡妇从事此业。有些同仁和舞娘相处久了，很自然地成为入幕之宾。

2. 横滨的花街

在横滨南区有几条大街统称为“花街”，系当地著名的红灯区，规模约有数百家。花街的街道十分清洁，也还宽敞，且当时日本的车辆很少，逛花街乃成为舰上官兵消闲的节目之一。舰上的医官王有辉是一位十分活跃的官员，他在横滨展开全面的国民外交，和该地卫生主管官员相处融洽。他对红灯区的情形有相当的了解，曾对官兵们宣称：由于地方卫生当局检查性病十分严格，大家尽可放心与她们交往。而花街上的东洋女子看见戴着“中华民国海军”水兵帽的士兵，都学会以简单的“先生”来招呼拉客。我不愿估计舰上有多少官兵曾为花街的座上客，倒是我枪炮队的士兵们和我闲聊时，都鼓励我到花街去，他们一直对我讲：“枪炮官，日本鬼子那么可恨，我们去报仇，你怎么不去报仇？”我说：“你们才傻，人家都是寡妇，你们是去奉献呀，哪是报仇！”但有一天桂舰长很神秘地通知我到舰长室报到，他将总部来的一份公文给我看，内容系要求舰上防止官兵嫖妓，我的名字亦赫然在列，真让我啼笑皆非。我没必要向桂舰长解释，因为他曾目睹我拒绝一位舞娘送她回家的要求。此事即典型的“保防细胞”的杰作——所谓“无中生有”“想当然耳”的结果。

此时还发生一件非常好笑的事：当年太平舰上的少校指导员陈天一（已逝），在调太平舰之前是永寿舰的指导员。永寿舰舰长是王昌锐中校，一位相当霸气的舰长，他的副长和各部门主管均无法和他和平相处，相继调职，陈天一亦不例外。陈少校调离永寿到太平算是往上派职，显示他与当年海总政治部主任赵龙文有点关系。他那时约三十余岁，有点老气横秋；爱抽烟，更好杯中物。但为人还甚温和，很少向我们鼓吹反共八股。

当年我们军官几乎都没有持名片的习惯，但陈少校出国前即备妥名片。到日本后，他除了偶然和王医官一起出游外，绝大多数时间都独来独往。然而在太平舰要离开三菱造船厂前的某天下午，大约四点钟左右，一辆计程车驶抵舰旁，从车上走下来几位日本姑娘。她们径跑上舷梯向值更官出示一张名片，表示要会见其人。当时舱面士兵甚众，见到这几位姑娘的时候，有些人认识她们就过去招呼，以为她们来探望自己，不过她们此来系想见陈天一少校，而名片上的官阶却为“大校”，梯口正为此闹哄哄之际，消息已传至官厅，陈指导员面如土色，不知所措，关照我们设法挡驾，自己就一溜烟地往军士长室躲。自从发生这件趣事后，他总是尽量躲着我们。

3. 出席横滨华侨学校家长会

横滨市唐人街有一所华侨学校，该校的经费一向由政府资助，校长由政府选任，学校的运作亦十分正常。当年，舰上官兵很少与侨界交往，故亦未与华侨学校接触。有一天，总部政治部主任赵龙文中将莅舰，他并没有公开向舰上官兵精神训话，却神秘兮兮逗留在舰长室。我们自知系资浅官员，且行事坦荡，就不甚关心赵主任此行的目的。大概过了两三天，桂舰长召集副长、指导员和几位官员在官厅开会，赵主任亦在座。赵主任开门见山地说：“横滨华侨学校即将变质，部分左倾教员和校董拟请中共委派一位校长接收学校，该校校长向中央党部反映，请求政府支援。政府鉴于鞭长莫及，而海军太平舰泊于横滨，要求我到此间指挥太平舰采取适当行动，阻止中共劫收华侨学校的企图。这两天曾和桂舰长商议，但得不到具体结论，所以召集这次会议，听取各位的意见。”赵主任到横滨的谜终于揭开。如果说赵主任和桂舰长研商多日还找不着具体的措施，我们这些涉世未深的小伙子人微言轻，能表示什么意见呢？所以会场上一片寂然，彼此面面相觑。此时桂舰长又相中了我，要我发言。我稍稍思索后，即报称："我们官兵和华侨学校的教员、校董毫无交往，贸然去劝说，一定没有效果。个人以为在学校召开家长会议时，如果有提出聘请中共派任校长的提议，我们派出官兵十余人，冒充学生家长，在会中进行捣乱，使其流会。”这个意见，赵主任和桂舰长都认为不大妥当，可是却又想不出第二个可行的方案；终由赵主任裁定照办。当进一步研讨由何人负责这一行动时，赵主任和桂舰长均属意由我执行。桂舰长还特别宣称："离舰检查组的组长向来系由枪炮官担任。而且，此间华侨学校大多系广东人，你又系广东人，所以你负责是最适当的了。”就这样，一项没有先例的任务遂落在我身上。

太平舰因第二任舰长麦士尧和第四任舰长冯启聪皆为粤籍，故广东士兵不少，我乃挑了十二名身材比较壮硕的广东士兵，告诉他们即将担任怎样的任务，至于如何进行，则依照我在临场的指示行动。当时的士兵是职业军人，他们不仅服从性高，而且绝对忠贞，所以受命担任这项任务，没有任何难色，亦没有任何疑问。

当华侨学校召开家长会时，我偕同十二名同僚穿着便服到该校大礼堂参加会议。该礼堂犹如一间五六十人的教室，座位布置亦如同教室一般，十分简陋。我们十数人分散坐在会场周围，彼此没有任何动作。当与会者陆续就座以后，校方的一位司仪在讲台上宣布："今天学校举行家长会，唯有学生的家长才能出席。但我们发现有些来宾并非学生家长，请这些来宾主动地离去。”我当时采取不理会的态度，同僚们照我的模样端坐原处。不旋踵，会议司仪走到我的面前，要求我表明身份。此时我想该是“发难”的时候了。我以广东话大声地吼叫："岂有此理，我是杨务功家长的代表（杨务功是我的华侨朋友的长公子）。如今学校竟然利用中共的伎俩来侮辱我们，我们还有兴趣参加这个会吗？家长们，如果你们和我一样不甘心被人侮辱，我们一起拒绝承认这个会的合法性。”话一说完，我就将面前的桌子掀翻，并将椅子往台上砸。舰上的十二位弟兄不由分说亦开始砸。有的跑上讲台将主席座位、桌子、会议程序表等统统捣毁；有的将签到簿撕掉。大概五六分钟内，我们将会场彻底破坏。我看这个会开不下去了，遂从容地离开学校。舰上的弟兄们见我离开，亦纷纷各自走路。该校的教职员看得目瞪口呆，我相信他们没有很好的组织，亦相信他们短期间内不敢再提出请中共派出校长的意见了。

返抵舰上，我将整个执行任务的经过向赵主任和桂舰长翔实地报告，获得赵主任口头嘉奖。一九九五年十一月底，在一次饮茶叙会中，我向老舰长桂先生请教：当年我们完成了破坏中共劫收横滨侨校的任务后，舰长是否曾得到任何奖励。他明确地回答：“没有。”但我绝对相信，赵主任返台后，必定向上级表彰己功，因为这是国军政战人员典型的作风也。

4. 党籍问题

此期间又发生另一事，这牵涉到国民党党籍的问题。我们班同学，有的在青岛学生总队时即加入国民党，最迟加入者也在厦门完成三个月的三民主义教育之后。在舰上服务，党部没有赋予我们任何任务，所以亦没有党务活动。追舰驶往日本横滨大修前，总部一位号称“龙起涛”的党务政战官员邀我至总部办公室（位于今第一军区大楼后方的一排平房）。这位蛮斯文的政战官神秘兮兮地告诉我：“你在舰上的党员身份应绝对保密。你应该注意舰上的人和事，发掘任何异常状况，每个月和我联络一次。”由于海军的白色恐怖事件深刻地印在脑海里，我自然是奉命唯谨。

太平舰在日本修船期间，一切进行顺利。我亦遵照“龙”先生的指示，定期提出报告。突然有一天，舰上指导员通知我们办理党员重新登记。我踌躇了，若向指导员申报重新登记，就违背了“龙”先生的指示；按理，“龙”先生应就这桩事给我们确切的指示才是。在迟疑中，我写信给“龙”先生请示，但终未见复。就这样，我没办理重新登记，算是“脱队”了。

在日本修船的这段日子，公余之暇，除打球、跳舞，我还猛 K 英文。背诵很多篇美国名人的文选，如林肯的《解放黑奴宣言》等，对英文程度的进益甚大。我在太平舰驶返台湾以后，参加一九五四年美军顾问团海军组的留美考试，自信考得还不错，可是却榜上无名，几经转托查询，才知因为我不是党员，所以不被录取，因此当年的赴美受训，我即未能获选，对我个人一生的际遇影响很大。

这件事显示党部彼此间的联系不够周密，因此后来我才又重新办理入党。

那时很多事情莫名其妙，比如后来我在正安舰当副长，属船上的第二号长官，第三号官员为指导员，指导员之下还有保防干事。这位保防干事为干校一期毕业，我在大陈作战，他居然检查我的信，我发现后相当不高兴，但又不得不忍着，可是这算什么呢？我是他的长官，他竟也检查我的信！而且每个人的信都检查。现在我平心静气地问："政战做了什么？"只能说：利之所趋，比谁都跑得快。政战头领王升现在搞个基金会，他到大陆人家都不要见他；政战副主任萧政之，因"来来案"被关，出来后到大陆表示对台湾政情很清楚，要求见某些人，但也被回绝了。因为中共了解你的背景嘛。所以当年很莫名其妙，这些行为今日想来真令人深恶痛绝。为国家、为军队而去理解某人是很好的，但一朝掌权之后，却随便下命令，不知是什么道理。虽然他是我的部属，但我也不会不识相地修理他们，只能一笑置之。

5. 横须贺港接受美国海军训练

一九五三年底，太平舰完成了在横滨三菱造船厂约七个月的大修，驶至横须贺军港整修雷达与电子装备，以及入坞修理受损的声纳音鼓。横须贺军港很大，可以靠泊美海军航空母舰，当时港内除了靠泊美海军各型舰只外，亦有几艘日本海上自卫队的小型舰艇。苏联于战时向美国租借的PF，也于归还后系泊于一角。军港基地很大，一栋栋美军临时搭建的两层楼建筑，主要系提供美海军第七舰队后勤支援。修船工厂占基地相当的比例，而库房更是鳞次栉比。但训练营舍的规模却小多了，而且似乎没有固定的训练设施；几栋楼房设有教室，负责训练的是太平洋舰队游动训练小组。基地内备有往返巴士（shuttle bus）环绕基地不断地行走，解决了我们这些没有车的官兵行的问题。

舰上没有任何人指导我们去接受美军训练，我们主动和负责训练的美海军军官联系，他们表示欢迎我们官兵参与他们开设的堂课而不作任何要求。我根据游动训练小组颁发的训练课程表，安排了枪炮队全体士兵的训练科目，并指定几位英文程度较佳的士官作必要的翻译。当然，我预判我们的士兵会有语言上的困难，但他们接受的是舰上炮和弹的保养训练，他们在这方面的学术已有相当的经验。我所期望的是导正我们士兵在这些战技上可能有的偏差。我确信这短期的训练对我们的士兵裨益至深。我个人则另外接受反潜科目的训练。前此，我对反潜的战术、战技所知有限，经过将近三周的密集训练，我已成为一位合格的反潜官。特别是当年的声纳是探照灯式的，它对潜艇动态的了解主要系依赖音差的状况，经过这次训练，我的听觉对音差的倾听几有百分之百的把握。记得返国后第一次参加留美声纳科的考试，自信成绩相当好，但如前所述，因我“脱党”而被认为是非国民党员，以致未获录取。

6. 与横须贺港日本技工打交道

说起来，这是件不名誉的事，亦是一件莫名其妙的事。太平舰在日本修船，负责处理本舰和日本三菱造船厂以及横须贺美海军方面联络的是一位“某某斯基”的美国海军少校，我们在日本八个多月期间，我只在我们将舰上弹药卸至驳船，再转储存于美军弹药库时见过他一面，此人不高，约四十多岁，但却神气活现，对我们搬运弹药的动作颇有烦言。

太平舰在横须贺军港整修电子装备的时候，因为返台行期已定，舰上遂积极整理舰体，装点舰容。可是掌握太平舰补给大权的这位美国少校，仅补充舰上有限的油漆，使舰务官舒广年兄对他所掌有的油漆视为瑰宝，一再地声称不足以支应舰体之用，拒绝拨发枪炮队做炮位油漆。不过这也是很奇怪的借口，难道说炮位和炮不属于舰体的一部分吗？而我们的副长陆锦明是一位很有智慧的军官，他可能认为担任副长甚为委屈，所以对舰上一切例行作业均采取无为而治的态度，因此我乃决心不烦扰他，自行筹措，自求多福。

当时我的枪炮队有一位台湾籍的上士班长戴恩霖，他曾在日本海军舰艇服务过，台湾光复后，他和一批台籍同事被派至青岛海训团受训，毕业后分发至太平舰充任上士。戴班长说得一口流利的日本话，和日本人打交道绝对无问题。我私下和戴班长研究，请他和日本技工联络，由他们设法偷窃美海军库房里的油漆交给我们，我愿以一条美国香烟换取五加仑油漆。因值战后不久，日本处于被占领时期，物资缺乏，对美国所有的物品均视为上品，我们在PX买美国烟一条为美金八角，但黑市往往高达美金三元。这一诱因立刻打动了来舰修理电子装备的日本技工，我所需要的油漆很快就凑足，前后约花费十五美金。这种自掏腰包改进公家设备的事我们都做过，相信现在绝对不会有人这样做。此事后来舰、副长均知情，可是更有趣的是，我返台后不久调职舰队部任参谋，舰上竟然以“自行筹措油漆”为名，发布舒舰务官记功一次！

7. 目睹徐舰长的洋相

太平舰在横须贺港时，曾因为整修声纳音鼓入坞。舰在坞里的时候，我们官兵仍和以往一样，大清早在码头集合早点名和晨操。有一天，我轮值理事官，很早即上码头，以待官兵集合。突然发现一位衣冠不整、左脚赤足、脸有多处伤痕的军官正踯躅地向我接近，我仔细端详后不胜错愕，此人竟然是永胜舰徐舰长。因不便问他何以落得如此狼狈，乃匆匆将他带至官厅，一方面通知医官照料，另方面报告副长接待他。

后来我辗转得知徐舰长发生意外的缘由。当年在日本大修的“我国”军舰很多，有“太”字号，亦有“永”字号，分在东京、横滨附近的日本民营造船厂整修。适巧一次“国庆”庆典，在我政府驻日本“大使馆”举行酒会，所有舰只在日本大修的舰长均受邀参加，而当年红极一时的电影明星白光也在东京，故亦与会，且自然成为宾客们注目的焦点。海军的舰长们时年三十左右，个个挺拔英俊，意气风发，对白光纷献殷勤。在这种场合中，美人与醇酒是分不开的，众绅士们个个痛饮黄汤，纷纷有了醉意。随后大伙儿簇拥着白光到一家相馆拍照，徐舰长较其他舰长资浅，所以拍照时未排在白光身旁，徐舰长不胜酒力就大为光火，弄得十分不愉快地离去。

由于永胜舰并不在横须贺修船，但不知怎么回事，徐舰长在摸黑的情况下，从东京来到了横须贺，本欲上太平舰，一个不小心竟摔下了坞。合该徐舰长命大，坞里边缘约两公尺左右就设有走道，他摔落走道后竟又睡着了，翌日清晨酒醒后才跑到太平舰上“求救”。

在日本修船这段期间，我发现日本人有他们的过人之处。例如：起初我们对三菱造船厂的工程师都在那里干了几十年，觉得很奇怪，后来才晓得，日本人对自己的公司都很愿意奉献，一直待在原处，所以社会非常安定，虽然三菱造船厂被炸得破破烂烂，但“人”才是他们复兴的基础。我注意到马路的修理也都在夜间进行，另在一些小细节上即可看出日本成功的地方。我们和盟军穿着军服出去，都得到非常好的礼遇，日本人虽然表现得毕恭毕敬，但我们知道他们是深藏不露，终究要复兴起来的。

一九五三年初，太平舰从日本驶返台湾，再度投入作战序列。此时第一舰队司令刘广凯将我调至第一舰队担任参谋，我遂结束在太平舰服务的日子。

由于我在太平舰服务过三年多，自然有一份感情，一九五五年我听到太平舰被中共击沉的消息，心里十分难过。当时我们的损害管制并非一流，在太平舰中雷，机舱大量进水后，能否如一些人事后所说用两舰夹住拖行，这是可以计算的，因我未做过这种作业，不敢遽下论断。当年海军舰艇驻防大陈时，任务的确繁重，每个人都疲惫不堪，刘广凯先生甚至积劳而吐血。太平舰可能即因任务频繁，警觉上就有了一些疏忽，而予敌可乘之机。

第一舰队司令部参谋

和我同时担任第一舰队司令刘广凯先生参谋的还有后来升任参谋总长的刘和谦，及海军总司令叶昌桐。刘先生国学素养好，且十分重视参谋作业。我们由舰职改派参谋，最初并不了解参谋职司为何。所幸得到刘先生的指导，我们也就渐渐熟悉参谋作业。舰队部在基隆，参谋长则系海军知名的英雄人物陈庆堃先生。

陈先生是海军中知名的争议性人物，他作战英勇，智慧很高，又颇具研究精神，学术表现特出，是黄埔海校第廿二期的高材生，成绩总是前三名。由于他历经长江突围，获颁青天白日勋章，又当过太字号舰长，对于此职，他并不摆在心里，我们也是在此时，发觉他确实有见识，有作为。舰队司令刘广凯先生调赴大陈担任特种舰队司令，陈先生就代理第一舰队司令。一般公事陈先生看都不看就画行，但有些事他却把我们整惨了。比如当时美国舰停泊高雄、基隆，他带我们到美国驱逐舰上，要我们看美国人如何作保养，怎么作训练，并把美国有关的规定卡片和手册带回来，要我们翻译。我们并没有驱逐舰，也没受过驱逐舰的训练，因此很多东西对我们而言都是生疏的，但也只好每人分配一些翻译。当时我们莫明所以，曾询问翻译这些要做什么？他的答复是“学”。但我们对许多名词不懂，他说不懂就去问哪！于是我们再回美国驱逐舰上，向美军求教，美军也很热心地为我们解释。我们就这样知道陈先生对于新的事物，具有前瞻性的眼光。以后他到美国接咸阳舰，又带回一些美国驱逐舰的保养和训练制度的资料，许多年后陈先生担任驱巡部队指挥官兼六二特遣部队指挥官，队部在基隆，这些东西都用上了；他编印了两本手册，一是《训练综合准则》，另一是《海军舰艇保养制度》，把今天海军整个训练和保养制度建立起来，足证陈先生有先见之明。因此我在第一舰队司令部担任参谋期间，一面接受刘广凯先生的指导，为我的参谋作业打下坚实的基础，一面配合陈先生的要求，使我深入了解美国驱逐舰的训练和保养，我对这两位长官一直心存感激。

一年多以后，我奉调二级舰正安舰的副长。

再任舰职

（一）正安舰副长

正安舰是一艘约一千多吨的日本赔偿炮舰，主要武器是舰首那尊自要塞拆下来安装的四吋七要塞炮（当时马公还有很多日本人留下的四吋七炮炮弹，足敷使用），以及舰尾的美制四十公厘炮。在其所属的第四舰队中，正安舰的各项竞赛都是殿后。舰长麦炳坤，原就读黄埔海校廿三期，后转至陆军服务，胜利后在青岛的海军官校军官训练班完成补训。他对舰艇比较生疏，因此我担任副长后，大小事情都落在我的肩上，是时正安舰纳为大陈特种任务舰队的属舰，亦至大陈驻防，日子十分艰苦。正安舰的设备和我们当时已有的美赠舰艇相差甚远，既无冰箱储存食物，亦无水龙头方便用水。更糟的是美国军舰已用石棉隔热，而正安舰只是铁板，致使舰内温度比气温要高出许多。不过我们驻防大陈三个多月，参加过多次海战，有相当重要的战果。三个多月后正安舰因机件老旧，性能不佳，回到马公大修。经过四个多月的大修和整备，全舰焕然一新，后来参加校阅，正安舰名列第一。之后驻防金门，支队长为林鸿炳先生。不久麦炳坤舰长调训，由杨松泉代理舰长，他就住到我副长的官舱内，他看完我的副长作业后，很谦和地表示："我承认我在洛阳舰的副长作业，都没有你做得好。"因此，正安舰的一切条件都差，而几乎所有官兵都是来自大陆，在这种状况下，还能鼓舞士气，力争上游，可说十分不容易。

我记得驻防大陈时，正安舰系以手提泵抽取淡水使用，由于前方得节约用水，因此严格规定每人早晨只有两个漱口杯的水供漱洗之用，但有人偷取淡水洗澡，使我不得不在后甲板用海水冲其身，作为惩处，之后士兵再也不敢犯规。驻防前线时，我也曾在七、八月间，长达廿五天没洗过澡，浑身臭气冲天，但还是照样过。正安舰在我当副长期间，完全改头换面，令我极感骄傲，也是相当愉快的一段日子。

（二）风波频生沱江舰

自正安舰下来后，上级一度考虑调我赴美接咸阳舰担任舰务官，后未去成。遂奉派为沱江舰（PC-104）舰长。然而我任沱江舰舰长期间，却是诸事不顺，可能由于我自己当年太过躁进，对于船的要求过于严苛，以致发生两次严重的事故，带给我很大的警惕。一次是沱江舰赴金门，在水母屿附近触礁搁浅，这是我没有带好船。修复之后，又有一次驻防金门，时为八级风，我仍然照冲不误，结果因风浪太大，主桅杆因而折断。主桅折断恐怕也是“我国”海军首次发生的事。沱江回到马公进行修复时，梁序昭总司令在晨会中公开表示：“在海军看来，主桅折断是不吉利的事，也许徐学海不适合这艘船。”就决定要我下来。我任沱江舰长一年多后，就交给我的同学刘溢川。这样的结果我毫无怨言，因为主桅都折断了，有什么好说的呢？我也很高兴由老同学来接任，刘溢川把沱江舰带得非常好，“八二三炮战”期间的“九二”料罗湾海战，沱江舰勇不可挡，刘溢川也成为家喻户晓的海军英雄。沱江舰后来半浮半沉被拖到左营一号码头，我曾上舰探望老同学和过去的部属，发现指挥台支离破碎，我也得知战况最激烈时，指挥台上的人几乎全倒下去了，但刘舰长却毫发未损，我真为他庆幸，但看到他瘦得不成人形，我也非常难过。沱江舰在我手上虽然屡生事故，可能是我一生之中最大的挫折，但该舰后来却有如此英勇的表现，我也感到十分高兴。

大陆出版的战史，都称沱江舰受到重创，而在拖返马公途中沉没。事实上沱江舰确曾先拖到马公，后来拖到左营时，我上去看过，最后因修复费用太大，只得除役，但除役解体的地点我不知道。大陆战史的记载完全错误，我曾为此事写信请他们更正。

两次赴美进修

（一）留美学习炮仪

调离沱江舰后，我考上留美，一九五七年四月一日赴圣地牙哥（San Diego）的海军训练中心（Naval Training Center）学习射控（当时称为炮仪），主要学驱逐舰的射控系统。在美八个月期间，除了增强我的英语能力外，也使我对美国的教育和训练，及其人民的勤奋，有更深一层的体认，眼界也为之一开。令我印象尤其深刻的是，这种训练中心主要训练士和兵，

1957 年，率海军士官八名赴美海军圣地牙哥新训中心，接受射控训练

令，说明："徐学海因业务需要，现在无法调离，如此将影响二级舰资历，请准予直接派一级舰。"总司令批"可"。所以刘总司令接总司令后，顺理成章地派我为太和舰长。当时"国防部"人事行政局局长不同意，说我仍是中校，而上校等着派一级舰舰长的还有多人；其次说我没有指参教育学历。但刘总司令执意派我。局长易劲秋遂亲赴海军总部找刘总司令协商。此时宋长志先生在旁缓颊，说暂时不派我上太和，等我海参院毕业后再派，双方遂各有台阶可下。这样我就先进了海参院，而毕业时我侥幸拿到第一名，就直接派一级舰舰长了。

胡嘉恒先生最倒霉，他原担任黎玉玺总司令的勤务处处长，黎先生升任总长后，已内定调胡嘉恒为总务局局长（中将缺），结果却在最后一次任务出了事。

"八六海战"可算是反攻大陆计划中的一个"点火"措施，但海战失败，也把老"总统"打醒了。当时陆军总司令就极力反对，认为我们没准备好。去年我到厦门，看到当地的地势，感觉如果我们当年从厦门登陆，恐怕立刻就会被消灭，因为那是一个"请君入瓮"的地形。所以当年未进行反攻，确实避免许多人的性命牺牲。

担任泰山舰舰长

一九六六年七月中，我在海军指挥参谋大学正规班十五期以第一名毕业。冯总司令到学校时对学员们个别谈话时，曾询问我派职的意愿，我当即表示：希望到舰上服务。其时我已系上校阶，但我未曾担任过二级舰舰长，只出任过三级舰（沱江）舰长。按海军人士规定言，从三级舰长径派任一级舰舰长尚无先例，不过，我的情形可谓特殊，一九六四、六五年间，因为作战业务的需要，将我一直留在总部作战组，而耽搁了我派任二级舰长的机会，所以作战助理副参谋长许承功给黎总司令打了报告，建议准许其负责人仅是一名上尉军官。大多数教官为上士（chief），中士很少。而这种上士就是美军之中的back bone（最主要的干部），任何技术课程均由他们担任，而确也令我们感觉真正学到东西。从基本的电学、电子学到雷达线路，以及系统上的每一个装备，装备依据的学理，如何维护，均作了循序渐进、由浅入深的说明。我们觉得美军以上士为back bone，是国军该学，却又一直学不好的制度。军官为通才，若投入技术过深，则到某一阶段，就无法升迁，因此没有军官愿意如此。然而上士却能安于其位，成为专才，我们的青年却不愿如此，总是想往上爬。

（二）返国任一军区联络官室主任

一九五七年十一月一日受完训返国，先至舰训部接任汪希苓的训练组长一职，他则调为参谋总长王叔铭的侍从官。一年多后，我调为枪炮班主任，班址在左营西码头。我从任职太平舰起，就和枪炮结了缘，出国学射控，回国能把所学教导后进，心情颇感愉快。再过一年多，于一九六〇年四月一日奉调海军第一军区联络官室主任。其主要工作有二：一、支援左营地区美军顾问的日常生活，亦即地区上所有需要服务的工作（政策上的工作则由总部负责）。左营有两个占地甚广的美军顾问社区，称为“内海友新村”（高尔夫球场附近）和“外海友新村”（左营旧城附近），平常他们的住宅水管漏水、停水，就会找我；若开车出了事情，我也必须协助解决。另一项主要工作是接待外宾，在一九六一年前后，访问左营的各国外宾不计其数，由我负责策划、陪同参观，甚至担任翻译。每一次外宾访问的路线，我都会先试走一遍，以便精确地掌握时间。虽然我负责接待外宾，感觉胜任愉快，但是当时陆战队司令罗友伦先生，却不是很好商量的人，我们与之打交道，常碰钉子。譬如西班牙副元首慕义斯元帅来访，由于他地位重要，我们更是极为慎重准备一切，总部指示慕义斯来访时，我们一定要鸣放礼炮。海军接待外宾多在一军区的广场上，码头有礼炮，但距离太远，于是就向陆战队借。但罗司令说陆战队也要鸣放礼炮，不愿外借，令我们大伤脑筋。事实上这是总部的命令，他就是不理会。我们常会遇上这样的挫折。据我看来，需要陆战队配合协助的事，罗司令如果认为他能有所表现，他会愿意配合，否则他就不卖账。当然，我们也会多方设法，解决难题。

这段期间，我和顾问建立了很好的关系，他们给我取了个绰号，叫"Mr. Fix"，也就是专门解决问题的先生。接待外宾方面，也都能完成任务。时任一军区司令的高如峰是位学者型的将领，对我接待外宾的安排都完全接受。他到"国防研究院"受训，就由冯启聪指挥官兼任一军区司令。所有接待外宾都会安排餐叙，菜单皆先请长官过目。有一年夏天接待非洲来的外宾，冯先生对我说："大热天，你为何不准备一些广东人常喝的汤，来为外宾消暑？"我则回答说："外宾大概不会习惯我们广东人喝的苦汤。"但他还是要我在高雄华园饭店准备由中药等食品熬成的汤，请宾客饮用。结果那些非洲客人喝了一口，皱皱眉头，就把汤放在一旁。冯先生看到这种情形，以后再也不作如此安排了。这是当时发生在冯先生任内的一桩趣事。

（三）再度留美

一年多后，我再度考上留美，赴美国海军研究院（PG School，位于加州蒙特里市）进修一般课程。由于美国海军很多飞行员是属于 NROTC 毕业的，也就是设有普通大学的学士学位，但海军课程学的很少，因此在服役一段期间后，美国海军召集他们到 PG School，学习海军课程。结业后，调往舰上担任一般军官。如果他一直是飞行员，就无法在舰职方面得到升迁。所以与我同班的二十几位同学，几乎都是飞行军官。

比我稍早到 PG School 受训的有刘和谦和叶昌桐，而在 PG School 下的 Engineering School 受训者，则有后来担任中山科学院院长的刘曙晞。PG School 学校环境极好，课程也很实用。其中部分课程我已涉猎过，因此很能轻松应付功课，考试经常拿 A。由于应付裕如，我乃于晚间到 PG School 对面的 Monterey Pennisula College 自费选修德文，一则真正体验美国的大学生活，另则增加和美国人的交往机会。当然更主要的目的是想多学一种外国语，希望将来能用得上。这段学生生活特别愉快，PG School 毕业时，我的成绩也是名列前茅，得到学校的公开表扬。但是回国后，却迷迷糊糊忘了报领绩学奖章。

回任岸职

（一）任教海军官校

一九六二年返国，奉派为海军官校教官，正好教到五十二年班，学生之中有现任副总长李杰上将，海军副总司令叶仕文中将，联勤副总司令李芳岺中将。五十二年班共有四个班，我对叶仕文印象最为深刻，因为他是该班的第一名。我讲授的“海军基本战术”这门课，需要记忆和计算，但叶仕文很快就能掌握要点。有时其他同学还不了解，我就让叶仕文上台演练一遍，好让同学们清楚理解。后来我当昆阳舰长，就调他为作战官；我任巡防舰队舰队长，也调他来做训练官。他今天能有此成就，我也非常高兴。但他个性耿直，有些长官对他有意见。我认为有才识的人，容易显出傲气，这不能算是大缺点，我也知道他的部属对他有些惧怕，因为他常会得理不饶人。私底下我会不时奉劝这位优秀的学弟，对长官、部属的态度应稍微和缓些。

（二）总部作战组副组长

于官校任教不久，总部作战组副组长叶昌桐同学想上船，他也认为我总是待在教育训练单位，不是个办法，遂希望我到台北接他的职务。我感谢他的好意，虽然家在南部，还是接任此职，时为一九六三年四月一日。

当时总部还未设作战署，而是仿照美国海军的制度，在参谋长之下设两位副参谋长，其下又有好几位助理副参谋长，其中一位主管作战。我的顶头上司为许承功，浙江人，他曾做过蒋中正“总统”的侍卫官兼副侍卫长。有不少曾在“总统”官邸服务过的人告诉我，没有人敢当面指出老“总统”的错误，但许承功却不同，他常会对老先生交代的事表示不同意见，海军人几乎都晓得他是这么一个人物。他离开官邸后，做过一任登陆舰队舰队长，再接任总部的助理副参谋长。很多朋友知道我要接叶昌桐的位子时，都劝我不要去，他们担心我无法伺候许承功先生，但我想过去我在刘广凯先生底下任参谋，一样处得很好，应该没有关系。我在任满两年半的作战组副组长后，于一九六五年九月一日奉调海军指参大学受训，他还极力挽留我。

不过许承功的确十分跋扈，有一次特种作战，由陆军派人渗透到山东半岛，这一计划报到“国防部”，联三执行官吴嘉业（浙江人，黄埔十期，也做过老“总统”的副侍卫长）打电话问我们：“你们这个案子要慎重哦，是不是总司令已认为没有问题了？”我转告许助理，他立即拨电话给吴嘉业，质问他：“你刚才来的电话是总长的意见还是你的意见？总长的意见我会考虑考虑，你的意见算什么东西呀！你管我干么？”吴嘉业占中将缺，职级比许承功高，许却以这种态度回应，其跋扈可想而知。

在担任作战组中校副组长期间，真正参与了高层次的业务。第一，美军和我们有一个联合作战的“乐成计划”（Rochester Plan），我接任时，此计划正好在修正，我遂奉命带同参谋柴翔业（后任“国防部”物力司司长），和第七舰队下的一个支队——七十七机动舰队——的作战副参谋长共同修订，总计花了十天时间，双方也曾发生若干争执。修订完毕后，我将新订计划译成中文，和原计划一并写在大图表上，在总部向总司令黎玉玺上将和各级主管作一逐项对照比较的报告。简报完毕后，上级毫无异议通过。最后七十七机动舰队司令麦法逊来台，与黎总司令共同签署新修订的《中美海军协防台湾作战计划书》。

我另奉派到南部参加一项两栖作战会议。假想中共攻击东沙群岛，我们的舰队该如何支援。当时的两栖作战司令是我在太平舰的老长官谢祝年，他在简报之后问我的意见，我发现他们的支援计划竟是投入全数的驱逐舰，遂告诉他总部不能接受把所有驱逐舰投入这一计划。他立即反问："你能代表总部讲这话吗？"我告诉他："我今天出席，就是代表总部，代表总司令。我们绝不容许你把所有的DD都投入。"他的作战组组长是我的学长，很惊讶为何总部作战组副组长如此强硬。事实上我奉命代表总部，也了解海军作战政策，驱逐舰至为重要，绝对不能全数投入。因此我虽是一个副组长，却有足够的发言权。

一项严重的错误决策

（一）海军的反潜作战计划

在一九六三年至一九六五年间，我海军舰艇曾多次在台湾海峡有过声纳接触，从而展开反潜作战。我们都十分清楚，中共海军自建军开始，即订定了"飞、潜、快"的建军方针。而那时，中共的潜舰已陆续成军，并出海活动。由于当时双方处于剧烈对抗状态，亦即"见敌必战"，所以舰只一旦有声纳接触，会立即直接请示总部。总部亦迅即下达攻击命令。譬如一九六四年三月十七日，太康舰率涪江舰在厦门外海执行巡弋任务时有声纳接触，太康舰即受令实施攻潜，投掷了深水炸弹廿二枚，迨声纳接触消失后始行返航。

一九六五年五月廿一日，美军顾问团海军组长欧思（Capt. Lynn S. Orser）上校与刘广凯总司令举行座谈会，主题系美国海军支援本军建立反潜航空兵力。会议毕，刘总司令即指派主管作战的副总司令冯启聪中将主导成立一个任务组，负责策划本军反潜航空部队之成军事宜。冯中将指示：该编组由计划助理副参谋长葛敦华少将担任副组长，他任组长，并指派我为执行秘书。

不久，美军派遣一架 S-2A 反潜机进驻松山机场。我随冯中将登机参观，并接受机长对性能和机上反潜侦搜装备以及武器的简报。简报毕，我亦随同冯中将搭乘该机出海去体会它的种种飞行性能。最使我们印象深刻的是，该机可以在离水面七至十公尺作高速飞行；因为如此，往往潜舰以呼吸管突出水面潜航时，不易发现敌方反潜机已临上空。随后，海军顾问组移交给本作业组一大批有关反潜机、侦搜装备、攻潜武器、美海军反潜部队编组以及基地编组等有关资料。

大概经过两周将资料作初步的消化，我向冯中将提出了一项建议：安排我和作业组其他成员至美海军驻菲律宾苏比克湾的反潜航空母舰见学，为期三至四周。这一建议很快得到冯中将和刘总司令的同意。经由海军顾问组向美海军申请，核定了作业组三人赴菲登美反潜航空母舰“潘宁顿”号（USS Penaton）见学三周。当年奉核定的有领队杨广英上校（计划副助理副参谋长）、我本人，及总政治部监察官赵钧少校等。

（二）赴菲学习反潜

当我们三人登上飞往菲律宾克拉克机场的美军军用机时，我发现自己此行的任务十分繁重。因为领队杨上校表示他多年来疏于运用英文，而且对反潜亦不甚熟悉，所以特别关照我：“无论是和洋人打任何交道，以及返国撰写访问报告，一切都由你负责了。”赵少校的说法更是令人啼笑皆非，他说：“我不知道为什么派我担任这份差事，反正我是政战部的成员，我不会有意见。”

我们从克拉克机场直接搭乘一架小型军机降落在美舰“潘宁顿”上。登舰后，反潜支队支队长麦法逊少将接见我们三人。前此，麦少将曾担任过美国第七舰队七七台湾巡逻支队长多年。我因职务关系，曾与七七支队副参谋长共同作业，修订《中美海军协防台湾作战计划书》（名“乐成计划”），故我与麦少将算是旧识了。他除了表达欢迎之意外，更关照他的训练官将我们的见学时程作一详细的介绍，并安排多次接待我们共进晚餐。

在这三周的见学期间，反潜支队几位幕僚轮番为我们介绍其支队的兵力结构、编组、S-2A 和 S-2E 反潜机的差异、各种侦搜装备、反潜武器，甚而深入说明太平洋舰队勤务支援体系。我当然了解“我国”海军将来成立反潜空中部队的全盘构想，绝对不能一成不变地将美国海军的各种制度照单全收，而必须因应我们的“国情”作相当幅度的调整。所以我一面见学，一面撰拟见学报告。该报告概分为两部分：一系美海军反潜空中部队概况，一系我海军成立反潜空中部队的建议案。对于后面一部分，工作至为吃力。首先，我得将该建议案内容向杨领队和赵监察官说明并加以解释，幸好他们二人没有表示其他意见。其次，我得将该建议案译成英文，据以和美军反潜支队幕僚们一一讨论。在讨论这些问题时，由于我海军并没有航空兵力，有着太多状况非老美所能理解。譬如该部队的飞行员必须由海军军官担任，但“我国”海军军官未接受过飞行训练，短期内不易培训足够的飞行军官；如果由空军支援飞行员，由于该部队的编制小，严重影响飞行员的向上发展；若由海军军官担任飞行员，则影响其舰职；如果太短，即使只有三年，在训练的成本效益上又太高。凡此，都得向美军说明，再作讨论。

（三）反潜机的归属

返台后一周，我将访问报告交由杨领队，经计划助理副参谋长室签呈冯中将，再转呈刘总司令。某日刘总司令召见我，垂询我在美舰见学的情形。我以廿分钟将见学报告内容重点陈述。听完报告，刘总司令问我：“如果我派你担任该部队第一任部队长，你愿不愿意？”事前我万万没有想到刘总司令会有此一问。我稍作思考，答称：“报告总司令，我愿意。不过如果要我担任此一职务，我请求先让我学飞行，并对反潜机完成 check-out。”刘总司令问：“你不觉得学飞行年龄大了点吗？”我说：“美国海军五星上将海尔赛（Adm. William F. Halsey）接任航空母舰‘沙拉托加’号（USS Saratoga）舰长之前才学飞行，那时他已是五十一岁了。”刘总司令莞尔地说:“你倒蛮有见地的呀!”

一日，冯中将偕同葛助理敦华和我至空军总部拜访主管作战的副参谋长时光霖中将，就本军成立反潜空中部队一案，第一次和空军交换意见。为什么空军派出一位副参谋长来接待我海军副总司令呢?原来抗战期间，冯中将曾入空军官校九期受训，时中将系空军官校五期毕业，是冯中将的教官辈。在一阵寒暄后，葛助理先发表高论，细数他于第二次世界大战时，参加英国皇家海军，并飞行过反潜机等往事。凡追随过冯中将的人，都会对这位长官少有的耐心印象深刻，他可以倾听你的报告好几个小时而不发问，且毫无疲态。但这次，可能葛助理讲得太过离题了，冯中将乃阻止了葛助理的高论，并嘱咐我向时中将提出海军成立反潜空中部队的构想。我除将上述构想扼要地予以提报外，复逐一提出请求空军支援的项目，包括飞行员的选拔和训练、维修人员的训练、基地的整备等。时中将不置可否地将我们准备的书面资料留下，就结束了这次的协调。

我们绝对想不到这桩海军建军大事会引发在台湾的美军首长们的内斗。当时顾问团团长是美国空军桑鹏少将(MGen. Kenneth O. Sanborn)。前此历任顾问团团长向系由陆军少将阶将军担任。桑鹏团长究系因为我空军运作，抑或出于己意，现在已无从得悉。但他向老“总统”陈述:基于台湾空防整体性，反潜空中部队应隶属于空军。其时台湾协防司令耿特纳海军中将(Vadm. William E. Guntner，Jr.)亦以正式说帖向老“总统”陈述:反潜系海军主要任务之一，反潜空中部队系为了遂行反潜任务而成立，故必须隶属海军。就在这争论不休的关键时刻，海军受到最严重的一次打击，就是“八六海战”失利(详后)，随之刘总司令引咎辞职，冯中将继任总司令。

冯总司令是一位谦冲、沉默、不苟言笑的长官。对于友军，他一向采行一种礼让的作风。一九五九到一九六〇年间，他任舰队指挥部指挥官(即今之舰队司令)兼代第一军区司令(一军区司令高如峰时在“国防研究院”受训)，罗友伦中将系陆战队司令。依照总部规定，左高地区海军资深官系舰队指挥官。当年，外宾来台访问者甚众，大多数亦到左营军区访问。陆战队罗司令往往不顾总部规定，自作主张安排参观项目和接待。冯中将从不为此等事与罗司令不快，更不会向总部长官反映此种状况，其修养到家，我们都十分敬佩。

据说，为了反潜空中部队隶属问题，老“总统”曾特别召集过一次军事座谈会，征询海、空军总司令及参谋总长（黎玉玺上将）等人意见。冯总司令对此一问题并未据理力争。究其原因有三：1. 初接任总司令，不便太过表现“军种性”；2. 空军总司令系徐焕升上将，属冯之教官辈，不便与之争辩；3. 冯之性格使然。

随后，反潜机大队成立，奉“国防部”核定该大队隶属空军。

如果我们对中共的武力编组稍加留意，即可知其海军成立未久，已编组海航部队。中共海、空军建立始于一九五〇年，可是在他们建军之初，即能认识到海航对海军是一支不可分割的兵种，我们的海、空军首长以及更高的决策者，竟然对反潜兵力予以分割，真乃匪夷所思也！

截至目前，反潜空中兵力仍分为两部分。一系直升机部分，隶属海军；一系定翼机部分，即 S-2T，仍然隶属空军。在此，基于保密的缘故，我不愿细述 S-2T 机大队对海军反潜战力有多大助益。但不可讳言的，这样的编组，发生下述的问题：反潜作战是海军遂行各型作战中最复杂、亦最诡秘的一种，此乃因它作战的对象是潜舰，能以静音潜航于水中，而海水的状况因水域而异，故导致对它的侦搜极度困难。是故，反潜的侦搜装备不仅精密，而且种类繁多，俾能相辅相成，侦悉敌潜舰之所在。就装备的维护而言，需要主管部门大量投入人力、物力，俾使其保持最良好之妥善率。反潜作战既是海军主要任务之一，海军对此等装备重视不言而喻，当尽可能维护其于最佳状态。反潜机大队隶属空军，上述状况就截然不同了。又反潜作战的遂行，是一种三度空间之战术作为，它汇聚了潜舰、水面反潜舰、反潜机和反潜直升机，对具有敌潜舰威胁的海域进行侦搜，一旦发现有敌潜舰的迹象，随即展开反潜作战。今日由于我海军反潜水面舰之舰型复杂，侦潜装备亦复杂，不要说美海军不会将其反潜战术准则移交予本军，即使全部移交了，亦因两国海军所拥有不同型的反潜舰和装备，美军的准则亦不合用。是故，本军在反潜硬体获得改进之同时，亦应全力发展其软体。然而反潜机大队在空军的管辖下，这份重大工作又如何能推动？再进一步分析，目前反潜机的派遣系接受舰令部的作战管制，但究竟只是管制而已，做不到如臂使指般的境界。凡此都足以说明这项决策是多么严重的错误。（按：原本配属空军的两个 S-2T 反潜机中队，已于一九九八年七月一日起全数移拨海军。）

一桩荒谬的决定

一九六五年间，越战转趋剧烈，美国空军出动 B-52 轰炸机猛炸胡志明小径，以及中越边境之补给线，中共援越的军、民用物资，遂从海上驶入海防。八月初，发生了北越鱼雷快艇攻击东京湾（Gulf of Tonkin）的美军驱逐舰事件。美海军遂在台湾和菲律宾间的巴士海峡大量敷设反潜音标，由 P2 反潜机廿四小时侦搜潜入南海的中共潜舰。为了掌握中共支援北越的船运状况，美海军对大陆海域及太平洋实施第二次世界大战时一项反潜措施——航运管制（shipping control），并要求我海军参与该项措施。

所谓航运管制系二次世界大战时，德国对同盟国的航运遂行广泛无限制潜舰战；而美国又是同盟国的军火、军需品最主要的供应国，此等物资又必须倚赖海运送至英伦和北非。为了海运船只的安全，同盟国海军遂采行护航战术。可是当年的运输量实在太过庞大，同盟国所拥有的反潜舰不够支配，航运管制制度遂应运而生。同盟国海军将大西洋划分为若干个海域，分别列为高度、中度和低度潜舰威胁区等，再依照运输船的数量、物资的重要等级，指派适切和适量的反潜舰护航。当船队一旦进入高度潜舰威胁区，随即加强护航措施。严格地讲，航运管制是结合了反潜战略、战术和科学管理的一种作为。海军当年在美军顾问的协助下，虽曾大量派遣年轻优秀的军官赴美接受反潜训练，但其层次不高，仅及水面反潜战术而已，对反潜战高层次的作为从未接触过。美海军要求我海军参与此一体系，最主要目的是有效掌握中共的航运动态。美海军要求我海军通报台湾两个国际港的船运动态，亦通报本军台湾海峡及台湾东部海域之船运动态。除此外，本军更可以以航运管制体系的一员，派遣适当军官赴美接受反潜战高级作为之训练。

在我们较深入了解航运管制的内涵以及美海军的意图后，作为承办组副主管的我，遂洋洋洒洒地大做文章，务必使得主管作战的各阶层主管对此问题有一致的共识。此文亦以极机密等级会送政战部，万万想不到政战部提出了“美国要求本军参与此一体系，其目的系掌握我反攻大陆之军事行动，故不应接受。”之意见！惟此文连同政战部的意见仍上达总司令。总司令可能鉴于牵涉反攻作战问题，故将此文呈报“国防部”。

谁都知道，当年韩战爆发，美国杜鲁门总统指派麦帅率师入韩之同时，亦指派第七舰队协防台湾。第七舰队亦同样负有阻止我国军对大陆用兵的任务。六十年代，老“总统”积极备战，打算挥师渡海，在台湾的顾问和台湾协防司令部的美军岂有不心知肚明之理。美军笃定地冷眼旁观，因为蒋“总统”要大动干戈，弹药及全盘的后勤支援，没有美援，一切都是枉然。所以说，美军根本毋需以迂回的方式来掌握国军的动态。

本军呈报“国防部”参与美海军航运管制体系的公文迟迟未获核示，迨过了两三个月，指示下来了，其内容与海军总部政战部的意见竟然完全一样，美国海军的美意就这样湮没了。

反攻大陆作战的试探

（一）策划反攻大陆

一九六一年初，中共推行人民公社，大陆民不聊生，大批难民涌向香港，其内部情况一片混乱。政府最高当局责令军方积极准备对大陆用兵，遂行反攻圣战。一九六二年，开始有了初步的策划作为，海军至少有刘定邦、陈振夫、叶昌桐参加由“国防部”主导的幕僚阶层作业，地点在台北县三峡。然而真正大规模的高层作业，应该是在一九六三、六四年以后。“国防部”交代三军总部成立了作业室，空军为擎天作业室，海军则为光明作业室。分别研拟各阶段作战计划，测试各项行动构想，全面进行后勤整备。又为了深入了解敌情以及策动大陆人民抗暴，国军增设特战司令部，统筹对大陆战略目标遂行突击，派遣谍报人员潜伏于要塞地区附近，俟机进行策反、破坏的任务。特种任务从不假手六二部队，但海军为配合特战的需要，不仅派遣蛙人参与特战任务，而且派遣舰艇担任护送特战队员渗透大陆海岸。原则上，海军舰艇依“国防部”之指示，将特战队员适时安全地护送至其所指定的海岸，至于友军在内陆任何后续行动，海军从不过问。特种作战之成败，往往取决于行动之能否保密，是故，海军参与订定特战作战计划的参谋人员，均经由总司令核定，其他任何人员均不得与闻，即使时任总司令刘广凯上将的特别助理刘和谦上校，亦不参与作业。该种作战计划系列为绝对机密，亦即最高机密等级。当时海军另有个大业计划，投资大笔经费建造登陆艇。反攻军总司令由海军总司令黎玉玺兼任。光明作业室的编组机密等级非常高，和我处理寻常业务的作战部门没有关系，可是我也被他们纳编，参与了很多作业。

我发现光明作业室的问题很大，负责督导该室作业的总部副参谋长赵汉良是黎总司令电雷一期的同学，他是师爷型的人物，虽曾担任过两栖部队参谋长，但未经历过主要舰职，所以由他来督导作业，可想而知是纸上谈兵。光明作业室的其他人员在官校的年班都比我低，海上战术素养不够，故而我认为海上作业部分问题很大。后来宋长志任总部参谋长，了解光明作业室的问题后，就主动修改，光明作业室仍负责策划，海军支援作战的战备整备事宜，则交由作战部门的助理副参谋长许承功负责。许承功却表示:“这不是我的事，我是管正规的作战，这个作战我不晓得，我不管。”许承功一口回绝了宋参谋长的指派，宋知道许有来头，虽十分气恼，却不便发作，遂再找作战组组长杨西翰，告知许助理不接，要作战组接。杨西翰当即回答:“他不接，我怎么敢接。”杨西翰虽占少将缺，但许承功对他一向不假辞色，实在没有道理，杨实际上对许有些惧怕。于是宋长志再找到我，告诉我原委，我就报告说:“我想我能够担得下来这个任务，但请您不要告诉他们由我接了。”这样解决了宋参谋长的一个难题。所以我是为了达成宋参谋长的意图，投入了光明作业室的战备作业。由于宋先生对我有这番了解，所以后来我自参大十五期以第一名毕业，宋先生就要我到总部接作战组或训练组的组长。但我觉得不能总是担任幕僚，必须上船。

（二）八六海战

以上所述有关反攻大陆作战的策划，可说是八六发生的背景之一。

“八六海战”的作战计划称为“海啸一号作战”计划，它是依据“国防部”令颁“蓬莱一号”计划所策定暨执行。前此，海军曾执行过此类的特战任务若干次，甚而突击地区远达山东半岛海岸。惟历次任务多系将特战队员送至大陆海岸后，我舰艇遂即行返航。然此次任务不仅将突击队员送至汕头外海的东山岛实施侦察与袭扰，并于其任务完成后接载返航。本“海啸一号作战”计划，由专案幕僚拟订完成后，确曾签准总司令刘广凯上将核定后付诸执行。

海军执行此任务，为慎重计，特组成“海啸一号督导小组”，由副总司令冯启聪中将率领督导官五员，进驻左营督导作战之遂行。该作战计划除呈报“国防部”，专送陆总部（此次特战队员系属陆总部特情队）、空总部（由擎天作业室签收，该室系负责空军反攻大陆作战的计划编组，于八月五日中午与该室黄姓参谋联络，正式通知空军“海啸一号作战”计划订于八月六日执行）。本作战遂行时，海军总部运用一种秘密方法，全程掌握中共沿海的雷情作业，适时通报剑门舰，俾利其迅即采行因应行动。

“八六海战”的经过是极端惨烈的，海战不同于陆战的是，前者系敌对双方互相以各种舰炮对击，而后者却仍可利用地形而躲避。据当时剑门舰生还者报告称：中共系以八艘舰艇集中炮击我两艘任务战舰，剑门舰与章江舰终至沉没，但中共舰艇可能被击沉的有五艘，重创三艘。

我在总部担任作战组副组长时，参与了很多作战计划，但“八六海战”一役策划时，我因奉派至马祖，初时并未参与，那是杨西翰和李沅骥在战情室研拟此次特种任务。我自马祖回来后，留在总部执行，故对计划和过程也非常清楚。李沅骥是当时跟着我的一名幕僚，他是李品仙老将军的儿子，与现任海军总司令伍世文同学。他非常优秀，不幸在情报署长任内因肝癌过世。我们两人专门负责特种作战，几乎当时所有的特种作战计划均出自我俩之手。

我被总部派到特战司令部任海军总部的联络参谋，司令为易谨（黄埔十期）。我在那里看过整个特种作战的构想。我将这份计划带回总部，向上级报告。那时我们也很注意中共的雷情，他们已能掌握我们很多船的动态。我们若是贸然派船过去突袭，中共一定立刻有所反应。我们自然不会迷迷糊糊打仗。我和李沅骥策划时，对敌情亦有所顾忌。我也和“国防部”撰拟反攻大陆计划的国光作业室的负责人到马祖，了解由马祖如何支援特种作战。我也到金门去了解，如何自金门支援，所以那段时间工作十分繁重。特种作战对海军绝对是个巨大的负担，既然要反攻大陆，就需要靠特种作战来点火。

本案计划作为堪称前所未有的慎重严谨，此因我们事先对敌情有相当的了解，尤其是对中共观通系统的能力掌握了详尽的数据，我们曾向“国防部”和友（陆）军反映过本案的可行性甚低，而危害性极高，然而上级认定本案有其战略（非战术）含义，务必进行。以往本军曾实施对大陆特种作战多次，但从未派遣将级军官担任战术指挥官，此次由胡嘉恒少将负责指挥，冯启聪副总司令担任作战指导，亲率作战助理副参谋长许承功少将、作战组组长杨西翰上校进驻左营舰指部战情室，全程监督与必要时之指挥，我则和总部副参谋长牟秉钊少将留驻台北总部战情室掌握状况，不断报告给参谋长和刘总司令，并负责与空军及六二部队的协调与联系。

当晚我守在总部战情室中，牟副参谋长则回涛园宿舍。清晨四五点钟我呼叫剑门，未获回音。我不停呼叫，后来断断续续收到剑门无线电的答复，这时我怀疑是中共冒用剑门的频道。于是我立刻请示牟副参谋长，并要他请刘总司令来此。同时拿笔迅速记下整个过程。我也向空军申请派机支援，但空军的JOC居然不知此一任务，那是因为此一作战计划是交给空军总部擎天作业室，擎天作业室并未交给空军作战司令部。而我亦事前通告六二部队作战组长赵士骧，要他们准备采取行动，随时下令派阳字号出去。刘总司令一到，我扼要向他报告情况，还未报告完，黎总长来电，要刘总司令立刻和他一同到阳明山见老“总统”。刘总司令遂立即赶至介寿馆，随黎总长赴阳明山。结果他和黎总长向老“总统”报告时，果然未能清楚掌握状况，后来刘先生有一段时间对我很不谅了，认为我害了他，我未作任何辩解。当时我确实尽了本分。也有很多人找到我当代罪羔羊，指称我未告诉六二部队作战已开始，也未告诉空军，所以空军不晓得。这种说法完全不符事实。我曾说过作战部门有错误，那就是：1. 明知不可为而为，未能报请总司令向上级强烈反映，如此或可避免海军一劫；2. 计划作为时未深入考虑任务支队可能遭遇最坏之战术态势，以及较详细但有弹性之指导，果尔，胡少将失去章江舰之联络后，依战场上之战术态势迅即脱离战场，至少立即以无线电请示督导组长指示其后续行动，当可避免剑门舰遭中共舰艇围剿，终致沉没的命运。

“八六海战”以后，海军不仅对全盘作业逐一检查，并深入检讨，以最具体的意见建议“国防部”。海战中被俘的王韫山舰长是卅九年班第二名毕业，以他在各方面的优异表现来看，在海军之中至少能升到副总司令。他的哥哥王雨山是青岛五期毕业。

这次作战中共能够获胜，主要关键是中共海军取陆军式的打法，先集中火力击沉章江舰，并判断剑门舰一定会投入战场。我承认我们在拟定计划时，未想到这一点。如果早想到，可以在章江出事后，要求剑门尽量救援，但情势无法挽回时，剑门应迅速脱离战场。但这也是“事后诸葛亮”的想法，当时又有谁敢提出脱离战场的建议呢？

总部作战组副组长任满，本来要上二级舰任舰长，但许承功一直要我留下，这么一来，我的舰上经历就耽误了。许承功遂打了个报告给黎总司

我径行派任一级舰长，并蒙核准在案。再由于我在参谋大学毕业成绩优良，理应向上派职，是故冯总司令顺理成章派我担任尚未从美国拖回台湾的巡防舰“泰山”。

缘海军随政府于一九四九年撤来台湾迄一九六五年间，其作战部队的主力系“四阳”“六太”（太平沉没后，仅只“五太”），即四艘阳字号驱逐舰和六艘太字号护航驱逐舰。后者系美国第二次世界大战时应付德国潜艇急就章的产品，其舰体、装备等均属次级素质，经过了本军长期且不断的运用，全船状况均极端恶劣，已属除役之境。海军总部在美国透过特殊管道，商得美国政府同意出售美海军除役封存的高速人员运输船（APD）乙批予本军，由美海军指导本军第一造船厂依照美海军的“启封作业”启封，并加以改装该等舰为巡防舰（PF），取代“太”字号舰任务。“泰山”即系该型舰之一。

“泰山”舰（编号38）与“恒山”（编号39）系于一九六七年一月六日，由加拿大拖船Gulf Joan自美国拖抵左营。惟该两舰被拖期间，曾于一九六六年十二月廿九日因风浪过大拖缆折断，致两舰互碰均有损坏，尤以“泰山”舰较为严重，甚而主桅折断。

一九六七年一月廿一日，冯总司令主持“泰山”与“恒山”两舰升旗与命名典礼，并于是日开始启封工程。前此，已有六艘“山”字级舰已完成或仍在进行启封工程中，是故，本舰遂行此项任务并无太大困难之处。当时，在总部内设有“启封辅导小组”，该小组究系设在何署处，我们从未过问。“小组”的负责人系卅九年班毕业的陈瑞谦上校，他统御了一批本军富有经验的专业军官和士官长，由这些小组的成员指导舰上官兵去进行各项装备的启封工作。“小组”除了掌握大批的料件支援舰上外，并核定装备待修工程交第一造船厂修理，以及启封舰以兵代工的奖金。该“小组”直接由宋长志参谋长督导。由于该“小组”和启封舰密切合作，而且彼此工作流程简单，故启封工作效率极高。记得“玉山”、“华山”两舰系第一批启封舰，其时的海军顾问组长颜思上校曾怀疑本军能在三个月内完成启封任务。遂和刘广凯总司令打赌，赌注系一瓶洋酒，结果刘总司令赢了，“泰山”舰因拖损严重，除了启封工程倍加困难外，整修工程亦很多，第一造船厂为了找寻适当的木料供作本舰主桅就大费周章。七月十日，“泰山”舰第一次出海试车、试炮，情况均属正常。八月廿八日，“泰山”舰向舰训部报到接受成军训练，十月六日结束随即开始服勤。

我因负责“泰山”舰启封任务如期完成，被海军总部评选为国军第十八届战斗英雄。

一九六八年夏，“泰山”舰被海军总部选定为该年度敦睦支队属舰，僚船有“庐山”(36号)、“寿山”(37号)，支队长系驱逐舰队长刘作柄少将。敦睦支队的任务有二:(一)海军官校应届五十七年班毕业学生远航训练;(二)敦睦访问国邦谊及宣慰访问国华侨。这次任务分两个阶段进行，第一个阶段系环岛航行训练，官校校长张仁耀中将轮驻三舰督训，支队曾先后访问花莲、基隆和澎湖等三港。

1966年战斗英雄大会。卅八年班有三位同学当选英雄，右三为冯启聪总司令，余自右至左：徐学海、陈连生、宋炯

1966年，当选战斗英雄，接受记者访问

第二个阶段系远航太平洋。四月廿二日，敦睦支队出航，第一程访问关岛，中途岛而夏威夷珍珠港。

四月廿七日抵达关岛，随刘支队长等拜会美马里安纳海军司令壮斯少将，侨领陈耀坤先生，并参观其经营的面点厂、餐厅。接受美海军与侨胞联合举行的酒会，及美海军的餐会。次日中午，三舰均设宴接待美海军代表与华侨代表，餐会毕随即出航。

五月六日支队驶抵中途岛。中途岛孤悬于关岛与夏威夷间的一蕞尔珊瑚岛，第二次世界大战时，日本联合舰队司令长官山本五十六在突袭珍珠港收到了巨大战果之后，亲率约二百艘舰艇拟攻略该岛。可是由于美海军的电子情报正确，日本联合舰队作战计划缺乏弹性，以及日本联合舰队所属第一航空部队的战术错误，在后者和美海军太平洋舰队所属第十六特种部队的对决中，日本海军第一航空队遭到毁灭性的击溃，成为美海军从弱势转化为强势的转捩点，嗣后该岛遂名闻于世。从外海进入中途岛内港的航道很窄，而航道的两傍水下遍布珊瑚礁，虽然航道的航标很多很清晰，

1968 年，率泰山舰担任官校 57 年班远航训练，驶入美珍珠港前

但初入该港，仍然使人提心吊胆。中途岛上美海军只有两位领港，“泰山”舰在航行序列中系第三号，亦即是两位领港人先分配给第一号舰“庐山”和第二号舰“寿山”，“泰山”舰就得等岛上的领港将两艘僚船领入内港后，再到外海来领本船，航海人从海外航行多时以后，都急急地希望尽快入港上岸，所以刘支队长征询我是否愿意尾随“寿山”舰自行领入内港，我毫不犹豫地表示“愿意”。还好，我自信自己对本舰的操纵有相当的把握，所以很顺利地将舰领入了内港。我们在该岛接受了美海军军官和眷属举行盛大的酒会。次日中午，刘支队长在旗舰“庐山”欢宴该岛的海军首长后，支队完成了燃油补给，于五月七日下午又再度出航。

五月十一日上午，支队驶抵珍珠港外海，旋即进港。我们在珍珠港停留了四天，和美海军、夏威夷地方政府，以及华侨们的交谊节目很多很紧凑，十五日支队移靠火奴鲁鲁港。值得一提的是檀香山四十多个华侨社团联合欢宴官校五十七年班全体毕业学生与舰队官兵代表，刘支队长应邀演讲，由于大多数侨胞系粤籍，故由我担任粤语翻译，侨胞们认为支队有讲“唐山”话的舰长，感到十分地兴奋。五月十五日中午，官校学生鼓乐队与全体应届毕业学生自火奴鲁鲁港区游行至中国城，很多的侨胞自动加入了游行，是这次在檀岛活动的高潮。

五月十七日，支队离夏威夷返航，经中途岛补给燃料，返航向琉球，六月一日抵达。在这儿的活动仅只是让支队官兵和毕业学生登岸旅游罢了，我则随同支队长接受此间侨领与美海军七十二机动支队司令谷柏少将的款待。六月三日支队离琉球返航台湾，六月六日返抵左营，结束了长达一个半月的远航任务。

这次敦睦支队远航任务结束后，由刘支队长主持检讨会，我个人将毕业学生在见学上的优缺点认真地提出来，其中一项系官校派至舰上督训教官有一位晕船得很严重，致无法工作，请官校注意这种情况。怎料官校的教育处长有意曲解我的诚意，报告张校长说我不满意官校派遣至舰的督训教官，而张校长亦不查明真相，听说对我很不满意，这是远航任务一段小插曲。

“泰山”自敦睦任务返国后，真是不停地在海上服勤，从未稍息。

三军大学战争学院受训

一九六七年夏，我曾经参加美海军大学的入学考试，幸录取为第一名，当年一齐初试的前三名上校阶军官到美海军顾问组长处复试，只不过是闲谈，顾问组长认为我们三人都是适合至美海大受训，遂致备忘录给冯总司令请渠决定受训人选，冯总司令决定了我的老学长刘和谦上校。一九六八年，我率“泰山”舰担任敦睦任务，致未能参加是年美海军大学的入学考试，个人原来打算再参加一九六九年美海大的入学考试，怎料总部命令我参加三军大学战争学院五十九年班的入学试，亦不论我的入学试的成绩如何，就宣布我调训。入学的日期是一九六八年十月二十五日，但接替“泰山”舰舰长的人选迟迟未曾发布，使我迟至十一月中才到三军大学报到受训。

三军大学战争学院五十九年班是三军大学改制后的第一期，受训期间竟长达约一年又半。当年的校长是余伯泉陆军上将，余校长并非黄埔军校菁英，但他曾在英国攻读法律，并考取了英国大律师的资格，随后他向时任军事委员会蒋委员长请求授予他军校学历，俾渠得以申请进入英国军事院校，他后来如愿进入英国陆军某一学院（似系测量学院），毕业后返广东，在第七战区陆军部队任职。他曾担任过国防部长何应钦的办公厅副主任，来台湾后，历任“国防部”总联络官、联五次长、金防部副司令官兼第一军军长、副参谋总长等要职。余上将的英文素养优越，个人的研究精神特佳，他长期兼埋首钻研美陆军指参学院的“战场战略”（field strategy）课程而发展出一套“野战战略”体系。我们在战争学院的课程重点就是灌输此一理论。

余校长是一位目空一切却没有一点点虚怀若谷的素养的长官，他认为只有他是国军里唯一懂得指挥大军作战的将领。当他讲授“野战战略”原理告一段落时，立即以战题测验学员，如果我们的答案和他的参考案（事实上就是校案），不同的时候，他会指责我们。他一再强调分析状况从而找出结论，结论要以逻辑为依据。记得一次讨论德军在苏俄境内作战空军的轰炸问题，他的论点有相当的漏洞，我就起立指出他的缺失，余校长竟然说：“你是否要挑战我的逻辑？”持平之论，个人认为战争学院所授的课程无法达成战略教育的使命。就以其最强调的“野战战略”言，充其量不过是陆军大兵团的运用，还够不上战略层次。战略的作为，首推建军的探讨，谈建军，牵扯的范畴就更为复杂和广泛，它包括了国家的假想敌、外交形势、总体经济力、社会结构等等。譬如第二次世界大战时，德国遂行无限制的潜艇战。一九四二年的最初四个月，美海军的反潜作战战力薄弱，德潜艇击沉美国商船八十七艘，计五一五、〇〇〇吨，长此以往，将会消耗尽美国的航运能力。美国海军和美国政府运输机构就面对着一项严峻的问题：究系赶造运输船只抑或赶造护航舰只，无疑的这就是战略问题了。可是战争学院竟然没有战略层次的课程。要讨论三军大学战争学院的教育内涵真不是三言两语可以谈得完。总结地来说：这一年半的深造教育，我个人认为没有什么收益，但这段日子里，真是苦了我的家人，何以？受训时，美其名称为“学官”，可是待遇上却少了“主官加给”和“海勤”。虽然这两项“加给”并非丰厚，但少了它，家里濒于捉襟见肘之境。敦睦远航，我们三位舰长在珍珠港美海军 PX 买了一台小冷气机，它是我家最豪华的物品，在我受训薪饷不够支应时，我力劝我的妻子卖冷气机，我的妻子曾抗拒称：“这是我在你徐家唯一的享受了，不卖！”令人气结。

一次吃力不讨好的任务

一九七〇年五月廿八日，时任海军总司令的冯启聪上将偕同海军总部幕僚主管，登上干座于马公第二造船厂干坞的咸阳舰，我亦是陪同人员之一。冯上将踏上舷边，朝舰尾敬礼如仪，却未对已伸出右手的咸阳舰长李作堃上校握手，而昂然直奔官厅。同时脸色凝重，一副激动之情。此举迥异于冯上将过去给人的印象，我虽未担任过他的侍从，但在公务上却有许多接触。我从未见过他对部属疾言厉色，遇到唠叨不休的部属，他仍会全神倾听，迨部属说完，即简洁地表达他的见解或裁决。因此我认为他是台湾历任海军总司令中，修养工夫堪称一流的长官。廿年后，我们都从军中退役了，在一次饮茶叙会中，我向他提起这桩往事，他思考了一会儿后说：“当时内心的痛苦真无法形容！”

（一）接任昆阳舰长

此事得溯及一九七〇年四月廿一日我自三军大学战争学院毕业后，接任昆阳舰（DD-19）舰长时。昆阳舰原是美国海军菲力却级驱逐舰，原名耶李号（Yarnall），编号 DD-541，于民国卅二年十二月卅日成军服役。二次世界大战结束，美海军大量建造续航力较佳的森纳级（Sumner）驱逐舰，遂将该型舰置于后备役，予以封存。故该型舰在海上服役期间仅四至五年，舰上装备和舰体均十分良好。该舰于一九六八年从美国由民间拖船拖返左营，经第一造船厂启封整修，旋即编入海军舰队行列。首任舰长系我同班已故同学黄忠能上校。黄同学在海军颇有名气，被称为“辩论先生”，做事认真负责。昆阳舰排水量二千二百吨，拥有六万匹马力，最高速三十五节，装有五吋炮五门，系海军的主战兵力。

五月十六日，昆阳舰完成了定期保养，奉六二部队之命，自左营驶马公纳编为攻击支队旗舰。海军遂行作战任务的编组均编为支队，支队所辖舰艇数与舰型因任务性质而异。攻击支队顾名思义即系海军作战的主力。当时的支队长是戴勤少将。戴勤少将在海军甚有名气，他初肄业于马尾海校航海十届，据说因近视眼退学，后应“十万青年十万军”的号召，投入海军，被选派赴美受训，在八舰服务，习声纳。自美返国后，获选入官校军官班第二队毕业。当年海军八舰的长官如马纪壮、黎玉玺、崔之道等上将，每于提及海军反潜专业学术，必定叫响戴勤，以示权威之意。

（二）“凶船”咸阳舰

五月十八日，咸阳自左营驶抵马公，纳编为攻击支队僚舰。咸阳舰是本军五〇年代自美国接收的。该舰在美国海军参与琉球战役之时，曾遭受日本神风队飞机攻击，受损严重，舰首全毁，官兵死伤甚众。此后该舰虽由美国造船厂修复，但不断有鬼魂出现的传闻。当年接舰舰长陈庆堃上校，因曾自长江率舰突围，成为海军英雄，为第一位海军军官获授青天白日勋章者，其海军学术渊博，舰船操纵更是高手。可是，舰停泊巴拿马码头时，竟将舰尾撞毁。继任者李北洲上校，因撞船调职。后由曾耀华上校接长，服行舰长职务凡一年余，竟遭政战部门以莫须有的名义炒了鱿鱼。随后陈国钧上校接任，亦发生海事未竟全功。因此该舰在同仁们的心目中认为是一艘"凶船"。

时任咸阳舰长李作堃上校，是一位十分干练的海上军官。他亦系知识青年从军，被选送至英国接收"小八艇"训练，返国后，自军官班第四队毕业。他担任咸阳舰舰长之前，曾任六二部队参谋长，占少将缺。这时，他的舰长职务行将届满，据知一时没有少将空缺，将被派为驱逐舰战队长。当日下午，李舰长于晚餐到访，闲谈中，他表现了极度的不快，认为曾占过少将缺，经过了DD（驱逐舰）的洗礼，竟然还是占上校缺，感觉非常窝囊。我以老朋友的情谊劝慰他："这只不过是一时的权宜安排，绝不影响你适时占缺，七一年元旦一定晋升。"随后，我与戴勤少将、李作堃舰长三人到码头散步闲聊。

同日晚间22：00，支队拟按计划出海驶东引海域，于次日13：30遂行"雷霆三号"演习。该演习系测验反鱼雷快艇作战。约于21：00，我们三人漫步返舰，在登上昆阳舰舷边时，我发现咸阳舰桅顶两盏红灯光亮夺目，而本军很早就明令该两灯不得开启，所以我十分诧异，并告知李舰长。他当时十分气恼地说"触我霉头"。出港后，两舰编队完成，在澎湖海面渔船群中不断回避，疾驶东引海域。

五月十九日13：30，攻击支队驶抵东引岛海域，两艘鱼雷快艇已在东引岛岸边待命。为了避免球员兼裁判的情势，攻击支队与假想敌对抗时，一切作业均在战情中心内以系统掌控，亦即两艘DD舰长留置于驾驶台监视舰只运动安全，对于接敌、攻击、再接敌等战术行动，以及射控系统一连串的作业，均在室内以系统控制。支队长及支队作战官和两舰舰长，均认真观察两支敌对兵力的态势，并详细记录，以供检讨会之参考。两艘鱼雷快艇则依照其作战教令不断地变换攻击战术接敌攻击。演习进行至16：

00，支队长发布演习终止命令。

（三）恶海中的意外

按计划，攻击支队预定于五月二十日 13：30 驶抵金门海域遂行“雷霆一号”演习。由于鱼雷快艇欠缺良好的定位能力，故戴支队长命令支队随护该二艇驶返马祖。此时开始飘雨，视野转坏，二艇在距离八千码左右处航行，隐约可见。当该艇即将抵达马祖海域东口时，我接受副长（兼航海官）的建议，转向支队长建议：“支队转变航向往台湾海峡中线，再行南驶金门。”但支队长拒绝了我的两次建议，坚持追舰上平面雷达确定两艘快艇驶进马祖海峡后，方始命令支队转向。由于从马祖驶至台湾海峡中线（上级规定）再驶金门，全程三百余浬，所能运用的时间仅廿小时，故支队不得不以廿节高速疾驶。

当支队转向后，大雨倾盆，舰上仍按作息规定开始晚餐。我有鉴于海上一片漆黑，又在岛屿附近航行，故留在驾驶台亲自操控本舰，并以舵房的平面雷达显示器测定船位。不旋踵间，指挥台瞭望报告：“发现大片渔栅。”海军同仁们担任过东引—马祖—白犬海域任务者，都很清楚，每届三、四月时，马祖的渔民就在岛的附近以竹竿和草席布敷于海上，造成渔栅，以利他们捕鱼。舰艇航行于此海面时，均小心回避，以免绞上了车叶。当我听到出现渔栅的报告后，从驾驶台奔上高一层甲板的指挥台，不断地下达转向舵令回避渔栅。同时以 UHF 机通报僚舰咸阳注意渔栅，请它自由行动。就在此紧张时刻，我的航海士官长在舵房向我大声吼叫：“报告舰长，饮水礁方位 030，距离一千二百码！”这可真吓了我一大跳。饮水礁位于马祖东南方，距离约七至八浬，是不露出水面的。在我的记忆里，本军似乎还没有舰艇碰上过它。我的直觉告诉我，即使碰上了渔栅，也绝不能向右回避而碰上饮水礁。我一面将舰往左回避，又再次通报咸阳舰注意饮水礁。过了约五至六分钟，我舰脱离了渔栅区，战情中心却通报：“咸阳舰静止不动！”我想：糟了！咸阳舰出事了。我将本舰航速减至五节，并将状况报告在官厅用餐的支队长。戴支队长和支队辅导长王上校、作战官等均奔上了驾驶台。我们不断以UHF机呼叫咸阳舰，大概经过半个小时，咸阳舰才有回应，说："我们触礁了，目前无法行动。"事后我们才知道，咸阳舰触礁时，因剧烈震动，电机跳机停止运转，停电导致全舰一切装备停机，约半小时后，电机才修复。

（四）拖带咸阳舰

我们这个攻击支队的位置正处在敌前，然而咸阳舰却丧失了动力！当时大雨如注，黑漆漆的一片，在这种情况下，我的心情极端沉重。戴支队长等人上了指挥台，他问我："昆阳舰能不能拖咸阳？"我稍稍思索，答称："在目前这么恶劣的境况下，如果支队长下命令，我当然全力去执行，但危险性是十分明显的。"不过支队长仍然决定"拖！"

我舰立即进入拖船部署。我请轮机长杨熙荣中校到主机舱督导，有效管制车速，特别是倒车时，不得有任何耽误。副长李训明中校是一位很出色的战情作业好手，我要求他在战情中心导航本舰接近咸阳舰。最要紧的是指定专人向我不断提报饮水礁的方位和距离。由于视界不超过五十码，我请咸阳舰将舷边的灯光开启，驾驶台的信号灯分别照射着舰首尾，断断续续地鸣汽笛。最要紧的是立即完成被拖部署。当咸阳舰通报一切备便后，我在指挥台参照战情中心建议的航向以单车慢速接近咸阳舰。

我自一九四九年冬在海军学校毕业后，奉派太平舰服务，次年四月十六日起，太平舰在琼州海峡与渡海的共军船团作战，在指挥台上，目睹一条条炮弹曳光凌空而过，炮弹爆炸与舰上各型炮发炮声交织着震耳欲聋的巨响，使人有窒息之感。一连几晚，太平舰都在共军船团间往返冲杀，个人只感到亢奋，却没有什么害怕的感觉。一九五四年，我担任正安炮舰副长，在大陈驻防，曾多次和共军舰艇作战，我个人是舰上官员中唯一有过作战经验者，每次作战，均以舰之安危为念，压根儿就不会想到个人，因而亦不可能有害怕杂念。可是，这次我操纵昆阳舰接近咸阳舰时，我真正体会所谓“心脏从口中冒出”的滋味。它掺杂着紧张、害怕、窒息和手足无措的情绪。但我可以很骄傲地说，我当时的思维仍十分地清晰，命令的下达仍控制得很简单明快。我从滂沱的大雨中见到了模糊的灯光，以靠码头的方式，先以舰首接近咸阳船头并超越之。很快地，我舰舰尾靠近被拖船的船头。在短短的十五至二十分钟内，咸阳舰便完成了被拖作业。我随即以慢速开始拖带咸阳舰往台湾基隆方向航驶。

此时我对这次意外任务作了一番检讨，昆阳舰能在极短的时间内达成任务，其因有三：1. 当时的视界太低，我凭着雷达导航接近，但雷达对距离的测定有相当误差。我没有选择，只好尽可能接近咸阳舰至目视距离。当我见到咸阳舰微弱的灯光时，距离该舰仅五十码左右了；2. 当时海象很平静，没有风、没有浪涌，昆阳舰在接近咸阳舰时，平稳地前进，停车后亦未受到风和浪的影响；3. 两舰官兵的训练扎实，拖船与被拖部位的官兵，绝对没有喧哗、吼叫的情事，每个人都默默地操作，我在指挥台不断地接收位于后甲板指挥作业的舰务官对进程的报告。当然官兵们亦十分明了大

1972 年，担任攻击支队长率舰巡逻台湾海峡

家的处境，迅即完成拖带，驶离马祖海域，当可减少自身的危险性，因而大家都全力以赴。

昆阳舰拖带着咸阳舰以十二节速率航向基隆。海象很快地又再转坏，刮起五至六级风，浪花频频打上上甲板。我们曾两度停车，让咸阳舰先后放出二和四节锚链，以缓和拖缆的张力。

迨支队驶至距离台湾北部富贵角约二十五浬时，我们忽奉命改驶左营，其时，风浪越来越大，幸好刮北风，顺风顺浪航行，顾虑还小。当支队才过新竹海面，又奉命改驶马公。在本舰转向澎湖海域时，由于偏风关系，咸阳舰的舵没有效应，无法维持航向，戴支队长只好决定航驶左营。廿一日清晨，大同拖舰与支队会合，伴随航行，其时风浪亦已转弱，支队又再度转向航驶马公。有鉴于东吉屿以北水道不够开阔，为安全计，支队绕道万安水道航行。航海人都知道，一条船以约八百余呎拖缆拖着另一条船进入狭窄的水道航行，在运转上是很困难的。所以我建议支队长："我们在马公外港小智湾停车，由二军区的港勤拖船将咸阳舰拖带入港。"但支队长未同意，并要求我将咸阳舰拖至防潜网附近。当昆阳舰驶抵风鼻头与四角屿间停车时，风力约四级，昆阳舰迅即被风吹向四角屿，又是险象横生了。幸好两艘港勤拖船及时傍靠了咸阳舰，我舰遂将拖缆放落水中，由咸阳舰代为收回。昆阳舰终于完成了此次惊险的意外任务。

（五）后记

与此次任务有关所发生的几桩事，值得补述者如下：

1. 攻击支队靠泊马公待命期间，戴支队长、李舰长、新报到僚舰洛阳舰长王耀埏上校和我，一起走遍了马公的庙宇去拜拜，祈求各路神佛保佑。我们都分别卜卦，李舰长所抽的签竟然都是下下签，而且内容均极其沮丧，印证所发生之海事，甚绝。

2. 一九七〇年七月初，宋长志上将接任总司令。一九七一年一月十二日，舰令部监察官到舰调查昆阳舰有漏油现象之原因，竟声称此一现象可能系昆阳舰亦曾触礁。事实上，昆阳舰是因有一油柜有轻微漏油排至机舱底，经大轴渗出。二月二日总部再次饬令舰令部作进一步调查，亦无异状。四月底，昆阳舰突然奉总部令自马公返左营入坞检查舰体。廿八日，昆阳舰入一厂浮坞，总部政战部、后勤署、检验室、舰令部、舰队部等主管幕僚十余人，会同详细检查本舰船底，综合结论为“该舰船底正常，无任何自外部漏油现象。”越数日，宋总司令召见我说：“这样不是很好吗？一切的疑虑都澄清了。”这就是海军政战细胞的作为，而长官们对黑函的重视，竟远超过部队长的实情实报，十分可悲。

3. 这件海事，令前任总司令冯启聪上将内心痛苦的原因，我想一来因为当年海军只有六艘 DD，咸阳舰触礁后，因为船底受损严重，无法再行修复，海军的主力骤然损失了六分之一，影响任务至巨。其次，层峰对于此一事件的发生，不以海事的观点来处理，竟然下令军法从事。不要说咸阳舰李舰长，戴少将和我均曾多次被传至“国防部”联三和军法局侦讯。当然以事论事，如果海总部组成海事法庭调查本案，以大公的立场依照调查结果予失职者以惩罚，自然使海军官兵信服。可是以权威手段，预置立场，非办不可的指示，就使得我们寒心了。结果是李舰长判刑，戴少将记过两次，我记过一次。记得时任舰队司令的黄锡麟中将向我查询该事件的详细经过后，曾亲自表示：在敌前十分恶劣的环境下拖救咸阳舰成功，是一件值得奖励的事迹。尽管长官们说过此话，但尔后却无下文，奈何！

巡二舰队副舰队长

在一九七二、七三年间，虽然我们不能和一九五二、五三年时相比，任满驱逐舰长就立刻能当上司令，但我很幸运的是，做完昆阳舰舰长后，就发表占少将缺的巡二舰队副舰队长。在此之前，因我的同学叶昌桐担任宋长志总司令的特别助理，亦即参谋主任，他调职时建议我去接他的位子，然后占巡二少将副舰队长的缺。宋总司令同意我接叶昌桐的职务，但卅九年班的同学却认为，叶昌桐是卅八年班的，现在总司令身边又要来一位卅八年班的，因此透过其同班同学沈霖向宋总司令反映这样并不适当，所以后来宋总司令便没让我接参谋主任一职，而专任巡二舰队的副舰队长。

副舰队长的差事可以说非常轻松，因为上有舰队长，下有两位战队长，在舰队整备方面，又多半由参谋长来督导舰的训练、保养、后勤等工作。故副舰队长的任务，一为舰队长公出时代理其职务，二为负责驻防，与舰队长和战队长轮流带领支队赴前线驻防。当时舰队部在基隆，直属上司为驱巡部队指挥官陈庆堃先生，他也兼任务的六二部队，我们出海巡航执行任务时，是以“六二·X”支队来执行任务，我们的工作主要就是运补前方和驻防。

驻防基隆时，我们负责东引、马祖、白犬（后来改名莒光）各岛的运补。这些岛的运补较金门更为复杂，因为东引在北，马祖居中，白犬在南，各据一方；运补时，在到马祖之前十到十五浬时，就需分别将运补船舰和差假官兵送回这三岛，回程再护航运补舰回航。比较麻烦的是，如何在途中掌握运补船的运补时间，而将各舰集结归队。不过当年驻防责任虽重，但也不至于太伤脑筋。

我在巡二舰队副舰队长任内，算是颇为愉快的。舰队长是沈铎少将，沈舰队长为军官队出身，但较我资深，故我们相处很是融洽。但不久后，总部就发布调我为舰令部参谋长。

舰令部参谋长

调任舰令部参谋长一事，我事前毫无所悉，但直至退伍后我才知道，当年与我私交甚笃的同学王蔼如，都曾误会我之能够出任参谋长，是因为我曾私下活动的缘故。因为王同学曾以舰令部副参谋长代理参谋长职长达一年左右，而当时的参谋长就是叶昌桐。但我连这点都不知道，因为我一直以为，叶昌桐在宋总司令身边担任参谋主任是实缺，殊不知他是被陈庆堃先生签调担任参谋长一职的，陈先生同意叶昌桐先在宋总司令身边做参谋主任，等总司令放人，再回任参谋长一职，所以就先以副参谋长王蔼如代理叶的职务。这个状况我真的一点都不晓得，当然在总部发布由我接任参谋长后，王蔼如也没有任何不愉快，事隔多年，直到我退伍后，他才问我是不是去活动才当上参谋长。我感到非常愕然，我千真万确不知此事。

由于我曾经长期追随过陈庆堃先生，因此我到任参谋长一职后，便请示陈先生授权参谋长做什么。陈先生只说两点，他说：第一，任何人事的案子都要经他批准；第二，重大的作战计划案，务必让他了解。除此之外，任何公事我都可照批。我谨守指示，但觉得责任很重，固然作战指挥由驱巡部队指挥官兼六二部队负责，不过整个舰队仍由舰令部负责整备。

到任后，自认对舰令部的工作很容易掌握，但此时却发生一件令我毕生难忘，也是我最不愉快的事。在我到任一个多月后，台风来袭，左营区的资深官是舰队司令，也就是陈庆堃先生，整个舰艇防台工作则由舰令部执行，主要工作是疏泊，由于左营港暴露无法遮蔽，因此必须将大部分舰艇疏泊至高雄港，此时高雄港也会将泊地交给海军俾疏泊军舰。我面临初到舰令部的首次防台工作，乃参照过去的防台计划，请示当时的副司令吴肅和先生（宋长志先生的同学），如何作防台执行计划，他说按例是由参谋长主持，我只要参谋协调就行了。我要作战处将整个疏泊计划提出，召集左高区所有舰队的参谋长，关照他们疏泊何处，并询问有无问题。协调会议结束，大家各自回防，中午时我还亲自驾驶吉普车，到高雄港口看风浪，风浪并不大，亲眼目视各舰驶入高雄港，连较小的扫雷舰都进港了。当时我觉得非常安心，疏泊计划进行得非常顺利，乃回到舰令部上班。

甫一回部，即有人向我报告汉阳舰好像没有动，我遂指示必须通知驱逐舰队部，赶紧让汉阳移动。因为我身为参谋长，开完防台执行（疏泊）计划后，当面将整个案向吴副司令报告，吴副司令带我向陈司令报告，司令说：“可以，就这么办了。”所以此事应当是很顺利的。此时汉阳没有动，由驱逐舰队部通知后，也没有回音，我们也不便亲自指挥汉阳。大约到下午四点半左右，陈司令邀我去打球，我们乃相偕去左营高尔夫球场。我与吴副司令和王蔼如副参谋长三人为一组，大约打到第四洞时，左营港领港小麦跑到球场找我，说："参谋长，汉阳没有动哦！"此时我们三人都傻眼了，已经四点多钟了，汉阳竟然还没有动。由于吴副司令在场，我乃对吴副司令说："我们这样答复小麦，您看好不好。"接着我对小麦说："你告诉驱逐舰队部或汉阳舰李舰长，他不动，严格讲起来是抗命。"小麦说汉阳不动，是因为它的锅炉不好，没有把握。我说："既然这样，李舰长应该及时反映上来，我们可另外采取措施，但拖到这个节骨眼上，这个责任应由舰长自负，不能推卸给舰队部。"吴副司令说："就是这个话，你通知李舰长要他自己负这个责任。"如何处理，现在他去负责任。话已经说得很清楚了，所以我们就继续打球。

打完球，我回去还问驱逐舰队汉阳动了没有。答复是动不了了，现在把锚链都拴起来了。我乃向陈司令和吴副司令报告，他们心里当然就犯嘀咕，我也犯嘀咕。不过幸运的是，台风在高雄外海过境，汉阳安然无恙。然而过了一个礼拜，我们就接到通知，宋总司令要到舰令部训话，要召集全部舰队长、参谋长和政战部主任，舰令部也是司令、副司令、参谋长、政战主任全员出席。宋总司令到舰令部后，一上来就大骂陈司令和我，他说："你们对于防台那么疏忽，如果把汉阳毁掉的话，我向谁负责？你们两个干的什么事？特别是参谋长，比我当年干总部参谋长还胆大妄为！随便决定事情！"骂得我和陈司令狗血淋头，我们两人不懂为什么挨骂，如果只骂我就算了，当着那么多部属的面骂陈司令，就统御领导来讲，算是失败的。当时我心里就想：这算哪门子的领导？宋总司令气呼呼地骂完走了，陈司令陪他出来，对总司令说："总司令，您刚才骂我的，我不能接受。您不了解状况，我预备写个报告，把事情原委向您作清楚的报告。"总司令听完就走了。陈司令回到办公室，总部的监察官就坐在他的办公室里，陈司令说："监察官，你也不必问我什么，我现在就写报告给你。"陈司令向来颇有文才，援笔立就，洋洋洒洒写了三四张十行纸的报告，要监察官拿回去给总司令看。

陈司令的风度很好，他下来对我说，叫我的小名：“呀海，不要理他，也不要生气，他瞎说八道，不要理他。”但是我心里很难过，我犯了哪门子的错，他怎么这样骂呢？陈司令要我不要在意。大约过了若干时候，后勤司令牟秉钊过生日，在他瑞丰新村家里，邀了许多同学打麻将，舰令部吴副司令也去道贺，但没有打麻将，坐在客厅里。不久宋总司令（是牟的同学）也来道贺，看到吴副司令，乃坐下来聊。吴副司令就对宋总司令说：“那天防台情况不是这样的。”乃将事情原委详细说明，宋总司令觉得自己不对，但已经骂了。后来在一次扩大周会（在左营文康中心），指示参谋主任顾崇廉转告我，要我在周会完毕后去见他。我遵令在会后至休息室谒见宋总司令，总司令非常亲切地和我握手，说：“学海，那天我讲的，有要戒之，没有要嘉勉，你不要误会我对你不好。”我说：“总司令，我并没有误会，只要总司令了解状况，我就很高兴了，我千真万确兢兢业业地在干，我每一个动作都很守分，都有报告上级，参谋长的职权有限，我是幕僚，我干到现在我哪有这种胆量……”总司令说：“好啦，好啦，我晓得你的委屈了，绝对不影响我对你的信心，绝对没有问题，你放一百个心。”对我说了好多好听的话。

在我当军人的生涯当中，挨骂挨得最惨的就是这一次，这个无妄之灾，使我往后对宋总司令的许多作为都不敢苟同，因为他耳根软。后来我对那位李舰长也相当不谅解。不过大家都在海军，当然不会因私而误公，但也因为此事，大家都了解到底是怎么回事了。

我在舰令部可以说干得很愉快。因为我晓得陈司令对于一般的公事都没兴趣看，全权由我代批。这并不是说我越权，而是我遵守陈司令指示，除人事和重大作战公事，一定要让他过目外，其余我可自行处理。

例如作战案件，我们有艘港勤拖船，要从基隆到金门配属给子感港，金门巡防处急着要这艘船，但是当时正巧季风来了，船无法出港，后来有一个空档，总部就催六二部队，要此船尽速出海，但是六二并没有做适当的导航和护航措施，拖船自行出海，结果三天以后，毫无消息。惨了，这时才通知舰令部，我立刻报告陈司令，陈司令很明快地决定，与我和几位幕僚，尽速到地下室去，发电报呼叫该船，同时要求澎湖和台湾几个通讯台测收它的方向，结果测试通报该船已经通过台湾南部的鹅銮鼻，我们乃给它一个方位，要它掉头往回走，并派船搜救，终于把船找回来。

此事陈司令的统御领导真的没话说，他绝不用公事，自己向总司令请假直接到基隆找六二部队邹指挥官谈这个事，他提到这是指挥道德的问题，后来他也没有处分邹指挥官，就这样过去了。所以对于作战方面，他很有经验，也很有把握来处理。

另外，在舰令部我的相对政战部门是政战部主任汪遵谋，汪先生远比我资深，他在舰队当主任时，我仅是PC舰长，但我在做人处事上，一定尊重他。平时开会时，按理在司令两旁的座位，右边是副司令，左边是参谋长，但我从来都将左边的位置排给汪主任，自己排在副司令之侧。即使如此，后来我们还是发生龃龉。由于政战部门掌握很多经费，然而汪主任每次到台北出差，都不用政战部的经费，而要行政经费支援他，而且他一定要坐头等位。司令固然没说经费开销要让他过目，大家也知道我这个参谋长不过问主官经费，但是我交代主管经费的士官长，要他把这类经费支出的公文交给司令看，不必给我看，司令当然也批准了。凭良心讲，像这样大家心里有数，也不必做得太过火。不过有一次，司令一早来了，扶着腰进来，我问司令怎么了？他说今天一早起来不知怎么闪了腰，现在伸不直，真伤脑筋。我说是呀！因为司令当天要带舰令部的康乐队到金门劳军，弯腰驼背的怎么行呢。他问我怎么办？我问他劳军的对象是谁？他说是小艇大队。小艇大队是预备反攻用的，驻防在金门。我说小艇大队是两栖部队的所属，如果您今天不方便，不妨请李北洲指挥官（中将）代理您去。陈司令觉得有理，要我马上打电话叫“阿北”（李司令的小名）来。李指挥官来后，他们两人原是同学，开始谈天，我不便在场，乃离开。一回办公室，就接到汪主任的电话，问我：“参谋长，你这是什么意思？”我问：“主任，什么事？”他说：“司令部的人到金门，我政战部主任为什么不能代啊？”我说：“主任，您别误会，因为主要慰劳的是两栖部队所属，李指挥官趁这个时候去看看部属，不会不妥当吧？”汪主任说：“你这个不够意思，这应该我带团去慰劳！”我说：“主任，您要讲这话的话，您稍待，我转报司令，让司令决定。”随后我马上到司令办公室，我不晓得为什么陈司令会知道这件事，我一到他办公室，陈司令就对我说：“你不要伤脑筋，我去。”我说：“司令，您晓得啦。”司令说：“哎，不要讲，不要讲，我去。我又没到要死的地步，我去，不要伤脑筋。”

在舰令部这个单位，我处处晓得自己比政战部主任资浅，也比下面的舰队长资浅，例如驱逐舰队长罗锜，勤务舰队长刘和谦，登陆舰队长郑本基，都比我高班，我能够以舰令部高级衙门的参谋长来跟他们打官腔吗？不要说没打官腔，所有问题，我都很谦和地与他们讨论。所以我虽然能够胜任愉快，但也不得不低声下气地与人相处。

我晓得在舰令部服务期间，曾让宋总司令误会，认为我只追随陈司令，而对他置之不理。会产生这个误会，完全是他的表妹夫王荣三造的谣。王荣三时任舰令部补给长，补给长室设在码头，以便与舰队间的协调、领配件等。补给长的经费很固定，而且相当多，就因为两桩事，我得罪了他。

第一桩事，有一次总部给舰令部命令，总司令要到基隆舰队巡视舰艇中央集储制度的执行，亦即舰上所有配件都由补给官一人经管，而不由其他各部门主管负责。这个命令执行成果如何，是总司令想到基隆舰队巡视的主要日的。结果王补给长签呈上来，表示欲到基隆陪总司令。我看到公事后，给他挂电话，认为不妥，因为总司令巡视舰队，一定是由司令陪同，司令无暇则由副司令陪，连参谋长都不够资格。他一听就很不高兴，说：“这样子的话，你下命令好了。”我说：“不是这样。当然你不签上来，司令自己也会陪，我只是告诉你，在签呈的作业上，你应该要有这个顾虑，这是为你好。”后来他说：“那就看司令怎么批嘛。或是你怎么批嘛。”我说我不批，只盖个章就交给司令。果真司令在上面批：“本人陪同总司令巡视。”

第二桩事：他的经费独立，但他很多打字影印的文件，都拿回到本部的行政处来执行，而本部中文打字机不够。我查了他的经费后，打电话对他说：“补给长，你能不能支援买一部中文打字机？”他问为什么，我说：

"你所有的中文文件都拿回部里来打，现在打字机不够啦，你支援一部嘛。"他气呼呼地，勉强支援了一部。不过后来他居然在宋总司令面前告我帮助司令贪污。而宋先生耳朵软，也听进去了。原来宋总司令还邀我做他的参谋主任，现在对我的观点却整个改变了。我在海军的升迁，本来仅次于班上的叶昌桐同学，但后来却落后班上好几位同学，也就因为这些原因。

我只能说自己"犯小人"，绝不承认我做了什么错事。即使现在把这些事敞开来讲，我仍自信都没有做错。后来王补给长因为宋总司令的关系而升少将，他也希望能占中将缺，不过最后宋总司令在参谋总长和"国防部长"任内都没让他占中将缺，这点大家都晓得是明智的。因为这位老朋友，大家对他都很清楚。

我在舰令部，因为陈司令的信任，及同仁的合作，大体上是很愉快的，不过遇到上述这几件事，令我十分苦恼。

驱逐舰队副舰队长

第二年，我理应晋升，但后来叶昌桐告诉我，宋总司令根本没报我，如果签报上去，上级绝对会圈我，因为那是资深的少将缺，所以当发布时，没有我的名字，我都傻了眼。不过不管我讲了什么，或对什么不满，也都是多余的，也就没有过问。同年三月，很快又发布我为驱逐舰队副舰队长，虽然我老大不愿意，因为我干过副舰队长，起码可以当巡二的舰队长，现在又要我再当副舰队长，我当然不愿意。不过我绝对没有向总司令要求过什么，也没有把自己的不愿意向总司令反映，乖乖地到驱逐舰队向罗锜舰队长报到。

对于罗舰队长我一向不认为会合作得很圆满。他做过我的长官，彼此理念相差悬殊，但我没有说一句话就去报到，也尽力为他做事。因为罗锜是同学里面最有自信心的一位，自信心强到会冒犯长官。例如，罗先生担任官校校长时，宋先生已经是参谋总长，南下巡视海军官校，邹（坚）总司令先抵官校大门欢迎，看到欢迎仪队的排列不很适当，要调整位置，罗校长多次抗拒邹总司令的意思，不接受邹总司令的调整，最后邹总司令讲了重话："到底你是总司令，还是我是总司令？"罗校长才作了调整。所以我们在理念一直都相距甚远，但我在驱逐舰队副舰队长任内，一句大话都没有，他派我做什么，我就做什么。

我只举一个例子，说明我在他那里的情形。当时舰队里的洛阳舰长是卅九年班的刘启贸，人绝顶聪明，与我是战争学院的同学，私交甚笃。洛阳在前线驻防很久，从澎湖回左营作短期整补，当时台湾没有船，罗舰队长便要他回来后下午就到基隆去。我知道后，遂向罗舰队长提议，是否让刘舰长在左营待两三天？但罗舰队长不同意，因为他有一个本子，专门记录船的服勤时间，他就照这个本子派船，并不经过幕僚作业。刘舰长上岸后先到舰队部的参谋长室，当时参谋长是翁国梁，我的办公室与舰队长在一起，也过去看他，彼此聊天非常融洽。之后，我就提醒他，待会儿舰队长将通知他北上。他当场非常生气地说："我说什么都不去，他要是这样派我的话，我抗命我都不去！"我说："启贸，别生气，有话好好讲。"但他气仍未消地说："他这个没道理嘛！这样整人嘛！"话没讲完，罗舰队长知道刘舰长已到舰队部参谋长室，也过来了，并对刘说："刘舰长，你下午某时要北上基隆。"刘舰长立刻反应："我不去！"舰队长傻眼了，没料到舰长会这样顶撞他，虽然罗舰队长是个聪明的人，但在应对上就不那么在行，一时间拙于言辞，不知说什么话才好，我立刻出面打圆场，说："刘舰长，你先回船好不好？"连拉带推地把他赶回船，才缓和这个局面，剩下我和罗舰队长和翁参谋长三人，研究如何处理。我对罗舰队长说："您今天要是搞僵的话，将来大家面子不好过，不要这样。"但罗舰队长总认为自己是对的，刘舰长不该如此对待。我说："如果您坚持一定要这样的话，很多同学都会误会，因为大家年班差得很近，而且刘舰长已知自己将外调担任巴拿马武官，如果罗舰队长坚持，刘的武官也泡汤了，何必呢？海军原本一团和气，今天因为此事而闹得大家不愉快，实无必要。"最后说好说歹，也把刘舰长请往基隆，达成罗舰队长的指示，但也很快就解编刘舰长在基隆的任务，让他回左营来。诸如此类的事，我在驱逐舰队都尽全力在做。

不过在驱逐舰队担任副舰队长，最主要任务还是带船出去。有一次带船到澎湖，担任攻击支队支队长，因为当时在台湾海峡中线发现苏俄军舰踪迹，要我去拦截。接令后我心里很纳闷，心想拦截之后呢？要我打还是做什么？但也不敢耽搁，按照上级给予的方位，以昆阳为旗舰，带同僚舰安阳，一路出去一路请示，如果拦截不到则何时返航？答复是：过了台湾海峡中线卅海里仍拦截不到就回航。我就出去执行任务，结果在距海峡中线约近卅海里之处就拦截到了，一艘是运输舰，一艘是水面舰，一艘是潜艇，我乃趋近至它们后面一万码的距离，这也是舰上五吋炮的射程范围之内，用直接指挥网（SSB）通报总部，报告俄舰的航向、航速与舰种，总部要我尾随，我遵令执行，并指示舰艏炮全部瞄准三舰，进入全面备战状态，但我心里也担心，要是俄舰对我射击，我到底要不要还击呢？因为我在公海上拦截到了，总部只是要我尾随，也没有指示，所以我就一直尾随，约过了两三个小时，总部才要我回航。第二天看到台北报纸大幅登载：“我军舰有效控制台湾海峡，追踪苏俄军舰”等等，当然功劳均归海军总部。

不过最近有一则新闻：海军在公海上发现潜艇航踪。我觉得这个新闻很没有意义，因为在公海上任何国家舰艇都可以自由航行，发现了它，并不值得吹嘘，所以当年我跟踪俄舰回来后，曾私下询问总部，给我的命令是不是太绝了？这样是不是没有意义？万一苏俄军舰故意向我发射，我该怎么办？但是没有人思考过这个问题。

在驱逐舰队副舰队长任职三个月后，即发表我担任巡一舰队舰队长，不过就因为我在前一年没有升少将，延至此时才升，故在少将年资上较同学李用彪落后一点，他在前一年九月，即从副舰队长直升舰队长，比我早升三个月，担任舰队长则比我早半年。因此我在做了半年巡一舰队长后，作战署长刘和谦调升副参谋长时，即强烈推荐我接任作战署长，但是我在任才半年，宋长志先生认为我接下一任作战署长即可，而李用彪则因年资刚好符合，所以由他接任作战署，自此他就一直晋升比我早。

巡一舰队舰队长

很快我就接巡一舰队舰队长。当时巡一舰队驻防马公，一方面因为防务，另方面则是舰艇整备的责任，以致舰队长比副舰队长责任当然重了许多。

（一）提携后进未果

我在巡一舰队长任内，大致上感觉不错。当时我将在官校教过唯一一个年班的学生叶仕文（五十二年班），调来当训练参谋，当宋总司令巡视舰队时，我亦向宋总司令极力推荐这位年轻军官，因为叶仕文曾经请准终身留营，故我乃向总司令要求给他一栋房子，总司令回去后立刻批准眷舍。我之所以大力推荐，请总部日后好好栽培，乃基于以下几点原因。首先，他是该班的第一名，成绩非常好；第二，我测试过他的智力及反应，海军学识很丰富且非常灵活；第三，他有旺盛的企图心，但对我却没有任何要求，作为一个军官，这是相当好的品德。如果因为恃才而对长官有所企求，这是最不可取的。宋总司令听了我的报告，认为值得接受，但他却把叶调去当侍从官。我曾对总司令言明，叶绝对不是担任侍从官的好人选，因为当侍从官必须要具备某些特别的个性，如果调他去当侍从官，一定会令总司令失望。果不其然，后来叶与总司令身边的几个老参谋都处不好。时至今日，他仍不懂得如何与人进行公关。所以，我带人的原则是，先了解部属的个性以及其优缺点，然后才让他们发挥所长，不让他们自暴其短。因此我到舰队部，唯一带去当参谋的就是叶仕文。

（二）辛苦的袍泽

在舰队部，鉴于山字号的官兵非常苦，夏日舰内的高温酷热，实非人所能忍受的环境，然而因当年财政支绌，也无法加装冷气。不过由于海军曾有财产被大同公司侵占过的事实，法院受前“行政院长”陈诚行政命令的指示，未能执行处分大同公司的判决，遂改判该公司由其每年的产品酌量拨还海军的处分。一九七四年，也就是我担任舰队长这一年，大同公司赔偿海军七十余台冷气，我趁宋总司令再度巡视之际，向总司令提出配给冷气二十余台的要求，以便装配舰队部所属军舰。宋总司令说：“我的冷气是为机器服务，不为人服务。”我说：“总司令，您的话我绝对没有任何怀疑，但是操作机器，还是得由人来做。大家在船上发毛的时候，操作机器也不确实。”宋总司令说：“人还考虑不到，不支援。”我的请求未获准，同时也得罪了总司令，与他闹得不愉快。不过这不是我考虑的重点，只要是该提出的请求，我仍会义无反顾地提出来。

在巡一舰队部比较不愉快的经验，是在舰队部调回基隆，从事“专送”的任务太多。因为逢年过节前后，从“国防部”到空军、海军、陆军，各单位首长都要到外岛巡视，有的要我派驱逐舰，有的要我派专送舰，但不管用何种舰，都要我们护航，所以各舰不胜其扰。不过因为我们的任务原来就是在舰上，大家都没话说，但是舰船本身却超过负荷了。山字号是美国海军在二次大战期间，大量制造作为高速的人员运输舰，因此品质不是太好，使用年限一久，又无暇整补，因此常常发生故障，不胜其苦。

后来又发生一桩令人不愉快的事。某天参谋长陈东海先生突然来通电话，告诉我：“学海，下午记者要看看我们的训练，你派两艘山字号去应付应付。”我说：“是。”遂派两艘山字号，其中一艘是寿山舰，舰长为隋亨利（四十八年班），是很不错的舰长。我让参谋通知他们在下午作准备，请战队长带这两船出去。不过寿山接了命令后并没有动静，我也不晓得，结果吃中饭的时候，他们说寿山锅炉漏水，现在没有锅炉水了。我不悦地说：

“奇怪了，他接到命令的时候，为什么不反映？现在他这个样子，算是抗命，我要办人的。”要他们派港勤船赶快将它拖到另一个位置，旁靠另一山字号舰加锅炉水，让它可以出海执行这个任务。后来照我的意思做了，但隋亨利执行完任务后，我也不怪他，也不曾找他麻烦。不过他在数天后于左营整补时却晕倒了，住进海军总医院。我得知此消息，随即打电话给内子，拜托她到总医院去看看隋舰长，顺便包两千元慰问金，改天再还给她，请她了解详细情况。内子随后就去看了隋舰长。不过后来不知怎么谣传，说隋舰长晕倒在船，是被舰队长逼晕倒的。结果隋舰长的同班同学，就把此事反映给在宋总司令身边当参谋的同学刘文显，刘就写个报告给总司令，说徐学海逼晕倒隋亨利。此事左传右传，弄得我极端不愉快。而宋总司令居然也相信这种传言。所以经历这么多事，我只能说我：犯小人。后来我的参谋长刘伯涵（四十三年班，后因癌症过世），亲自告诉隋亨利，说：“你们搞错了，舰队长给你的考绩是优等，你怎么讲他逼你呢？”经过这么多年后，四十八年班的同学应该都晓得，他们的这位同学真是有问题，现在他的脑筋也有点糊涂了。

（三）左右手不谐

另一桩不愉快的事，就是我的政战部主任和参谋长处不好。政战部主任是郭秀峰，在七十年代，海军只要提到郭某人，无不恨得牙痒痒的。因为他原是舰令部政三处处长，更早则在联勤总部担任过监察官。他在联勤服务时，做法如何，我并不熟知，不过当他回海军任职时，已在天母有了两栋房子。他对于所有舰艇干部的嚣张程度，使每个人都恨得牙痒痒，其中还包括我的同学李用彪。他曾经以政三处处长的身份，指责李用彪的统御领导，气得李与他正面冲突。他担任我的政战部主任，初任时，也还规规矩矩地向我报告事情。不过某次我要出海驻防到金门时，他躺在床头对我说：“我头痛欲裂，快要死了。”在这种情况下，我当然不能强迫他出海，只好说：“那你就不要出海好了。”不过政战部主任没有随行，并不合规定。所以后来我私下将此情况向上面反映，上级回复：如果我不报，他们也不过问。这样算是仁至义尽了，政战部主任当然很高兴。不过参谋长刘伯涵也是很有个性的人，他父亲是监管过张学良数十年的军统特务，阶级从尉官逐步升到少将。刘伯涵后来因为舰队部的小事与郭秀峰发生龃龉，两人冲突，我只能说说刘伯涵，因为他是我的学弟，也是我找来当参谋长的人。不过刘伯涵气不过，说："他实在欺人太甚！"我说："没有啦，这种事情，大家看淡一点就好了。"然而这种状况却很快就反映到总部，总部诘问我这个舰队长，怀疑我的领导统御能力。他们两人都是有个性的人，在我这里共事，因为我的威信，方不致有大冲突，至于他们私底下相处不好，我能有什么办法呢？这当然是百口莫辩的事情，也辩不清楚。

（四）舰队改编

后来舰队改编，巡一舰队维持原编制，巡二舰队则改为驱逐舰队。对我来说，这是相当不公平的事，凭什么巡二舰队改编为驱逐舰队，我则维持原状？因为两个舰队原先兵力完全相同，现在将驱逐舰全归巡二，我只拥有全部山字号，对我是很不公平的，此事实在应该经过评估后再作改变。不过后来我晓得其中的转折。因为宋总司令最得力的部属赵鸿恩，时任驱逐舰队舰队长，配属给巡二舰队，他与巡二舰队舰队长，也是我的同学陈连生，彼此相处融洽，所以赵对宋总司令说了很多陈的好话。陈连生较我迟升少将，他自驻希腊"武官"任满回国后，先发表到刘溢川那里当副舰队长，当时我已经是舰队长了，他与刘处不好，曾来找我，表示想到我这里当副舰队长的意愿。我当然非常欢迎，不过我告诉他："你这样子一来，总司令将会误会我们同学间不合。"建议他再等几个月。后来一改编，我就觉得相当不公平了。因为驱逐舰队是不驻防前方的，他可以从容地训练整备，我的船则要受他指挥调度。同时驱逐舰队舰长都是上校，山字号则是中校，两个舰队间的差异立见。不过这是总司令作的决定，我也莫可奈何。

海军飞弹化

一九七四年九月一日，我从舰队下来，任航海学校当校长尚未满三个月，总司令宋长志先生来到左营，找我到明德宾馆谈，要我出任兵器学校校长。我在航海学校做得很舒服，一天可以打三次高尔夫球，因为我五点多钟起来去打球，七点上班；十二点钟又去打球，一点半上班；五点多钟下班后我又去打球，然后回家，一天打三次，使我的高尔夫球技突飞猛进，在海军中未遇敌手，正得心应手之际，总司令要调我到兵器学校，起初我拒绝，总司令说好说歹地说服了我，我就答应了，没想到这一去竟做了六年二个月，创海军久任一职主官的纪录。

（一）培训飞弹人才

因为宋长志未接总司令以前，我就发现海军舰艇必须飞弹化，不然无法与中共抗衡。我曾和学长兼长官罗锜先生，在陈庆堃先生离职的场合中大吵一架，因为他认为将驱逐舰的传统武器系统改成数位化就可以解决我们的问题；我说不行，我们这个系统必须整个废掉，否则海军没办法打仗。宋总司令调我到兵器学校时，海军也开始着手进行舰艇飞弹化，并首先向以色列采购天使飞弹及系统。副参谋长刘和谦先生南下开整备会议时，邀我与会，我就向总部强烈抗议，因为总部将飞弹计划列为绝对机密。我当场提出一个问题：日后飞弹装置完毕，系由谁执行发射工作？谁来作战？都把它兜在总部里面，是由总部来使用吗？因此总部立刻正式通知我，第一个装设的飞弹是以色列的加百列天使飞弹系统。自此我全力投入设计如何教育、训练官兵来执行任务。因为系统完全电脑化之后，当时的官兵从未接受过这种教育，根本没有执行的能力和知识。因此我要总部同意让我推行职前训练，然后进行实际操作。当时总部有个党部委员会，我是候补委员，每次出席，我都在会中大声疾呼，唯有采取何种走向，日后才能担负起操作此项系统的责任，且不断提专题报告，也等于是对总部的人作一次教育。也是在此期间，奠定我喜欢读书的习惯。

之后由中山科学研究院（中科院）主导，到美国寻找厂商来支援我们建立一个飞弹系统。当时的三所（电子所）所长刘曙晞先生，陪同执行长夏新及总部兵器组组长柴翔业到美国遍访厂商，终于选了一家 Honeywell 厂，为我们发展 H930 系统，可以操纵炮和飞弹。等此案到我手中，我立即联络刘曙晞所长，他们同意由中科院专案提拨五十万美金，来支援海军的教育训练。我说五十万不够，我必须送大批人员赴美受训。因此刘所长立刻同意以百万美金来支援我们派人赴美受训。我和他会这么熟，是因为当年我们一起在美国海军的 PG School 受训时，他在 Engineer School 念硕士课程，我则在一般课程组念海军的学术课，前后一年，故私交不错，经我一提，他马上支持。我也在这个时候，建立海军的飞弹教训（教育训练）能力，但也因此从宋总司令到邹坚总司令，都不让我离开兵器学校，使我当了六年多的兵校校长。

久任一职，心中很不是滋味，因为我在舰令部当参谋长时，刘和谦是勤务舰队舰队长，我们的职务是相当的，后来郑本基来接我的参谋长，他们就像上楼梯一样，一步一步往上升，我却原地踏步，使我在海军的经历全部耽误下来。但既然海军有这个需要，我只有不断投入，以建立海军飞弹作战的教训能力，同时也要发展作战教令。因为飞弹攻击完全不同于炮攻击，而且在雷达显示的目标船只，究竟是中共军舰或是商船，都要辨明。

（二）赴以色列了解并实际操作海军战术教练仪

邹总司令上任后，只要我提出的建议，他从没打过回票，我呈报的东西，他也全部支持，让我觉得很被重视。本军向以色列 IAI 公司购置了三套加百列飞弹系统，该系统和飞弹是经过了实战验证的。以色列和叙利亚发生战争时，双方海军均以飞弹快艇相互攻击，结果叙利亚十二艘飞弹快艇全遭击沉，而以色列海军却毫无损伤，这是了不起的战斗力。他们是如何遂行作战的呢？基于此，我建议邹总司令透过 IAI 公司邀请以色列海军三位曾在飞弹快艇服勤的军官，来指导我们发展该系统与飞弹舰的战术教令。三位有实战经验的以色列海军军官以两周的时间，对我们发展的战术教令逐条探讨，终于完成了本军第一本自行研定的战术教令（前此，本军各类型作战教令均系移译自美海军移交予本军的）。来访的以色列军官还向我们透露，以国海军拥有一套战术教练仪，飞弹快艇官兵均以该教练仪模拟敌我双方的态势、战术就位，及遂行电子战和飞弹攻击；官兵一旦进入战场，已不会陌生，而能稳收战果。我将上情面报邹总司令后，他立即报准“国防部”参谋总长核拨专款，派我率优秀的校级军官共十七名官员，赴以色列了解并实际操作海军战术教练仪的功能。

当年军中派遣人员到以色列公差，系列为机密的公务。因为我们在中东

1978 年，率军官十八员访以色列，测试该国海军使用之战术教练仪

最主要的“邦交国”沙特阿拉伯和以国为敌，我政府不愿因为和以色列打交道而得罪沙国。我们从台湾飞至以色列的途中，势必要在某一阿拉伯国家的机场暂停，譬如我们搭乘的华航先飞至杜拜机场暂停，再飞巴黎转机至以色列。如果我们所持的护照上有以国的签证，一旦被杜拜的联合大公国官员发现，那就麻烦了。因此我们都持有两本护照，一本有以国的签证，一本则没有。另外，我们持有华航机票，在任务结束后遄返台湾，然以色列特拉维夫机场没有任何一家航空公司愿意接受华航机票。好在以国海军战术教练仪的制造公司是著名的 ELBIT 电子公司，其董事长是已退役的前空军参谋长（相当于我空军总司令）派力将军，他在航空圈里影响力极大。他接受我的请托，指定北欧航空公司将我们一行从特拉维夫送至丹麦的哥本哈根，然后转赴曼谷，续搭华航返国。单是旅途交通就有这样多的困扰。

到过以色列的人都会深深感觉我们定居台湾，远比以色列人所处的环境优越多了。以国位处沙漠地带，有一片不毛之地。其水源来自以叙接壤的加里里海，说它是海真令人啼笑皆非，因为其整个水域还比不上半个日月潭大。从加里里海的淡水经约旦河南流通过以国全境，说它是河，还不如说是小溪，因为河宽仅约二十公尺，且清澈见底。以国电影院里不时见到荷枪实弹的士兵在看电影，可以随时应付突发的巴勒斯坦人暴乱。街上更不乏荷枪实弹的士兵。不过如果和以色列人打过交道，就必然会发现犹太人果然精明无比。我们操作以国海军战术教练仪时，系依照作战想定拟定一些战题，操作军官分组操控模拟舰艇的操控台，两支对抗的舰艇队遂展开战斗，其行动和战损等一一记录并显示在一块大荧幕上。迨战题推演终结，就由我以英语作一全盘的讲评。ELBIT 公司派了四五位专家全程观察我们的操演，并详予记录我的讲评。每日晚间这几位专家就到我们住宿的旅馆和我以及另外三位上校——李沅骥、陈重廉、谢冠寰（均少将退役）——共同就我们所发现的操作教练仪的功能问题，作一探讨。我们完成此次任务行将离开以国前夕，ELBIT 公司将我们共同讨论过的问题，以及解决问题的措施报告书亲交给我，让我领教了犹太人的智慧与能力。

最近，因为联勤的工程弊案，国军遭受了舆论和国人的同声谴责，甚而整个军队都被怀疑有问题。事实上，国军的军事采购订定了相当严密的采购法规。可是任何法规都是由人来执行，如果贪渎者钻法规的漏洞，或是决策者无视于法规的存在，问题仍然会发生。就以海军采购战术教练仪而言，如果我个人操守不好，当年就很容易成为一个小富翁。

在以色列期间，ELBIT 公司董事长曾对我说项，希望我促成海军采购此种教练仪，并表示事成之后将赠我十万美元（一九七八年时，该笔款项可在台北购买三十余坪的公寓三户）。我坦诚告诉派力将军，我预判海军将会采购，但当我任军职时，绝不会接受他赠送的一分钱。

我们一行返抵台北的次日下午，我即率同三位上校亲向邹总司令及其幕僚群作访以的详细报告，并提出了本军战术教练仪的规格和功能。经大家研讨过后，邹总司令裁示可不必具有两栖和水雷作战的功能。很快地，总部报准了参谋本部采购战术教练仪，旋即邀请 ELBIT 公司派遣专家来台洽商本军所购教练仪的规格。和 ELBIT 公司专家讨论教练仪的规格系由我全权负责，这项工作十分艰巨，可是，由于总部政三处派员全程参加，遂增加很多困扰。基本上，政三处的同仁对教练仪毫无所知，而我和以色列专家系以英文讨论问题。通常我会先用中文说明讨论的重点，再和对方谈，迨谈出了结果，又得译成中文，而以方代表遂以英文写成具体的条文。次日会议之前，先检讨前一日的会议记录，再进行讨论，如此周而复始，两周左右才完成了教练仪规格的订定。

国军的重大采购向由各军种总部委由联勤总部物资署执行。我曾这样想过：教练仪是高度专业性的装备，如果委请联勤总部办理，那得花很多时间和唇舌向联勤总部的承办人员讲解此一装备。即使如此，他们是否听得懂，仍然是个问题。果尔，彼此又如何去议价呢？有鉴于上述情况，我向邹总司令建议请“国防部”宋参谋总长同意，该教练仪由海军总部负责与 ELBIT 公司代表议价，很快就得到宋总长的批准。

海军总部指派副总司令林蛰生主持议价，并于短时间内完成签约。随后，我详细策订了该教练仪的管理编组，暨维护保养规范，选送优秀军官赴以色列 ELBIT 公司，一面学习教练仪电脑软体发展，一面监督该公司按合约规格制作教练仪。

战术教练仪运回后，我很快就把这项装备安装在左营。我一再告诉邹总司令，这个可是左营的一处“观光胜地”，一定要整理得很好。果然装好后，三军纷纷派员到左营参观。当时“国防部”资讯中心主任果芸，要把电脑集中在“国防部”和国防管理学校，我告诉担任副总长的同学叶昌桐，事情不能这样做。叶说：“学海，你们参谋长都同意了，你又有意见了。”我说：“我的意见不是个人的意见，而是公正的意见。”叶说：“好，我明天叫果芸下来。”第二天果芸南下找我，我亲自把所有有关资料告诉他，果芸听完后说：“哎哟，你们搞那么多电脑，我们都不晓得。”所以海军的电脑，无论战术教练仪或是船上的飞弹与射控系统，“国防部”不再过问。陈庆堃先生曾对我说过：“在任何一个单位，都要有笨人做事。”我大概就是那个做笨事情的人。今天包括刘和谦或叶昌桐，他们要谈飞弹问题，只有找我。现在海军老弟想谈海军作战问题，也只有找我。因为我从系统装设，到以色列如何打仗，到英国人打福克兰岛战役所遭遇的问题，我都看完相关的书籍。因为若技术、战术等大问题不全心投入的话，不会懂其中的关键。

（三）海丛飞弹

海军最早拥有的飞弹就是以色列的加百列攻船飞弹，第二个才是美国的海丛对空飞弹。海丛飞弹是美国陆军发展出来的，它和针刺飞弹不一样，是早期发展出来的一种简便飞弹。美国海军认为可以试用在船上，因此就从丛树飞弹变成海丛飞弹。海丛飞弹每次试射，我都亲自带船出去，试过后我就向宋总司令报告，说这个飞弹不好。我将其缺憾详细地向宋总司令分析，宋总司令对我说：“哎呀，学海，有总比没有好。”我说：“您要讲这个话我就不争了，但我要告诉您，在作战战术上，这里面有很大的缺点。您改天尽可能不要买这种飞弹。”这种话没人敢讲，只有我。但我不是为我自己，为我自己我就不和总司令讲了，后来他担任总长找我去谈其他问题，我都据实以告，这些都会得罪人的。

由于测试后觉得不行，购买来的海丛就改装在辅助舰上，必要时可以运用，但正规作战舰上并没有。至于应用在陆军为什么好用呢？比如有个仓库，飞弹部署在四周，飞机要来攻击我，只要从任何角度来袭，机尾发热，我的飞弹就可以追踪到。因此这是海、陆军作战方式的不同（我有书面报告，到总部兵器处长那里可以找到）。

作风刚直的刘广凯

（一）未雨绸缪

刘广凯先生是青岛三期航海乙班，同班同学有马纪壮、俞柏生，以及后来在重庆舰被劫持的卢东阁[①]。他们的成就较同是三期的学长好很多。依我的看法，他们除了得到沈鸿烈老先生的真传之外，关键就在刘广凯先生身上。在他自撰的《刘广凯将军报国忆往》一书中也明白提到，是他主动接触桂永清先生的，这是整个海军抗战后变化的关键。他的说法绝对正确，因为他也曾亲口对我说过。

青岛系对陈绍宽和闽系有相当的不满，所以他们知道，抗战胜利后回到陈绍宽麾下，他们绝无发展的机会。不过也由于当年他们和沈老先生学习，在政治意识方面也比其他任何一个海军派系都高。何以见得呢？当年青岛在万县时，宋长志先生及其同学，就多方面接触马尾的人，很早就希望与他们建立情感，这种主动接近有照片为证，也就是说明他们有政治意识。从好的方面讲，希望大家合作把将来的海军弄好，但从另一个角度讲，他们开始懂得如何统战。因为刘广凯先生带着宋长志和卢东阁等人不断接

① 卢东阁于英国留学时便与军事代表团团长桂永清相熟，且致力接近之。故卢、桂关系匪浅。重庆舰返国后，桂永清以种种借口打击被标签为陈绍宽手下红人的邓兆祥舰长，并指派卢东阁担任重庆舰见习舰长，迨其对舰务稍熟后，即行真除。是故重庆舰被中共地下党劫持投共，绝非卢东阁所愿和所料。

触桂永清的缘故。邹坚先生对我讲，当年他们在英国念书时，放假只晓得去跳舞、观光，但刘广凯等人每个礼拜就坐车到伦敦去看桂永清。他们在伦敦积极游说桂永清先生领导海军，所持理由很简单，因桂脱离陆军已久，而他黄埔一期的同学每位都升到军团司令或独当一面，桂先生回来未必有机会升至这么高的职务，不如往海军发展，由此再向上升级。桂先生接受他们的建议，回来除向蒋主席表示意愿外，还呈一份海军整建计划。据说桂永清这份计划，是由卢东阁执笔，而非刘广凯先生（此事刘先生并未对我说明）。桂于民国卅五年间自英返国述职，将此计划呈蒋主席，表示他对海军深有研究，作为问鼎海军之张本，所以后来才有以副总司令代总司令的人事命令。桂先生接任后第二天，马上发电报到英国要刘广凯和宋长志两位先生回国。

桂先生刚领导海军，有两位举足轻重的海军人物，一位是周宪章，一位是魏济民。然而这两位同是马尾系，且是陈辞公找来的。桂与之接触后，发觉彼此理念颇有差距，所以刘和宋回国后，桂马上要重用他们，遂将魏济民调到青岛接任海军官校。当时魏先生主动表示，希望这两位自英留学回国的军官，能派一位到青岛，桂先生遂派宋长志到青岛。刘先生则任海军总部机要科长。

（二）襄赞机要

刘先生的中英文底子都不成问题，可援笔立就，他也自视很高。但若纯就海军学术的专业立场来看，所知还是有限，然而比桂永清先生还是高出许多，因此桂先生对他甚为倚重。但也就在此时，桂先生于舰队挑选人才时，碰到马纪壮先生，使桂先生日后对马纪壮先生比对刘广凯先生更为赏识。因为马先生在做人的功夫上面比刘先生高明。比方说，一般海军军官对总司令并不特别心服，因桂先生讲话动辄骂人，海军军官受不了，然马先生从永顺副长调升舰长后，对桂先生十分恭谨。马先生知道桂总司令喜欢打桥牌，桂一上他的船，他就找人陪桂打桥牌，用最好的接待。同时令副长陈在和以仪队迎接桂先生的到来，还即时教会全舰官兵唱桂总司令甫颁写的“海军军歌”，而且是每天早晚都唱，这是当年没有任何一艘船做得到的，唯有永顺。所以桂先生认为马纪壮真是一个人才，就乐意栽培他，从永顺舰长接太康舰长，并兼第一海防舰队的参谋长，之后调第一海防舰队司令，总部副参谋长、参谋长，可说是平步青云。桂先生虽也提拔刘广凯先生，但对马纪壮的栽培犹有过之，因为马的公关做得最好。

持平而论，在做人和公关上，刘先生绝对赶不上马先生，但刘先生在海军学术上却比马先生高明。刘先生有时酒喝多了，就和我们幕僚讲，马先生在学校的时候，从来没超越过他。一到考数学，问题都是刘先生解答出，刘先生永远稳坐第一名。刘先生也深具知人之明，很愿意下功夫了解部属。比如当总部发布我们班第二名毕业的叶昌桐担任侍从官时，刘先生不理会他，因为叶是福建人，刘先生讨厌福建人。舰队轮机长陈鸣铮就曾偷偷地对叶昌桐讲：“你来干什么啊？你不晓得司令讨厌我们福建人吗？”叶昌桐说：“又不是我要来，总部派我来的。”但过不了多久，刘先生就非常赏识叶，觉得他的脑筋很好。后来我们一起担任刘先生的参谋时，正好刘先生派赴大陈担任特种任务舰队司令，他就带着叶昌桐去兼作战官。当时中共不断炸我们的船，但叶昌桐极为镇定地处理，一点都不恐慌，刘先生对他评价非常高。所以刘先生对人长期考核后，认为此人可用，就非常支持。

（三）勇于突破窠臼

刘先生也敢于推动新构想。我在总部担任作战组副组长时，刘先生接任总司令，调刘和谦任他的特别助理。当我们晓得中共有飞弹后，这对两岸海军作战情势影响非常大，我们乃找机会向刘总司令建议，海军应该加速飞弹化。刘总司令听后马上接受，想尽办法加速我们海军的飞弹化。

刘总司令也是个心胸宽大的人，愿意接纳幕僚的意见。如一九六五年五月一日东江舰（PC-119）误航，遭遇中共围攻，非常英勇地反击中共，回来之后政战部扩大宣扬此事。当时报告由刘和谦执笔，他在宿舍写，晚上我就支援他完成这份报告。我们两人向总司令报告，此事绝对是海军的问题，宣扬是一回事，但总司令应该要向经国先生报告我们有错的地方，这是我们的责任，不然一再吹嘘自己的战功，日后将会砸锅。刘总司令接受这个提议，对于他所信任的幕僚所提建议，他乐于接受，这是他最大的长处。他还有个优点是幽默，虽然他的脸像门神一样的严肃，讲话结巴却风趣。不过刘先生的脸的确让人望而生畏，而且容易动怒，这是不如马纪壮先生的地方。

关于东江军舰误航一事，我们很快就发现是该舰的错误，因为按照航线，它不可能偏到东引以北的方向。不过在遭遇中共围攻时，该舰相当英勇地反击，我们在总部发现后，即令北支支队长孙文全带领太和驰援，终于救回来，中共眼见太字号出面，也不敢再缠斗。东江舰长负伤很重，后来得到奖励，但我们对刘总司令报告，此事不必再吹嘘下去。当年的战果许多是不真实的，因为没有实证。比如雷达出现的目标物消失有很多种可能，如果距离远了，我们的破雷达就无法显示，这也不能认定是打沉了敌方舰艇。

根据现有资料显示，海军的白色恐怖是马先生一手导演的，但很多人，包括杨元忠先生都不相信。

（四）不屑与人虚与委蛇

刘先生的作风，甚至他的学长杨元忠都认为是非常“军阀”。我的看法则是，刘先生不愿意与他不喜欢的人打交道。比如青岛一期的唐静海，当年曾经是风云人物，后来自己糊涂，到台湾后生活非常潦倒，经济很拮据，遂到海军总部找刘总司令帮忙，说：“孟实啊，手头不方便，掏几个钱用用吧。”头一两次刘总司令有权，就弄一笔钱给他，但过不久唐先生又来了，刘先生就不耐老学长的行为，乃避而不见。这种事一定会传出去的，对刘先生的伤害很大。也可见刘先生的个性，不喜欢的人，他懒得招呼。

刘先生和黎玉玺先生也是水火不容的，但他就让他表面化，也不在乎。当刘先生担任黎总司令的副总司令时，黎先生想打击俞柏生和宋长志两人，把正是前途看好的两人调到“国防部”当助理“次长”，刘先生晓得以后，和黎先生摊牌，说：“你干总司令不是干电雷的总司令，是大家的总司令。如果今天你要他们两人调到国防部当助理次长的话，我告诉你，我给老先生打报告辞职，并把辞职的理由告诉老先生。”这样就阻止了黎先生的意图。宋长志先生为什么对刘广凯先生这么好，就因他有今天的地位，全是刘先生一手提拔的。因为宋先生不是从舰队上来的，他担任六年官校校长后，没地方调，刘先生乃和彭孟缉先生讲，他要把第一军区改成中将编阶，让宋长志和高如峰对调。彭孟缉先生和刘先生是“国防研究院”的同房室友，同时又是老烟枪，两人私交甚笃，乃接受刘先生的建议。宋先生在一军区等刘先生担任总司令后，就获得提拔当参谋长。宋先生也就是在参谋长任内接触了经国先生，所以才有后来的发展。

所以刘先生的个性就是用人不疑，相信你之后，就全力地拔擢，但最大的问题就是不屑于与人虚与委蛇，包括对黎总司令都这样，因此造成八六海战发生，黎先生全力整他的结果。因为我在总部当作战组副组长时，很多作战计划我都参与，只有八六海战不是，那时我去了马祖，不过后来我留在总部负责联络空军和六二部队，故对计划和过程非常清楚。刘先生写回忆录没有问我，所以有点失真，不过当年海战也太多了。我对这个战役一直耿耿于怀的是，因为我们晓得中共对我们的战力已有相当的掌握，当天我整个晚上待在总部，发现出问题后，立刻要副参谋长请总司令回来，但当我还来不及将完整的经过向刘先生报告，黎先生就要刘先生和他一起到阳明山面见老先生，所以刘先生不够清楚战事的来龙去脉，这也是刘先生吃亏的地方。

我们进校时，学校实际负责人是邓兆祥先生，他是从黄埔海校到烟台海校毕业的，在校只晓得公务，不曾向我们提起他的学历，也从来没告诉我们学校的沿革，所以基本上我们学校的沿革是马尾，但实质上我们并没有染上任何马尾的观念。虽然总司令陈绍宽面试时我们非常紧张，但进校以后，我们所有心思都放在书本上，想要怎么努力才能考得好。从来没想到过和马尾有任何关联。毕业后，有些师长是马尾毕业的，可是他们并没有特别栽培我们。我和刘和谦、叶昌桐三人同时在刘广凯先生身边当参谋，刘对我们三人非常重视，全力想培养我们，但他是青岛的，我们也没有认为自己就变成青岛的人。所以在我们身上毫无派系的痕迹。

我个人认为，刘先生离开海军，对海军是一个很大的损失。我相信刘和谦和叶昌桐都会和我有相同的想法，这不是因为他栽培我们才讲他的好话，而是真正地觉得，也愿意公开与任何人讨论人物的问题。

刘先生后来到联勤，我们在阳明山开军事会议时，老"总统"就曾公开赞扬联勤的作为。当时宋楚瑜的父亲宋达先生是联勤副总司令，他与其他人向刘先生道贺时，刘先生说："不要道贺，这样子反而害了我。"因为他和空军总司令赖名汤又卯上了，赖名汤对他非常敏感，深怕刘先生升上总长把自己给比下去了。不过大家都看得很清楚，赖先生回任空军总司令，将来一定接总长的，但他就怕刘先生声望比他高，因此对此很不愉快，之后就对刘多方打压。所以刘先生因为在公关上的缺陷，使他得罪了很多人。

独树一格的陈庆堃

（一）过人远见

陈先生担任舰队司令时，我当他的参谋长，报到时我曾问他公事他能授权到什么程度？他说："全部。但有两样，一是人事，你不要管；第二是作战，你要向我报告。"除此二事，当然我知道经费我也不要插手，以免自讨苦吃。

那时海军对于救难可说是一片空白，他就托人到香港买有关海军救难的英文书籍来看，以了解如何拖救船只。同时又买保险的书来看，弄清楚如何计算拖救费用。他后来和王玉云私交那么好，就是因为大约在一九七二年的时候，有艘报废油船“瓦维克”遇到台风，被吹到左营港搁浅（该船系王玉云自海外购得）。那时陈庆堃先生是舰队司令，就想办法把这艘船拖出去，因为他亲自带领人去救这艘船，有位军官的背部不慎被某种气体所伤，并因而亡故，陈司令仍奋力拖救这艘船。拖出港后，将船上的石油脑、油渣子都清理掉，把船拖到高雄还给王玉云。这种救难根据国际惯例是要付费的，海军总部就叫价八百五十万元左右，这是一笔天文数字，陈先生乃出面主持正义，根据国际计算方式只要三百五十万元，向总部力争，总部只好让步。王玉云因此把他视为最好的朋友，知道他点子多，后来想做什么事都来请教他。

我必须强调的一点是，陈庆堃先生的智慧十分高，就以我曾提到过一九五四年间，他担任第一舰队参谋长，本人与叶昌桐担任参谋时，陈先生偕同我们登上停泊于基隆港的美国驱逐舰，向舰上官员请教与研究舰上训练与保养问题，兼取得大批有关训练与保养制度的卡片。返部后，督促我们译成中文。十二三年后，他担任驱巡部队指挥官，他以大部分时间亲自研订海军舰队两部经典——《舰艇训练综合教令》与《舰艇保养综合准则》，即系以当年在美舰见学的资料以及他担任咸阳舰长时，投注在该两项重要工作的探讨作为张本，充分显示陈先生的远见和前瞻性。

（二）仕途受阻的原因

我觉得他是海军中非常突出的一位长官，他的学长冯启聪先生就曾指出：高魁元先生当部长时曾对他讲过，海军总司令不让陈庆堃当一任，国家亏欠陈庆堃。为什么陈先生后来未能升任总司令，个人认为有以下三个原因。

1. 以战术观点力争乌丘海战曲直

第一件是一九六五年十一月的乌丘海战，支队长麦炳坤带永泰、永昌两艘船出去，这是一次例行性的任务，不料为中共海军所乘，永昌被打沉了。麦炳坤是陈先生黄埔海校的学弟。麦回来后，经国先生下令法办，舰长和支队长都被扣起来，在“国防部”军法局开庭审判。此时陈庆堃是舰训部少将指挥官，我刚好从参谋大学毕业，陈先生遂找我，要我当他的幕僚来打这场官司。他讲像这种状况，没有任何理由扣押人。我说我听您的，由我执笔，他来修改，请梁肃戎律师一起打这场官司。陈先生担任公审辩护人，由他发言，梁肃戎对此事是外行，没说多少话。我陪陈先生在法庭上，法官是学军法的，我们讲战术，法官都不懂，一筹莫展，在法庭上不了了之。我对陈先生讲，现在关键人物是经国先生，你请见他，把你的观点直接向他说明。陈先生接受我这个看法，经过副部长马纪壮先生安排晋见，怎知经国先生生气地说：你们海军不争气，你还来为他说情。也就是不从战术的观点看问题，而是从结果来看问题。因为若以战术观点而言，麦若不带这艘船冲出来，这艘船也完了。所以从军事立场看，损失两艘船或损失一艘船，其轻重立可分辨。陈先生被斥，垂头丧气地出来，我说我实在没想到会是这样的结果。第二天，马纪壮先生就找他去，安慰他：“陈庆堃，部长说他骂你归骂你，你不要把这件事放在心上，他认为你是爱护你的同学、同僚，他不会对你有什么成见的，请你宽心一点。”但我绝对相信，此事经国先生一定记在心里。因为那时刚好是八六海战不久，又发生这件事，当局受不了，想整饬海军，而陈敢于对抗当局的整饬行动，账就记在他的头上了。

2. 九华舰事件

第二件事与九华舰有关。此舰从美国接回来后，舰上的接舰官兵带了很多货物，当时我已在舰令部当参谋长。我们晓得九华舰有问题，乃向陈先生报告，陈先生也亲自上船检视，交代政战部调查，怎知此时经国先生正好到南部来，找陈先生去报告，并询问舰队有无问题。陈先生就战备各方面作了报告，也没想到要提九华舰一事。经国先生又问：你还有什么问题没有呢？陈先生还是不报告这件事。我个人认为，这件事必然对陈先生造成伤害，因为经国先生心里可能想：这种事你都对我隐瞒！

3. 不善逢迎的性格

当然其中还牵涉到总司令宋长志先生，他也是非常注意公关的人，和陈先生的个性完全不同。我当他的参谋长，当宋先生来南部时，我曾建议他去向宋先生问候，报告一下舰队的事务，我的资料都准备好了。但他讲："这个不值得报告嘛！冯启聪当总司令五年，我去过他家两次，都是因为他找我去。我还是别去了。"我说宋先生喜欢这个调调，你就去嘛。他就是不去。

尹俊担任警备总司令时，有段期间台北不断下雨，他就到左营球场来打球，我发现了，向陈先生报告："司令，尹总司令在这里打球，您过去看看，聊聊，看情形怎么样，请他吃个饭。"结果他说："我跟他不熟，去看他干什么？"他就是这样的人，不建立公关，因此导致他后来升迁受阻。不过，自从邹坚先生任"总统府"侍卫长之后，上级也就锐意栽培邹先生了。照理陈庆堃先生当副总司令应该是没问题的，可是后来连副总司令都无缘，所以高魁元先生才会发出以上那席话。

不过他对异性的兴趣却颇为浓厚，在不同阶段有不同的红粉知己。他在基隆时，以中将指挥官身份认识一间"美凤珠"理发店的小姐，竟然和她谈恋爱，开着车带她出去玩，甚至有一回晚上开车开到田里面，第二天回来又专心地投注于舰队事务。他呈现多重性格，有点英国尼尔逊将军的味道，打仗归打仗，和人家发生婚外情，谈恋爱又是另外一回事，不相混淆。不过也因此影响仕途。我们觉得他有位太过贤惠的太太，陈夫人曾用广东话骂他一句话："贱格！"陈先生也嘻嘻哈哈的不以为意。

（三）再论长江突围

陈先生对于自己长江突围的英勇事件从来不提，但是长江突围确实是由陈先生主导的，前一天晚上开会是在他的永嘉舰上，当时永嘉是第二舰队司令林遵临时旗舰，同时陈庆堃先生的家在上海，桂宗炎先生尚未成家，他有更强烈的理由来主导。有种说法认为开会时桂宗炎先生首先提出反对的意见，然后在行动时才是陈庆堃先生率先突围。据我目前所看的资料中，都未提到开会的情形。只知有过激辩，随后投票，陈和桂两人不按投票结果，拉队就走。我和桂先生谈这个事情时，他都哈哈哈地说："都过去了嘛，都过去了嘛。"

王业钧先生在《海军军官》月刊第十四卷第二期（一九九五年四月出版）发表的《最长的一日——长江突围》一文，描写在长江突围的决策过程中，陈先生在林遵司令主持的会议中保持"模糊的姿态"，这是可以理解的，甚而在深入探讨后，可以认为这是他高明之处，因为当时他所处的环境，从长官到部属，甚而士兵都各怀鬼胎，稍一不慎，不单是个人，全舰官兵均可能遭到毁灭！〔按:《海军人物访问纪录》第一辑（台北：中研院近代史研究所，一九九八年九月），所收之《王业钧先生访问纪录》，对"长江突围"经过有更详细的叙述。〕

按舰艇的体系，通讯官不可能对舰上重要行动有所置喙，如果王先生竟勇于向陈先生建言，而陈先生亦乐意接受王先生的建议，倒证明陈先生统御领导上的气度。

我曾将王先生的大作亲送予王先生的直属长官，原永嘉舰副长吴文彬先生阅读。吴先生系陈先生学弟，参照当年人事惯例，吴先生当系陈先生向总部建议派任斯职，故陈、吴两位不仅有公谊，谅私交亦至为密切。据吴先生表示，王先生文中诸多说法显有膨胀意味。他认为当年永嘉舰是否从南京突围，是何等复杂与微妙的状况，陈先生竟亦未曾和吴先生有所磋商，显然陈先生城府已有定见，故召时任通讯官的王先生密谋，指示其秘密传信各较熟悉的舰长，采取突围行动。反之，如果陈先生并无突围的定见，一位通信官的劝说，亦不可能改变陈先生的意志。

仕途多舛

我从驱逐舰昆阳下来，先接巡一的副舰队长，调任舰令部参谋长后，由李用彪接我的缺。后来我任驱逐舰队副舰队长，原任舰令部参谋长一职，则由郑本基接任；之后则是王耀挺接任。因此在这个阶段之前，我与刘和谦学长、郑本基学长都是在一个阶级的，然而经过长官这一折腾，我的晋升迟了半步，此后再也没有机会进海军总部任职，更别说到“国防部”了。加上我在兵器学校当了六年校长，资历就比别人晚了很多。

我记得邹总司令当年从美国任满回国，担任驱逐舰队长时，我们这一批驱逐舰队长，在同游澎湖大桥时，曾摄影留念。相片中有我、李用彪、夏甸、朱瑞庆、欧阳位等等。我不敢说比他们好，但自信不比他们差，可是后来的发展，我在所有职务上都落后他们。说起来，这也是个人的命运与际遇，没什么好抱怨的了。

宋总司令有个习性，太喜欢听人家讲述部属在祖籍和正规纪录以外的消息，但听进这些传闻之后作成决定，很多事就不妥当了。这点我们都不敢讲，不过宋总司令千真万确有这点毛病。后来他自己也都知道了，特别是在那一次骂完我之后，曾对我温语劝慰，不过他已造成的伤害，再怎么弥补，都无法使人平衡。更何况他误会我和陈庆堃先生是一伙。其实海军的圈子这么小，追随过的长官这么多，若要说谁是谁的一伙儿，真不知要从何说起。记得刘广凯先生曾在太和舰上公开说过：“我看你们这些年轻军官，最具有将才的是徐学海！”然而这话对我的伤害也很大，因为电雷系统出身的军官，听见刘先生这么说，认为我是刘先生要栽培的人，因此处处视我为刘先生的人。我的确曾经当过刘先生的参谋，也在他的长公子过世时，由其亲自指名到家里帮忙，但这都是人之常情。所以说，要讲谁是谁的人马，究竟标线在哪一点上，实在不是很公平。

得罪总长郝柏村

这是导致我离开海军的原因。

（一）飞弹快艇战术教令

我当了六年兵器学校校长后，自信做了不少事情，但久任一职很想退役，但邹总司令不同意。一九八一年元月廿二日调我到舰训部当指挥官，并于一九八二年元月一日升中将，我做了三年多。期间正逢郝柏村接任总长一职。郝总长到职后曾巡视海军，第一次来时，刘总司令安排了舰队火力示范，演习舰队在澎湖，郝总长就到澎湖。一上旗舰，海军就以火力示范海军的战力。他看完后，就说："海军没战术。"当时陪同的有海军总司令刘和谦、舰队司令罗锜，他们跟他解释，他还是不接受。一九八三年六月间，我舰训部把飞弹快艇战术教令发展完成，报到总部，总部报往"国防部"，准备印行时，郝总长要总司令带幕僚到"国防部"向他报告教令内容。因为是我负责该教令的发展，总司令刘和谦亦要我到"国防部"，我就去了。当时是由总部作战署署长贺海潮报告七十五吨的飞弹快艇如何作战，报告完后，郝总长提出一个问题："若飞弹快艇从左营出发，到厦门用飞弹攻击中共的船，办不办得到？"刘总司令要我答复总长的问题。我说不太可能。总长问为什么不可能？我说因为快艇只有七十五吨，我们测试过，在海上时，风和洋流一大，快艇本身根本无法掌握船位，就像今天任何一个人若是不知自己身在介寿馆，您要他走到西门町，他不晓得怎么去的道理一样。指南针只能指示方向，但小船碰到大风浪，原来往厦门的航线可能就偏向香港去了。所以飞弹快艇作战攻击，就有如飞机的战管飞行，飞机一升空，得靠雷达指示去拦截敌机，快艇也是依此构想而发展出来的教令。

郝总长听完后说："我认为可以。"我说："报告总长，这不是'认为'的问题，不可以就是不可以。"他转而问作战署署长："你认为可不可以？"作战署长被他的气势所慑，不确定地说："嗯，我看也可以吧？……"他又问边上一位从"国防部"退役，又回"国防部"写教令的王河肃中将，说："王中将？你看可不可以呢？"王先生压根儿不懂飞弹和飞弹快艇是怎么一回事，被他一问也不肯定地说："这大概也可以吧？"郝总长就生气了，下令："好，你们回去研究完了再向我报，散会！"这是我和他第一次起冲突。后来刘总司令亲自带总部幕僚上飞弹快艇，和所有艇长、副艇长研究这个问题，所有艇长都说郝总长的要求不可能办到。我还亲身带着小艇出海，遇到风浪在海上颠得死去活来的，从没有一位中将像我这样自己整自己的。

（二）统一三军后勤教育的冲突

同年八月，郝总长召开三军后勤会议，要统一三军后勤教育。这个议案交到各总部后，海军总部就交给我研究，要我到总部具体建议。我认为三军的后勤教育没办法统一，因为陆军一个师从热带到寒带，需要考虑的问题很多，如服装、所有装备、粮食等。但舰队不需要，所有装备都有固定的配赋，不管寒带或热带，舰上后勤应可应付。只要符合总部的正规配赋，应该带多少炮弹、飞弹、油料，就可执行某一阶段的任务。这是海军和陆军不同的地方，和空军也不一样。因此后勤教育不需要统一。此会开了两天之后，最后是综合座谈，讨论统一后勤教育的可行性。轮到海军发言后，我把上述理由讲述一遍，讲完后，后面有许多海、空军的将领都鼓掌表示赞同。郝总长气得吹胡子瞪眼睛。当初写这个议案系由联四次长胡裕同（兵工出身，后来担任过中科院副院长）依照郝总长的意旨写的，如今这么大的主题要推翻，不知如何是好。胡次长后来竟补充发言说："刚才有海军的资深长官表示，三军后勤教育不应统一，这是不重视后勤，三军都应该重视才是。"休息时我马上去找胡次长，刘总司令也不约而同地走过来。刘总司令说："胡次长，徐学海刚才讲的不是不重视后勤，而是军种特性不同，不需要统一后勤教育。若诉诸于理，您硬栽他说不重视，这讲不过去。"胡平时能言善道，此时愣住了，良久才说："刘总司令，这样好了，我和徐指挥官一起到后台，向郝总长解释好不好？"刘说好，我们两人就去后台解释。我向郝总长说："报告总长，刚才胡次长提我不重视后勤，我绝对没有那个意思，我把道理说说。"郝说："哎，我晓得了，晓得了，没事，你去吧！"从此以后，只要我不在场的军中和官方的公众场合，郝就数落我，说：海军这么高级的军官，他根本就不重视后勤，根本也不懂后勤。我就晓得自己又得罪他了。

（三）海军战术演习

由于郝总长在第一次视察海军时，说海军没有战术，刘总司令就要我策划一个演习，让总长晓得海军是有战术的。我答应了，因为我懂，而且有把握设计，也有办法指导幕僚。

在此期间正好举行汉光二号演习，我是海军裁判长兼统裁部副总裁判长。总裁判长是陆军副总司令朱致远。统裁部在马公，演习第三天，郝总长到统裁部来听简报。当时主要是海空军的作战，中共兵力出来，海空军应当如何对付。空军先报告，由战计会少将副主任委员秦毓秦上台（当年是大鹏篮球队的队员）。他上台报告空军当天出动多少架次对抗等，郝总长立刻就骂人了，说："我怎么要听你讲今天的报告，我要从头听到尾！从第一天演习到现在！"这位少将副主委因为没有准备，当场傻眼了。郝气愤地问他："你有没准备？"他说没有，因为他以为总长要听的是当天演习的报告。郝总长就破口大骂，此时陆军总司令蒋仲苓（系演习统裁官）就从上面的位置跑到我的座位来，问我有没准备？我说大概没有问题。轮到海军提报，我就要幕僚把我画的简图，从第一天中共兵力出动，我们如何部署，怎么对抗，对抗状况如何等，一直报告到当天情况。郝说："这个才是我要听的嘛！你们空军搞什么东西？跟人家海军学！"然后又问："你们陆

1983 年，自强专案指导委员巡视舰队飞弹发展案。自右起：陈茂榜、刘副总司令和谦、徐贤修、赖前总长名汤、林挺生、郑本基主任、徐指挥官学海、新训中心指挥官徐忠国

军有没有那么详细呀？”陆军说他们也没有这个准备。郝总长就走了。他走时，随行的“国防部”人员，如许历农等，都过来向我道喜，难得总长那么夸奖我。我谦虚地说刚好巧合，我有准备。

自此以后，我心想：总长过去对我的印象总该改一改吧？遂很用心地策划演习，以使他了解我们有战术。当时我最苦恼的是，海上舰只的行动，如何不洩密地传达到我的指挥部，因为一般的通信装备易让中共截获，所以请总部向以色列公司借用萨库（SAKU）这种通信装备，可以很快地把海上的资讯，以明语送回战术教练仪室，绝对不会洩密。总长来后，我亲自向他作简报，所有海上运动和作战过程，都可在战术教练仪的荧光幕上一目了然。他觉得很新鲜。整个过程很顺利地操演完毕。结束后总长作讲评，他说：“我今天非常感动。我终于改变过去认为海军没有战术的观念，你们不但有战术，而且对战术很投入。你们这种作为，其他军种都要学。”我听后很感安慰，总长又说：“刚才你们最后结论，要提升教练仪的能量，我支援你们，你们要多少钱我给。我今天很满意地离开。”大家都很开心，刘总司令也很高兴，起码把总长的观念改过来了。后来我们大概要了一亿两千万元来提升装备的功能。

（四）退职风雨

我在舰训部任指挥官约三年半，刘总司令要调我任后勤司令，他没让我任舰队司令，和刘、郝二人的权力角逐有关。因为郝要把联五次长夏甸调下来当舰队司令，我和夏甸同一年升中将。但众所周知，刘总司令对夏甸印象非常坏，不接受夏甸的调任案。刘总司令唯恐郝总长会以夏甸与我同年升中将为借口，乃找夏甸的同学欧阳位来，他比我们都早一年升中将，想以此挡总长属意的夏甸，我就调任同一阶的后勤司令。谁知这个人事案往上一报，总长不同意我接后勤司令。刘问原因，郝只说他就是不同意。刘总司令再问若把我调任参谋长可否？郝总长也不同意，告诉刘总司令："我晓得徐学海能干，但我不同意。"在这种状况下，我了解在郝当总长任内，我是毫无出头的机会了，乃向刘总司令表示："那我走了，我要退了。"刘叫我不要开玩笑。我说："您晓得我不是冲着您，他管我们所有人事，我又不能老待在这里，但那样就一定要调去当战计委，冷冻起来，我没有意思要去冷冻，要冷冻我就宁愿退了。"刘总司令说什么都不同意。后来他又托我的同学叶昌桐（时任副总长）来游说我。此时一度王升找我到联训部当副主任，刘总司令不同意，认为联训部是个闲差事，没什么干头，叫我不要去。我想这里不能去，那里不要去，那我就退好了。后来刘总司令没办法，就让我报退役。报了以后，我当然晓得这件事不是要做给谁看的，一定认真地退下来。事实上郝总长认为我是刘系人马，但实际上海军并没有谁是谁的人，我在当舰队参谋长时，与刘等于同一个职务。但他升上去后，他绝对是我的长官，而且我知道自己不可能当上总司令，因为刘接之后，同学叶昌桐还排在前面，既然我接不到总司令，升了中将还有什么发展呢？让我做事我就多做一点，不给我做我也算了。所以报上去，郝总长在参谋会报上就严厉批评我，说："海军的将领，一点军人武德都没有，调职受一点挫折就要退。联一次长，你看看有没有降级的规定，把徐学海降一级。”联一次长傻眼了，站起来说：“报告总长，徐学海升中将是总统核定的，再说没有任何规定说将官可以降级，这个办不到，除非另外立法。”郝说：“噢，这样啊。”所以我也没降级，我就提早退了。

我一点也不懊恼退役，出来后可看另外一个世界。不过妙的是，所有退役将官前一天按例由总长召见，他通知召见我，我就去了。据说他每次召见都会骂人，讲：“你该退的啰，下去以后安安分分噢，不要说三道四的哟。”把退役的将官弄得很不愉快地离开。他前一天通知召见，第二天我从南部要上来，他说：“徐学海不要召见了。”我就在一九八四年八月一日退，八月二日我打电话给总长办公室主任林克诚，及部长办公室主任任敬吾。我说我都没见到长官，现在脱了军服来辞行。任主任说部长请我明天去。林克诚说再通知我，但从此就没有消息。当然我也没必要一定要见郝，只是礼数尽了。

（五）退职原因外一章

后来叶昌桐告诉我，他说前面那两桩事应该不致让郝对你的成见那么大，后来他发现另外有个状况，可能对我是伤害的。因为郝的太太叫郭婉华，有个非常亲的堂弟郭莱华，他是四十三年班的，完全是个公子哥儿。我接 38 号舰长时，此舰原系美国封存舰，海军请外籍拖船拖回来，由我负责启封服役，并担任舰长，总部发表郭莱华当副长。他太太是医生的女儿，高雄女中毕业，我们当小官的时候，彼此很熟，所以郭当副长，郭太太在过年时到舰上对我说：“徐大哥，我们莱华在这里，请你多照顾。”我和他是前后期同学，当然不在话下。但郭是个公子哥儿，副长应该是什么都管的，但他却什么都不管。当时还是美援时期，他把仓库中很多美援的 YALE 锁整盒弄丢，我问他怎么搞的，他说他也不晓得，摆在房间里就被偷了，他这样讲我也没办法，只好另想办法弥补。后来他在船上就做不来，对我说：“报告舰长，我不要干了。”我说：“你忍一点嘛，你家境这么好，太太也不用你伤脑筋，你就好好干嘛。”有一次情报局来个通知，招考大陆特工班，他也去报名，到我这里，我说：“莱华，你不要神经病好不好，你到大陆去，你太太和家里人怎么办？”他说：“报告舰长，我找个名义离开啦。”我说你要离开也不要这个样子，但他后来终于还是离开了，到总部当参谋，之后移民美国。有段时间郝到美国都是由叶昌桐陪同，某次叶陪同郝到洛杉矶，在机场接机的就是郭莱华。因之叶昌桐研判，绝对是因郭莱华的关系对我有伤害。我想这也没有什么，是他不要干，不是我不给他干。但也不无可能，不过我也不会再去求证什么，反正都过去了。就是这么多阴错阳差的事，让我这么早离开海军。

在此之前我与郝并没有什么接触，但他常出一些怪点子，比如在高雄旗后做很多像渔船一样的船，交由警备总司令部管理，执行驱离在台湾海峡附近的中共渔船。这种训练工作交到我这里，但我们从来没操作过渔船，然而既然命令下来，我亲自上渔船研究，熟悉船只，然后再训练警总官兵。这种工作我们都很认真地做，绝不打马虎眼，但他若横霸地来，我碰不起，起码躲得起。我和他交手这段我不会忘记，如果有机会，我也要把他的事情拿出来修理一下。一九九六年选举“总统”、“副总统”，文工会副主任穆闽珠的先生张镜湖与刘和谦是中学同学，要刘批判郝，刘当然不能去，就介绍我出来，我就接受了。我在他们安排的电视节目上公开地修理他，他做任何事情都是有目的的，而且目的都是见不得人的。我举的例子绝不提自己的事，我也不是要报复。他明知道我是何许人，也知道我为海军做了什么事，他不用就是不用，毫无根据。有一次他在“立法院”修理陈水扁说：“谈法律，我不如你；谈军事，你不如我千百倍。”我认为讲这句话更显得他无知，谈战略问题谁都可以谈，学者也可以谈。美国国家安全会议的顾问都不是军人，但谈的都是战略问题。我所说的每一件事，绝对都有事实依据。但也有许多人对我说，要我当心郝找黑道的人来暗杀我。我说如果真要把我杀掉，我求之不得，正好让人家晓得郝柏村是何许人。

对海军史的兴趣

对海军史有兴趣，自己也莫名其妙，我想主要是在兵校校长任内，看了很多传记和海军战史的书籍，使我愈来愈着迷，并投入，也写了很多资料。以造舰案来讲，一九七九年七月，海军为了建军的需要，成立自强专案研讨会，探讨自力造舰的问题，聘请美海军以退役的前舰政署长杭圣吉（Homsinger）将军率专家多人来台指导，并研讨本军的自力造舰方案。邹总司令对我深信不疑，要我带人到联设中心和中船先期讲造舰案应怎么进行以及军舰和一般商船的差异。所以我在兵校六年多的时间并没有浪费，让我对海军史、第二次世界大战史非常熟稔。我最崇拜尼米兹（Chester W. Nimitz，1885-1966）和金氏（Ernest King，1878-1956）两位美国海军上将，非常佩服他们把美国海军从一个相当故步自封的部队，转型成世界第一强权，无与匹敌的军队，我的兴趣可能就在那时养成，至今仍不稍退。我们也可从美国海军转型的例子，当作我们努力的目标。美国出版的《海俊通讯》主编张泽生要我写一篇评断历任海军总司令的文章，我绝对可以写得出来，但现在不方便写，因为据实写出，将以往的总司令们都得罪光了。可是如果不能从过去的历史里面汲取菁华，就不知道要做什么了。

大陆亲人

我很早就对中共统治下的广州有所了解，除了本身是广东人外，大姊有位非常要好的同学在香港，我也叫她姊姊，她就负责我和我父母亲的联系。当年以我微薄的薪水，但每隔一段时间，我就凑一点钱，利用台湾银行的小额汇款，汇十元或十五元美金到香港给这位姊姊，请她带给家父母，年年如此，后来到美国更是如此。但这是秘密，不能让人家知道。而过去我在舰长阶段，有人告诉我中共曾找我大姊广播，希望我回去。但这种广播并未影响我们的仕途，因为在那个时候，政府对我们的服勤能力和忠贞已不再怀疑。

一九五一年初，我有一位小妹在香港，我多次申请她来台，但都不准，最后情报局不知怎么吸收她，带到台湾受训。一九五五年我从大陈回来，船靠在基隆，我预备到西门町看场电影，这是当时唯一的享受。很巧的是，在过平交道时，一眼看见妹妹迎面走来，戴个眼镜。她说她从香港带了很多东西要给我，但是情报局不让她见我，然而在路上碰见他们也没办法，她因此才能把东西交给我。之后情报局就告诉她："就这一次了，以后不要再和你哥哥碰面了。"我们也就没再见面。后来妹妹被派回大陆工作，但很快就被抓了。因为祖母从香港回去，带盒糖给妹妹，糖盒里面藏了情报局给她的指示被发现，祖母也因而被扣。祖母很不谅解妹妹，因为她很疼这个孙女，后来祖母因为年纪大获释，告诉我，我才知道妹妹出事。后来她被关在曲江牢里十八年。妹妹出事时，我只能找海军总部政战部主任江国栋，我私下见他，希望我们这边能赶紧处理。妹妹为这边工作时是中山大学医学院的学生，毕业前还没实习就被抓了，出来后想从事这方面的工作，但中共不答应，要她自谋生活，而台湾这边也没办法照应她。两岸通信后，我把妹妹的事情告诉情报局长黄世忠，我说这是铁的事实，请他去查。他查后也证实确有其事。后来情报局补发妹妹不到三万美元的补偿金，我汇到香港给她，如今她在广州定居。

结 语

张力先生和曾金兰小姐对我在海军的经历作了多次的访问记录，我因为有写日记的习惯，而且我的记忆力很好，所以我自信所讲的每一桩事都是真实的。当然，个人的经历很自然地就牵扯到别人，这包括了长官、同僚等，对于别人的一些批评，我得承认有着主观的成分，但我认为我是依据一些事实，经过了还算客观的研判才下的结论。在军中时，我就是以“敢言”和人相处，该讲的我绝不保留，如今已从军中退下来，我自然不愿意对一些自以为是的观点有所保留。

我十分信服罗贯中先生写的“滚滚长江东逝水，浪花淘尽英雄”的对联，我在人生舞台所唱的戏行将落幕，套句俗语：“虽不满意，但可以接受”。除了军中这段的经历外，我退役后曾从事过一段时间的商务，遭遇到很多的怪人怪事。我亦得承认我的情感生活亦非很平静，甚而起起伏伏，凡此，我都会找出时间写出来，俾让我的家人、亲朋好友了解我的好好坏坏。

马顺义先生访问纪录

时间／一九九七年六月二十七日、九月三日、

九月五日，一九九八年五月廿三日

地点／高雄市左营明德新村

访问／张　力、吴守成（海军军官学校教授）、曾金兰

纪录／张　力、曾金兰

家世概述

民国十七年阴历七月十一日（阳历八月廿五日），我生于四川省资中县银山镇汪家坝一户殷实的农家。因为当地产糖，从祖父那一代开始，既经营糖业又种地，家道日渐兴隆。祖父兄弟二人，么祖父没有子嗣，祖父乃将家父过继给么祖父。家父行三，我是长子，所以对么祖父而言，我又是长孙。不过祖父在我出生前就故去了，因此我不曾见过祖父。

四川基本上很保守，一般人家大都不希望子弟出远门；镇上有些富户，顶多让子弟念到初中，就要他们继承家业。因为供子弟读书的经费要靠售卖稻谷，上高中每学期得卖掉好几担稻子，所以比我们有钱的人家，大都不愿让子弟读太多书。家父毕业于成都讲武学堂，民国十六年参加北伐作战时，在河南伤了右膝，他那时是连长，后来为了养伤，于十七年离开军队回到家中。他为何会有这段出川作战的经历，我也不了解。

大约在我四五岁的年纪，也就是民国廿一、二年的时候，我常看到父亲随身带一本厚厚的《中山全书》，书中第一部分就是《三民主义》，然后有《建国方略》、《建国大纲》等。当时我还没有上学，父亲就把《中山全书》里面的部分章节当作国文教我。我记得民族主义的第一句话是："诸君：今天来同大家讲三民主义……"，这便是国父宣讲三民主义的演讲稿。母亲没进过学校，大概父亲教过她一些，所以她把杜甫的《后出塞》："男儿生世间，及壮当封侯。战伐有功业，焉能守旧丘。召募赴蓟门，军动不可留。千金买马鞭，百金装刀头。闾里送我行，亲戚拥道周。斑白居上列，酒酣进庶羞。少年别有赠，含笑看吴钩。"当作我启蒙前的儿歌教我。由于父亲和一般乡人观念不同，且我们家也有能力供我念书，所以我在家乡就一直从小学、初中念到高中。因此我的潜意识里，并没有一般四川子弟的观念，也许和这有点关系。

民国廿五年，我念小学三年级，又称初级小学，学校发动捐献购买飞机，为蒋委员长五秩华诞祝寿。同年底发生西安事变。廿六年升上四年级，七七事变爆发，后来又有保卫大武汉等活动，我们小学生都在镇上赶场日期，到街上作抗日宣传活动，也激励了一般青年的从军意识。

升上初中的第二年下学期，发生珍珠港事变。民国卅二年升上高中，那时孙立人、廖耀湘在印度作战，政府号召第一次的青年远征军活动，驻在资中县城里的资简（资中、简阳）师管区接受报名，有一两位同班同学去参加。翌年桂林、柳州大撤退，日本一直打到贵州的独山、都匀，重庆备感震动，蒋委员长发起"一寸山河一寸血，十万青年十万军"的青年从军运动，我曾瞒着家里报名，但不知何故未获录取。

报考大学

上高中后，我才了解当时军人很多都是蛮不讲理的，行军时也常拉夫，使我在小学、初中时期对军人的好印象打了折扣。卅四年底，我自高中毕业。那时后方的高中分春季和秋季两种始业班，一般来讲，春季班成绩好一点，在年底毕业，秋季班则大多是春季班落榜的学生，到秋季再考一次录取者。高中毕业后，正值军人复员，因我对军人印象不好，遂到重庆投考大学。

那时我眼高于顶，西南联大的清华、北大、南开已于卅五年迁回北平，重庆仍设考区，我志在考取这几所大学，并未考虑四川的重庆大学。发榜结果，我都只考上备取，垂头丧气地回到家里。那时战乱业已展开，北方共军已经闹起来了，省外物价和省内相差好几倍，父母亲说家里没那么多钱供我出川读大学，我遂在家好好自修了一年。卅六年端阳节后，我又到重庆考大学，住进沙坪坝重庆大学的宿舍。这时我比较踏实，以省内的大学为主。也参加国防医学院的考试，但体格检查的时候我就过不了关，一起去的同学有一位既瘦弱且戴近视眼镜的却上了榜，我一向自信身体不错，为什么就落选了呢？我很不服气，跑去问招生单位，他们说我尿液里面有蛋白，我也不懂那是何种情形，要求他们重验，结果还是一样，尿液有蛋白他们就不收了。这时对自己的身体状况感到有点怀疑。

八月初，四川省境内所有的大学考试都已结束，当时资讯传播不发达，我在家乡看的都是三天前的报纸，而且大学招生的榜单也不一定登报，所以必须要等学校发榜看榜后，才能回家跟老太爷交待。我和同学就住在沙坪坝，每天上茶馆，或到嘉陵江边游泳，等候发榜。此时海军官校招生的广告在重庆大学的布告栏贴出来，有同学起哄说："听说海军的体格检查很严格，我们也去试一试。"我因报考国防医学院时体检不及格，也想再去验证一下，所以就和几位同学一起报了名。当时报名人数约两千余，体格检查合格者仅八百多人。或许海军的录取的体格标准与国防医学院不一样，我也合格了。另外几位同学说："好啦，我已经体格检查完了，笔试我们就不去了。"我说我要有始有终，缴了报名费，卷子要写它几张才甘心。所以最后只有我一个人去笔试。

海军官校招生

（一）全国招生

当时海军总司令是陈诚先生兼任，由副总司令桂永清先生代理。桂先生一生功过很多人评论，比方在所谓的白色恐怖时期乱抓人，没有弄清楚是非，让很多年轻人受了莫名的冤屈，这点如他地下有知，应于心有愧。不过海军官校从三十九年班开始是真正的全国招生，则可能是他的创举。在此之前虽通令各省保送，但很多省份没有保送，报考的多半是沿海各省子弟，以福建、广东、山东三省为多。其中又以福建人居多。同乡见面难免讲家乡话，然而福建的福州话特别难懂，福州人又多，所以造成海军以福建独大的现象。桂先生上台后就特别排挤福建人，这种心态也是不对的。胜利后他为冲淡闽系色彩，建设新海军，就招考各省青年进入海军，因此行文各省，要各省教育厅举办初试，然后送到南京复试。

卅五年我在重庆考大学，对海军招生一无所知。因是年海军官校初试招生，系在四川省会成都办理之故。卅六年四、五月间，据说桂永清先生曾派俞柏生中校到成都中央军校，准备在入伍生总队甄试二百名学生，充当是年海军官校招生的全部员额。该校学生传闻海军很好，大家都想去考，所以最后就变成不限入伍生总队，只要报名者均可参加考试。后来据我们四十年班五名由中央军校考进的同学亲口传述，在中央军校甄试后，成绩不便发布，因为几千名应考者当中，符合海军官校入学标准的仅有两位，另外又勉强取了成绩差一点的三名，其中一名还是即将在军校二十一期毕业的，所以最后就只录取了五名。桂先生因自中央军校招生不理想，只好扩大全国招生。

三十九年班初试系由各省教育厅主办，四十年班就改以各院辖市为据点，作为考试区，由海军派专人去主持考试。全国共分九区，分别是西安区、昆明区、广州区、重庆区、武汉区、平津区、京沪区、台北区、新加坡区。官校取二百名，机校取一百名，因为那时全国号称有四亿人口，取两百名等于是二百万人口取一名官校学生。机校学生是四百万人口取一名，按各省人口比例考试时加倍录取。四川那时号称有四千万人口，按上述比例，初试应招官校学生四十名，机校学生二十名，再集中到南京复试，各取二十名和十名，其余落榜学生仍由海军发给旅费回乡。机校考取者为第一期，本系四十年班，刘曙晞就在这班之中。该校卅八年初自上海高昌庙迁马尾后并未开课就耽误了，所以改成四十一年班。

这种录取标准是不让学生彼此比较，比方以四川和京沪地区高中学生的程度来比较，特别在数理和英文方面有相当差距，因此以各地区的标准来考，取一定比例的名额，即使取不到那么多，也一定要取，到南京再统一标准录取。

（二）重庆初试

重庆考区系委由重庆大学办理试务，那时已是八月中旬。

海军初试的题目，都是比较基本的东西，并不难考。譬如我们那时准备一般大学考试的大代数，必须准备联分式、排列组合、或然率等题目。可是海军考的数学则有些是代数的基本定理、求证问题，比如：任何数字的零次方等于一。这是一个定律，别人只晓得用，但我却能 derive 出来。还有一题，一元二次方程式：$ax^2+bx+c=0$ 求根的通解 $x=\frac{-b\pm\sqrt{b^2-4ac}}{2a}$，如果你不能分解因式，就演算不出来，这也是一个定律。我读书都是先把最基本的定理弄得清清楚楚的，因此看到题目很合我的胃口，考完后也很满意。国文的作文题目是“物尽其用说”，也就是国父在青年时《上李鸿章书》中的一句话。我自认自己这篇作文发挥得淋漓尽致，很感满意。但这时我对海军还是没什么了解，因为还要用英文口试，才临时恶补，把巡洋舰、潜水舰等海军名词认识一下。

八月底发榜时，我有如惊弓之鸟，前一年我铩羽而归，所以到重庆大学看榜，就不敢从前面往后看，而是从后往前看。结果我竟然考上矿冶系第二名，当时前三名可以申请公费贷金。抗战时期在后方念大学大多数人都可申请公费或贷金，只要是沦陷区的学生，或是家境清寒，都可以申请，形同免费就读。这种举措真是了不起，蒋委员长和教育部长陈立夫在这方面贡献很大。有一年陈立夫先生到港务局参观访问，局长不在由我接待。我一见到他就说："报告部长，您好。"他愣了一下，问我怎么晓得他是部长。我说："您不认得我，我认得您。民国廿六年我在后方念小学，您就是教育部长，还有铁道部长是魏道明，这些都要考试的嘛。"他听后哈哈大笑。但抗战胜利后，公费就取消了，只有每一系的前三名才有资格以清寒证明申请贷金。所以如果我要念重大，家里的负担也可以减轻。

海军发榜我也是从后往前看，愈看心里愈发毛，怎么还没我的名字，结果最后一个就是我，亦即我是重庆区初试录取的第一名。后来我去查考试卷，数学我考八十几分，那时考大学，一般只要考六十分以上就有希望了。考上后，立刻向海军重庆办事处报到，准备出川。

（三）保留重大学籍赴南京复试

我马上写信向父亲报告，考上重大矿冶系第二名，可以申请公费，海军学校也考上了。我在小学念常识课时，知道南京雨花台、北极阁、鸡鸣寺、灵谷寺、中山陵等历史名胜，至为向往，有这个机会出川一游，使我极想到南京参加复试，而且复试只要向海军报到，吃、住、交通，完全由海军负担，我只带少许零用钱即可。在那个年代，想出川到南京、上海，比今天到美国还困难，因为外省物价比四川高出好几倍。譬如在重庆市吃一碗最贵的鸡丝面是一千五百元法币，在大学的福利社（辅食部）吃一碗猪肝面是五百元，可是一出川到武汉，吃一碗阳春面四千元，到了南京阳春面就要七千五百元，而重庆阳春面还不到三百元。所以如果不是公家出钱的状况下，我根本不可能出川。父亲回信说："你有这个志气想出川去，我同意你，但你得先到重大请求保留学籍，万一你海官校取不上，回来仍可以念重大。这件事办不好，你不准走。办好了之后如果还有时间，你回家来一趟，如果没有时间，办好后到重庆亲戚那里拿些零用钱就出川好了。"

当时重大教务长郑衍棻，是有名的物理学家（前几年我回乡探亲，郑先生还是名教授之列），我写个报告就直接找到他家里去。郑先生说："我们只是录取你，你没有注册，还算不上我们的学生。"我说："教务长，青年报国之途甚多，我很想去考海军，但万一取不上，回来还可念书，您给我保留个学籍嘛。不然您可以准我假。"我一直缠着他，最后他说："好，我保留让你晚一个月注册。"我想一个月应该差不多了，他在我的报告上就批了，我就拿着这个报告，以备将来回来有个凭据。此时海军马上要报到了，我没有时间回家，就写信向父亲报告学籍已获保留。所以很多事情真是天意，基本上我并没有意思一定要参加海军，抗战胜利后政府要建新海军，我很同意，但其时并没有深入了解。

接着又照父亲的指示，到亲戚家拿零用金。我这位亲戚是重庆宝源煤矿公司的运输处处长，晓得外面的物价。他问我要多少钱？我想我为了考学校在重庆住了三个多月，十万法币都没花完，所以算算之后，向他要十二万法币。他眼睛瞪得铜铃般大，说："你十二万够打发什么呀？你起码给我带一百万走。"我没到过南京，不知道外面的情形，频说太多了，不需要这么多钱。几经还价，最后我带了三十万法币动身出川。

卅六年九月六日，我们在重庆朝天门外，坐摇橹的舢舨上了下锚长江中的永绥军舰。该舰是江防舰队的旗舰（一九九一年九月二十六日，叶昌桐当总司令时，有一次在新滨码头主持新舰展示会，我受邀去参加，在那里我又见到永绥舰图片，曾与之合影留念），虽然烧锅炉，马力却很大，可以溯川江上驶至重庆朝天门江面下锚。永绥舰很漂亮，舷梯的铜栏杆擦得雪亮，我还摸了摸，问人家是不是镀金的。上甲板是用木头做的（似乎是栗木，硬度很大，膨胀系数很小，吸水度也很低，是专门做甲板的木头），洗得很干净，士兵每天要用椰子壳和白沙擦洗木甲板一次，很多人的餐桌

1991 年 9 月 26 日海军 AOE-534 舰泊高雄港新滨码头，举办“认识海军”巡回艺文展，马顺义与永绥军舰照片合影，因三十六年间，乘此舰由渝出川，顺江东下赴南京投入海军，是踏入海军之桥梁

都没那么干净漂亮。我一上船就问接待我们的人：“这艘船是巡洋舰还是航空母舰哪？”可见那时对海军毫无概念。

舰上的军官与士兵清一色是福建人，都讲福州话。那时是我第一次接触福州话，听不懂他们讲什么。他们的话里面经常出现“安口”（anchor）、“瞎口”（shakle，锚和锚链环的英语发音），还有些音听起来像英文；我们就想，海军真是不得了，他们都讲外国话，不晓得是德文还是英文。其中只有一两个帆缆兵是山东老乡，青岛中央海训团毕业派在船上服务。我们一上船他们就说：“哎呀，你们上来了我们可以讲话了，否则我们也讲不了话。”接待我们的是位高姓枪炮副，也是福州人，国语讲得很别扭，对我们很客气。

在船上用餐，每餐四道菜，因为以南京的生活标准发的副食费，到四川可以吃大鱼大肉，所以我们觉得海军的伙食很好。之后才慢慢看了船上的各部门概况，士兵也很乐意与我们谈话，我对海军才稍微有点入门的感觉。

九月七日起锚东下，当时长江航标不够，永绥舰夜晚不能开航。这是我第一次随大江东去经过三峡，我们整天在甲板上看风景，印象非常好。（最近我回大陆，人家要我看三峡，我说我不去了，除非大陆重光，我才要去。因此我回乡纯粹是探亲，绝不旅游。如果我花钱观光，那就是“资敌”，与其这样还不如将钱交给弟弟妹妹，虽说这样也是间接“资敌”，但至少弟弟妹妹花用过一次了。）我们在安徽贵池下锚稍停，九月十六日到达南京，靠下关海军码头。

我们是各考区到达南京最早的一批，因为当时已开始戡乱，各地交通便捷程度不一，像西安区必须先坐飞机到北平，然后乘海军的船到上海，再坐火车到南京，与我们在长江上一泻千里直下南京不可同日而语。一直到十月八日，最后一批考生才到齐。因此双十节过后的第二天，我们才开始复试。

复试先在丁家桥中央大学附中笔试，考了一天半。最妙的是在海军总部的口试。海军总部在南京下关挹江门入口处的左侧，先是中文口试，七八个官员围坐成半圆形，中间有个单独的走道，走道上用白粉笔指示向前走几步坐到哪里，军官就看我们走路的姿势和仪态，然后发问。当时选海军军官，仪容一定要端正，麻脸的不行，五官不端正的也不行。那时我们每个人都是第一次看见这种阵仗，觉得比选女婿驸马还要难以过关。中文口试之后又有英文口试。

十一月发榜，之后在青岛的海军官校派副总队长李后贤（马尾六期，后来留在大陆）来接我们，我们就等船到青岛。在此期间，我们暂住下关海军第五医院靠江边一排空房子，此地曾办过海军补给军官班。学校发了制服，队长将我们编队出操，每天讲解一些海军礼节及常识，我才算比较正式而有系统地接触海军。十二月二十八日我们上中建军舰（当时副长是陈东海先生）离京赴沪，在上海停留一星期（卅七年的一月一日至七日），一月九日才到青岛。船一出海后才晓得当海军会晕船，以前完全不知道这回事儿。

（四）青岛入伍

我们应当早在卅六年十月就进青岛的海军官校，结果次年元月才进校，所以进校后马上展开入伍训练。每天上午陆操，是标准的陆军训练，下午就赶着上前段耽误的课程。课本完全是美国海军官校当时用的教科书，连普通科学、球面三角等都是从美国运来才开箱的全新教材。我记得理工科用的计算尺，我们在重庆时都买不起，只能两三个人合买一支，然后再让售给后期的同学。还有绘工程图用的仪器，最好的是德国制，也都非常昂贵。但我们到海官校后，用的都是全新的器材，而且一人一件。当时有许多山东大学的教授到我们官校兼课，如赵良五、祝楣、李天钧等，都教得非常好，我才慢慢了解海军。我还写信回四川给当年一起参加海官校体检的同学，要他们明年赶快报考海官校。

我们在三月底入伍期满，学校发布一个术科和学科综合考核的榜单，我还是按照在重庆的习惯，从榜单后面开始看，我得全年班第五名。第一名是咸梦松（已故），他与刘和谦先生为高中同学，抗战期间参加青年军，那时他是浙江大学数学系一年级，在青年军做到营指导员。抗战胜利后复员，又回浙江大学继续念数学系二年级，再来考海军官校，所以程度比我们这些高中毕业生好很多。我当时原自认为自己是四川乡下的土包子，没想到在四川初试是第一名，到入伍训练后的考核还考第五名，可见可以拼一拼。所以入伍期满的第二个学期开始，我就更用功，翻坏一本字典。官校除了文史科目外，全是原文，我用袖珍字典 K 了三个月后，就可以把字典丢开轻易地看懂了。第二学期结束，我进步到第二名，更加深我可以一拼的念头。

那时魏济民校长很认真，学校办得非常好，当年他如果没有受到政治上的挫折，能够把我们带到厦门，再带到台湾，让我们这几年班全部毕业，那么海军整个的风气都会变。他真是了不起。我们尤其敬仰常香圻老师，他与魏校长同一班，都是马尾五期，虽是福州人，但在北方长大，国语讲得非常好。他真是有高智慧的人，当时担任训练处（等于教育处）处长，除了文史课以外，不管数理课程哪一个教官请假，他拿了书就去代课。上过大代数、微积分、电机、航海等等，语言表达非常好，同学曾对他说："处长，我们不要那个老师教，您教好不好？"他学问真是好得不得了，我们到现在都还很尊敬和怀念他。

在青岛那段时期，由于魏校长的领导，每位学生的荣誉感非常高，考试都是荣誉制度，没有人作弊（偷偷摸摸的可能有，但不敢明目张胆）。年班和年班之间都非常融洽，三十八、三十九年班学长对我们只有辅导没有虐待，我们也非常尊敬他们。所以那时候开始，慢慢对海军很有兴趣，加上自己的成绩很好，有正面的作用。当时每学期结束都发一个榜，按榜次再重新编班，共分八个班，第一到八名是甲、乙、丙、丁、戊、己、庚、辛各班的班长，第九到十六名是各班的副班长，第十七到廿四名为各班的

1992年4月4日在台北福华饭店欢谯睽违四十三年的魏济民校长暨夫人

第三名，如是周而复始，重新编组，使每班程度很均匀。每学期都这样重新编组一次，这样同学功课容易调和，程度也容易拉进。在这八个学期中，我都在前三名，有两三学期也考过第一名。毕业考后第一名是邱永安，他是新加坡华侨，一九七四年退伍回新加坡，李光耀很快就任命他为海军副司令，第二年升任司令，前后做了九年，直到退休，新加坡海军的制度是他建立起来的。（原任司令是一位印度人，我当舰长时曾到新加坡访问，见过他，此人海军学识平平。）我是第二名，第三名是梁纯铮，后来曾任海军副总司令。第四名是雷伯龙，他进海军官校前在西北大学念过一年，脑筋很灵光。

我在学校里面各科都很平均，几乎每科我都有兴趣，而且每样学科上课我都能专心听课，了解得很彻底，下了课马上复习一遍。特别是理工科的应用力学、材料力学、热力学、电机、电子等都要做习题，老师要我们做习题的单数题，或双数题，但我找时间全都做了。不过我绝不开夜车。因为对任何一科都务求通晓，所以在初中、高中背的优美诗词，到现在我还背得出来。如杜甫的《后出塞》是我进官校（或高中）时国文课选的一首诗，我看了之后觉得非常眼熟，后来记起幼时启蒙前，母亲把这首诗当儿歌教过我。因为"男儿生世间，及壮当封侯"这两句是在我四五岁时就背过的，看了后面的诗句，唤起我的记忆。我的笔记做得很快，我记得我们在厦门上世界通史，厦门大学的这位教授讲课讲得很清楚、较慢，老师一讲完，我的笔记也写完了。后来学校曾把我的笔记拿去展览。我曾告诉我的儿子，如果我念文史，或许也能小有所成。

毕业典礼时，蒋中正"总统"亲临主持，他对毕业生一个一个点名，点名的时候，校长对一些较冷僻的字就应该注意。依四十三年班同学说，当他们班毕业点名时，"总统"点到亓丰瑾，就愣了一下，回头看总司令，梁序昭先生也不会读这个字，就回头看校长，校长马上趋前说："报告总统，这个姓'亓'。"才顺利点了他的名。若"总统"不会念这个字，念成其他音，或许就成了"赐姓"了。

太平舰遇袭

太平军舰作战是在一九五四年十一月十四日凌晨一点半钟，出港在十三日将近子夜。当时舰长是唐廷襄上校，副长宋季晃中校，轮机长是周相辉上尉，宋、周二人都在当时即阵亡。我是通信官，相当于现在的作战长。航海官是三十九年班的陈永才，枪炮官是三十九年班的周官英，当时我们都是中尉，舰务官最资深，是李长孝上尉（军官队的第七队第二组甲、乙班航海），我是最资浅的一位，刚升中尉不过一年多。然而当年舰上军官不像现在那么拥挤，只有几个年班毕业，虽然我才毕业第三年，但已上太字号当部门主管。汉阳、洛阳在一九五四年八月回国，可是当时仍以太字号为作战主力。

（一）定点定线巡逻

那时国军仍据有上、下大陈岛，其周边岛屿如渔山、披山、一江山等，仍在国军的掌握中。陆军设重兵驻守在此，防卫司令是刘廉一（他的身材与面貌与经国先生非常神似。有次他坐我们的船到大陈，早上一起吃饭，我看见他，饭后问副长：为什么经国先生来了？副长告诉我不是，他是大陈防卫司令）。海军也设巡防处于下大陈。当时在台湾海峡有所谓的“中美巡逻线”，也就是美国第七舰队协防台湾，派驱逐舰在台湾海峡外线巡逻。我们则从上、下大陈东口出去，往北到渔山，往南到下屿，南北全程约十九海里。

那时我们接到的作战规定是：每天晚上一定要出海巡逻，白天则视状况而定。巡逻时，不管用何种速率，从日落到日出，一定要两度到达南北端点。照规定的航线，不能 off course（离开航线）五海里以上，等于是定线定向巡逻，巡逻舰自己能变化的弹性很小。我们与美军也有一定的无线电话通信联络，当时的双方无线电话的周率是 HF2096 千赫，这是一种高周率的无线电话网，也是美军的海峡巡逻舰的战情通信网。美军呼号是 By Gosh，我海军的呼号是 Radio Joe。每艘太字舰离开基隆到此海域巡逻五天，然后再回基隆整备。

作战当天晚上本来天气不太好，而且也没有什么状况。那时大陈特种任务舰队指挥官是宋长志先生，这是任务编组的职务，他本职是登陆第一舰队的司令。十一月十三日晚上上级本来下令不要出海巡逻，在大陈港区内抛锚警戒即可。因为连巡好几天，不出任务，官兵心情都轻松下来，副长、轮机长都在官厅打桥牌打到很晚。我因为要值零点到四点的更，所以很早就睡了。通信官的房间在官厅隔壁，中间仅隔一条帘子，当天二十二时半左右，我听到他们说："电报来了，今天晚上又要出去，要暖机了。"我也就醒来。他们起锚出港，刚好也是我将接更的时间。

（二）鱼雷快艇来袭

是日天候尚佳，海象两级到三级，非常好。但能见度较差，有低云层。我们出海以航向正北 000、速率十节向北往渔山方向航行，约在一点三十分左右，雷达发现方位 330 有四个快速目标。我一听报告，立刻拿望远镜往这个方向搜索，看见少许白浪花，表示他们正在加速。我又往设在驾驶台的雷达复示器一看，看得回迹很清楚。马上透过话管向战情中心下令："你们特别注意，我在上面已经看到浪花了，赶快测算出他们的航向、航速。"并下令警戒中的舰尾的三十二炮（太平舰三门三吋炮之一）和驾驶台前的四十公厘炮，对准方位 330，距离 6,000 码追瞄。这时我立刻以电话向舰长报告发现目标，是否要拉备战？舰长同意备战。我又报告警戒炮已经瞄准，是否可以先发射？舰长说可以。我一面讲电话，一面拉备战警报，同时令警戒炮开火。大家就炮位。那时大陈海面相当冷，都要穿棉夹克，当弟兄们听到备战警报器一响，马上炮声就响，大家就晓得今天晚上不对劲，所以官兵警觉心特别高，大家就炮位的速度也很快。

在此紧急时刻，我向舰长报告、拉备战、令警戒炮发射，这几个动作几乎同时进行，同时令机舱备便四部主机待令增加速度。此时舰长刚刚上驾驶台，虽然能见度不佳，但到距五六千码的距离时，用目视即可看见中共鱼雷快艇因高速扬起的尾浪，并看见他们发射一排四发鱼雷，我们马上用右满舵躲掉一排鱼雷。但后面又来一排鱼雷，我们的船向右转时，第二排鱼雷的最右边一发击中船身左舷中段，也就是IC（舰内通信）的控制舱，电罗经也在这里。在未接近鱼雷发射距离时，我方炮声即响，在战场心理的影响下，我舰一被击中，中共鱼雷快艇掉头就跑。我舰也失去动力。

舰身被击中时，舰长正叫我下达一个车舵口令，事后发现，当我低头就驾驶台的话管下达口令时，身侧左方有个与我肩膀等高的四方形铁箱，里面摆放驾驶台值更官和副值更官瞭望等用的多副望远镜，因舰身被击受震而呈抛物线飞起，下降时盖子松动，里面的一个望远镜伤到一名信号兵的头部，我假如当时不是低头发口令的话，这放望远镜的铁箱飞起时，就直接打在我的头上了，所以战场上的安全有时是很巧合的。

当时我的步骤一个都没错，要是有一个错误，结果可能全舰官兵都无法回来。至今想起，我仍为当时自己的举措感到肯定而满意。那时我仅仅是中尉，刚离开学校第三年，处理这个状况，我觉得自己通过了相当的考验。

（三）修理通信设备

中共鱼雷快艇跑了，我们的船失去动力也停下来。舰长因刚要上驾驶台，还没站稳舰即中雷，他因船身剧烈震动而跳起，头顶撞上驾驶台天遮的支撑杆而破皮流血，但并不严重。唐舰长是个很资深的舰长，太平舰被中共鱼雷快艇击中，他的心情可以想见，自然有点紧张。他马上高声连说："发 PG2！"，这是大陈特种任务舰队无线电话的密语。我是通信官，负责掌管 PG2，那时已没有电源，电信上士就在驾驶台下方的电讯室，他立刻跑上来跟我讲："报告通信官，前电信室的电报机完全不能用了，天线整个从桅顶掉下来！"我叫他马上到后电信室和大陈联络。后电信室系紧急通信电信室，有电瓶供电的 TCS（收发报机），TCS 电力很小，只有 35 个瓦特，和前电信室一百个瓦特的 TDE 以及两百个瓦特 TBL 差很多（二者皆是高周率的发报机，电话、电报两用），但可供紧急使用。此时航海官也来了，因为备战时，值更官是航海官，这时我就把值更官的棒子交给他。向舰长报告后，我就到后电信室去和大陈联络。一到后电信室，电信上士、电信中士（备战时部位在此）、电工都在修理。但是仍然联络不上特种舰队部。因为当时特种舰队部使用高能量的话机通信，大陈收报机的 receiver 音量就转得很小，以免信号太强耳朵受不了，但我们 35 瓦特的信号就插不进去。在这种状况之下，始终联络不上。此时舰长频频派传令兵询问联络上没有，和旗舰联络不上，舰长当然焦急，我也很急。最后我和传令讲：向舰长报告，如果联络上了，通信官会亲自上去当面向舰长报告，我没上去表示没有结果。此时前电信室有个人来向我报告，现在只是天线断了，机器已经检查好，可以使用。我说："好，把 TBL 和 TDE 两部强力发报机的天线，用信号旗绳拉上桅顶去，以恢复天线的功能。"虽然不会很理想，但总是能用。我要他们能用了就马上报告。大约半小时以后，他们报告说可以联络了，我马上向旗舰报告，此时都用明语了。

（四）损害情形

太平舰中雷后，前甲板马上浸水，可是后段很好，后机舱和后马达舱以及后段的发电机都还能用，当我们向旗舰报告时，舰身已稳定住不再下沉。我们马上把后段电源接上驾驶台及战情中心等部位，尽管船尾翘得很高，几乎离开水面，但车叶还能打到水，雷达也还有相当功能。我们乃将左主机开动，开退车，操人工舵，从渔山慢慢往南走。一直到十四日早上五点多，航抵大陈东口。宋先生在旗舰太和上面，还有一艘永春舰，舰长是葛敦华先生，另有一艘中字号的修理舰衡山舰，都一起从港口出来与我们会合。途中我们才开始清查人员及伤亡情形。当场阵亡的军官是副长和轮机长，副长室和官厅损害最严重，甲板整个打穿，一中雷他就被震爆力抛起，掉到甲板下面找不到了，轮机长亦复如此。

（五）拖带与弃船

1. 保船建议

到大陈东口与旗舰会合后，太平不再继续下沉，且已恢复部分电源，马达也勉强可以使用。舰的左舷有个吉普车大小的中雷口（我没看见，是后来听人描述的），我向舰长建议，现在离大陈东口大概还有九到十海里，天刚拂晓，衡山是修理舰，干舷比较高，我们令帆缆队把十几床棉垫缝成一大块垫子，遮盖损害口，让衡山舰旁靠着左舷，避开受损的部分，船尾靠近一点，旗舰太和则旁靠我们的右舷。然后二舰都用六条单缆系起太平舰进行旁靠拖带，每条缆部位上备便太平斧，万一紧急时可将缆斩断，而各自驶离两舰也不致跟着太平下沉。当时海象只有二到三级，风速只有五节左右，是非常理想的天候，如果能这样做，就算以三节的速度行走，三个钟头就可以到大陈，如果走五节的话，两个钟头就可以进大陈。也就是在中午以前就可抵达，衡山舰可以马上进行修护，用铁板焊补中雷口以后抽水，太平舰又可以浮正起来，再用拖船拖回台湾。

我向舰长建议后，舰长以无线电向旗舰的宋长志先生报告，后来我不晓得什么原因没有采行。当时我仅仅是个中尉，如果我是舰长或指挥官，有军官作这项建议，我考虑海象和距离，且当场有修理舰，或许会采用，但后来他们并没有这样做。我到现在还认为我所提出的方法可行。

旗舰太和还是来拖，但仅系按照一般正常的程序带一条钢缆来拖，拖缆的长度只有三百呎，因为太平舰首已经下沉，所以缆绳连接舰尾拖行。但这种方法使得太平舰受损的裂口加大，同时回大陈是横向受东北风，故拖约一个钟头以后，在距大陈东口约九海里的地方，太平的后机舱就进水了，这时没办法了，旗舰发信号过来："弃船"。

2. 弃船

海军最不愿意作的就是这个决定，但此时已别无选择，旗舰太和与永春舰都放小艇下来，先运受伤的官兵，太平舰上未受伤的官兵则全部集合在舰尾。此时舰长告诉航海官，要他到舰尾指挥官兵弃船跳水。航海官受命后离开驾驶台，只剩下舰长和我，我报告舰长："后面的人已慢慢下水，往友舰游去，舰长您也要准备走啊！"舰长说他不能走，我就到海图室把当时用的海图、航泊日记、无线电话记录全部叠卷起来塞到救生衣里，因为我是值更官，身上还有一把点四五手枪和两个满装弹夹及手电筒。我看舰长只穿件棉大衣，没穿救生衣，赤着脚。我就把他的棉大衣脱掉，帮他穿上救生衣，然后把自己穿的黑底胶鞋（回力鞋）脱给舰长穿，自己只穿黑色棉线袜，否则在海水中光脚很容易受伤。同时报告舰长航泊日记、海图，以及通信部门的密件、信号与电信的密件资料，都已由士官兵用信号旗包好带走。此时舰继续下沉，我们的脚下都是水了。我护着舰长走，手扶着天遮杆往上爬到驾驶台上半个人高的防护铁板顶上。我刚扶着舰长爬上去，水就淹到胸口，我抓着舰长一拖，很快游泳离开，因为此时船体已经急速下沉，我们二人已浮在水中了，不迅速离开的话，船身下沉的吸力会把人整个吸下去。

我们很快脱离船体下沉的吸力范围，打水浮出海面。永春舰的小艇很快过来，我招手说："舰长在这里！"先把舰长救上去，因为艇上已经很多人，他们还要救我上去，我说："没关系，你们先把舰长送上舰去。"等舰长安全上艇后，我就比较安心了，慢慢地游。回头一望，那时约早晨七点多钟，太阳刚出来，照在旗舰太和的桅顶上，我看见它挂着太平军舰的呼号旗：DESIG，D2。我当时感觉很不舒服。在此之前，我既不紧张也不恐惧，也不会忧虑，只是马上处理一件又一件的事情。当时处理每个程序都很恰当，也没有神志不清的状况。然而我是通信官，当最后一眼看见旗舰呼叫我，以后再也看不见我舰的呼号旗了，这时心中才开始有点感伤。

游了一段距离后，慢慢在海上漂。此时碰到一个电信下士张彬，他用信号旗把电信室所有的通信密件包起来带在身边。通常陆军作战面临最艰苦的阶段，所有通信密件要不就全部带走，要不立刻销毁。海军没办法烧，所以备有沉水袋，在大帆布袋下面装有很重的铅块，袋上有许多洞，把密件放进去，一放下水马上沉到海底。但当时沉水袋找不到了，所以就用信号旗包着。他告诉我他游不动了。我说："好，你那包密件拿给我。"这时我身上除了救生衣外，有航泊日记、海图、无线电通话纪录、点四五手枪、七发子弹的弹匣两个，现在又把这密件信号旗包的资料带在身边。过不了多久，我就游到永春舰左舷，舰上的部门主管都是我的同班同学，我看到四十二炮炮位上有枪炮官韩景浴在，我叫他一声，他脸色都变了，原来在四十厘米炮位上指挥，立刻站到舷边找几个人来捞我，我先将密件绑在绳上给他们拉上去，自己再拉着绳子要爬上去，此时才发现双手已毫无力量。后来我把绳子在身上绕了两圈，他们四个人才能拖我上去，送进永春官厅。

3. 生还者

经过永春中段的饭厅，里面有很多太平舰上的生还官兵，我看见医官正在对有缩阴现象的人急救（缩阴是指人在冬天掉到水里后，被救起来时因气温急骤下降，生殖器会往腹内缩，据说很危险），医官替他们热敷后马上就好了。那时大陈气温约摄氏七度，水里并不冷。我被捞上来后还是雄赳赳、气昂昂地走进官厅，好几个同学来帮我把衣服脱掉。我请他们将我手上的表，以及一只派克的Blue Diamond钢笔清洗后，帮我保管好。穿上同学给我的内衣裤，躺在床上，我马上发抖，盖两床被子都觉得冷。我随即问有没有白干，请帮我倒半杯来，然后一口喝下去，十分钟不到马上就起来穿上同学的衣服，到舰上清点太平舰被救官兵并造名册，到下午才靠大陈。一共有二十八名阵亡，生还一百四十多名。

有位比我资深的上尉军官，他没受伤但却几无意识，甚至两三天后还不能管事，发衣服时他不来帮忙，还问我："通信官，我的衣服在哪里领哪？"已经惊吓过度了。

4. 惩处记过

太平沉没一事，对唐廷襄舰长没有什么大的影响，因为他是很资深的上校，比李北洲先生还资深。我个人对唐舰长非常敬佩，因为他为人非常严谨，生活很规律，要求也很高，但个性比较急一点，急起来就吼。不过我做任何事情没有让他不满意的状况，所以他从没有吼过我。他是广东人，一急广东话就出来了。尤其在驾驶台上，他叫："右马头！（右满舵）"人家听不清楚，他就更急了。他是一位好好先生，受这个打击后，少不了受许多责难。特别是政战部门，如果这次作战他跟着船沉下去，就可以大做文章了。他虽被记了两个小过，不过升迁没受什么影响，回来就调总部情报署当少将缺副署长。后来在这个职务上晋升到少将军阶。

5. 建舰复仇演讲

十一月二十日我们在台北召开"中外"记者会，说明事件经过。记者提了哪些问题，我已经记不得了。没多久，"救国团"安排我带着一位雷达兵万伯渊和一位枪帆兵刘士求，环岛宣导建舰复仇。第一站在中山堂的堡垒厅，台北的大专院校学生都来听讲，也到过成大，环岛旅行讲了一个月。那时"救国团"由一位高阶长官陪我，从左营坐火车卧铺北上，这也是我第一次坐卧铺，在那个年代，以一个海军中尉的月饷，平常根本坐不起。一下火车，吃了早点，就到中山堂。进场一看，来了许多台北的大专青年。北上前我请示过舰长，承指示以讲述作战经过，激励青年为主。我从来没面对这么多人演讲过，可是很奇怪的是，上台后如有神助，不慌不忙地侃侃而谈，还很自然地会在讲到某一段落后暂停下来，让他们鼓掌。第一场讲下来后，"救国团"的陪同官员告诉我："通信官，你讲得好耶，大学生鼓掌不是我们安排给你鼓掌的呀。"我也觉得奇怪，这是我生平第一次面对这种场面。后来有些同学听收音机后问我：你怎么那么能讲呀？我说我也不知道呀，因为主要是为鼓吹建舰复仇，我只是将身历其境的作战情形转述出来而已。

我在左营海军官校念书时，有许多成大理工科的教授来校兼课，如教电机的王载先生（浙江人），他那时非常时髦，常去打撞球，课教得非常好。教电子的张去疑先生也非常好，他们本来是空军通校的老师。还有周肇西等先生，大部分是东北人。我环岛到成大时，其中一位教热力学的胡成章先生，他看到报纸对我有印象，所以那天特地跑来对大家介绍说我是他的学生。胡先生也是成大平剧社的票友，唱老生，当天晚上在他们平剧社专门为我唱了一段“李陵碑”。胡先生教课的方法不怎么好，但很实在。

（六）与中共战史记载的商榷

中共文件所述我海军太平军舰，于一九五四年十一月十四日凌晨，在浙海大陈列岛之渔山海面，遭其鱼雷快艇偷袭战况中，与事实不符者，概要说明如次：

其一：太平军舰于该次巡弋任务中，在遭受偷袭稍前，舰上平面搜索雷达，已发现该组小型快速目标，并由值更官先令警戒炮两门对其追瞄（时战备规定为：巡航中三分之一舰炮备便警戒，是日舰上备便三吋炮、四十公厘机炮各一门），且于迅即报告舰长后，立令警戒炮开放，射击该组目标，同时拉备战警号，全舰备战。但因目标小而高速，到近距离时方能为雷达发现，致反应时间短促。在全舰火炮完成备战有效发射前，仅赖警戒炮二门之火力，不足以阻击其高速逼近发射鱼雷之有效距离，而终为其偷袭所乘。但在中雷前及受创后，舰上警戒火炮，皆持续向之射击，直至远逸而止。其时之舰炮皆为人力操控，在舰身中鱼雷瞬间所产生之强震及少许倾侧，炮员难以及时反应调整射角，而有暂时显似对空射击现象，旋即调整为继续射向水面，追击该组窜逸雷艇。并非如所云：“……以为是被飞机炸中……向空中放炮。”

其二：太平军舰受创时，曾短暂失去动力；但旋经各部门官兵迅予检查所主管之各项装备，立予修理、调整、调配；各修理班之损害管制作业，亦同时有效展开，很快即恢复后机舱主机之运转，左车乃能恢复使用，而紧急发电机也能自动启动供电。略经检查调整，使部分重要装备，诸如通信系统、雷达、舵机等，相继恢复部分功能。又由修理班之损害管制作业有效，使后机舱之前隔堵以后到舰尾约五分之三长度舰身，能保持水密完整，从而得以保全且维持全舰之正浮力，而未再继续恶化，仅艏甲板下沉至水面、艉微向上翘，维持此种态势，借左车航行，向南缓速接近大陈。

经近五小时之单车南航，至清晨六时许，抵大陈岛东口以东约十二浬海面，与驰援之旗舰太和舰，及永春、衡山……诸友舰会合。并非如所云："太平号失去动力，随浪漂泊了一个多小时……"

我海军太平军舰受中共雷艇偷袭，去今已四十四年，其时大陈岛当面，敌我态势消长对比，我日趋劣势，补给线太长，空军远程支援又力难从心，皆犯兵家大忌。海军在缺乏有效空中掩护下，长期巡弋海上，任务繁忙，而整补时失正常，官兵疲惫过度……在在使人不胜感慨：往事如烟，何堪回首！兹就记忆依稀所及，概述如上，俾供参考！

〔按：中国大陆出版的战史，对击沉太平舰之记载大同小异。访问者提供胡彦林主编之《威震海疆——人民海军征战纪实》（北京：国防大学出版社，1996 年），页 219 内容，供受访者马先生参考。马先生对其中两点叙述，提出说明如上。另外，于北京市军事博物馆内陈设之击沉太平舰之"功勋鱼雷快艇"旁说明牌，亦强调："我快艇由于动作神速，又利用了夜间掩护，敌人竟未发现，误认是遭我空军袭击。"〕

舰指部通信官

太平遇袭回来后，我坚决不下船，要继续上舰服务，最后黎玉玺先生把我调刚成立不久的舰队指挥部当通信官，黎先生就是以海军副总司令兼任第一任的指挥官。后来我才知道，其实我调舰队指挥部通信官的命令，本在一九五四年十一月一日生效，我就应当向舰队指挥部报到，接我的是三十九年班的同学林开。据说当时唐舰长看到这个命令，因为他当太平舰长以前是总部第一署第一处处长，第一署是人事署，第一处管军官调派，对整个程序非常清楚。他一看这个命令就到舰指部请他们晚点发布命令，因为他马上就要到大陈驻防了，他的通信员在受训，如果把我这个通信官调走换一位新手来怎么办，请舰指部暂缓，等我到大陈服一个防务（三个月）后回左营，才把命令发布让我离开。但事先并没有告诉我。

黎玉玺先生为什么要调我一个小小的中尉呢？原来在一九五四年六、七月间，总司令梁序昭先生刚上任不久，在《海讯日报》上公开向官兵征求建设性的建议，三点五点不拘，写成建议书给他。同年七月我正好患盲肠炎开刀，出院后，船已到基隆，我与官校的航海教官邱仲明先生很熟，邱夫人就叫我到他家里休息几天再回船。在这几天当中，我看见《海讯日报》的这条消息，那时我可谓初生之犊不畏虎，也有点莽撞，毕业出来第三年，把在海军中看不惯的不合理现象都写出来，连留美政策不对也提出来，洋洋洒洒写了十点意见。

其中最重要的一点是：海军应以舰队为第一，没有船，海军就没有存在的价值。因为当时的参谋幕僚，多半是文官制度出身的师爷，总部的各署处办公室，很少有一两个真正的海军军官，故签案办出来的意见不很在行，也不十分了解船上的状况。比如当年某舰申请靠码头用的六吋马尼拉缆，核申请单的人竟签拟："要六吋缆？打个折扣，给三吋缆即可"这样的笑话。因为哪一型船要用什么样的缆是一定的，只能因申领数量过巨，酌减数量，不可以核减大小规格的。

至于留美考试，因为当年美援初至，三军均派人赴美受训。例如海军派人学习攻潜，攻潜是个团队工作（team work），包含雷达、声纳、枪炮、鱼雷、深水炸弹等等，这有些应该由士兵去学，然而士兵语言能力弱，无法学习，故均派军官。此原无可厚非，但因为是士兵的课目，学习时数就很短，而里面又必须有反潜官、副长等受训时数较长的指挥官课目。可是我们每次派出者都是单一的课目，回来后做教官，无法发挥整合工作的效果。而且留学者回国担任二年教官期满上舰，又必须再派人赴美学习，以使该项专长接替有人，形成同一科目年年派遣，永远无法达成建军的目的。在这种情形下，我建议应当派整个反潜编组的官士兵出国接受训练，之后再将受训教材带回，建立我们自己的反潜训练编组，以此为种子教官，训练其余官兵。如此一来，不但国家省钱，学的也是完整的东西。

还有当时军官待遇微薄，我记得一九五四年，一个海军中尉月薪仅一百五十元台币，折合美金只有三元多。但到美国受训八周，节省一点即可余五百美元，利之所趋，官兵考留美的反而志不在学习，若有十二周或三十周的训练，大家竞相争取训期较长的科目而不计志趣。在困窘的经济条件下，此乃人情之常，不过我在船上就曾经碰到留美受训回来的军官，遇到顾问团的军官上舰时，都故意躲避，要我这个没留过美的土包子来应付，留美受训的“成果”可见一斑。而未出国者频频讨好顾问团军官，以便留美，赚取美元，让海军官士兵的志气都没有了。留美政策的错误，不但浪费公帑，也让美国人瞧不起我们。

梁总司令看到这些建议后大为欣赏，黎先生也颇为赏识。那时每个月总司令亲自在左营海军体育场主持一次月会（当时海军总部一半在左营，总司令经常在南部，司令台坐东向西，每月一次的月会参加者为机校、官校的学生，总部幕僚、舰队和陆战队的官兵代表），梁序昭先生不止一次在这个月会上向官兵讲：“我请官兵提供意见，信件收到很多，但许多人都是提私人的事情，有人说他上尉多少年还没升，有人说他已经结婚多少年还没配房子。不错，你们个人的困难总司令也应当替你们解决，不过与我的初旨不一样，我是希望你们提海军应兴应革的事项。只有一位海军中尉马顺义他写了十条，每一条都很有见解。”那时我船在基隆，我的好多同学事后都跟我讲：“老马，你出名了哦，梁总司令在月会上提到你好几次。”所以有很多比较资深的学长，没与我共过事也晓得我，就是因为这个缘故。黎先生也是看到我写的这个东西，就要调我去当他的参谋。这些都在太平舰作战之前，等到作战回来，我才到黎先生那里报到。

当了一年参谋，我最初在保养修护组，后来到通信组。那时通信组有通信运用科和通信计划科，运用科的科长叫李作堃，计划科一直找不到适当的科长。我一到通信组，一九五五年二月大陈就全面撤退，通信部门作业繁忙，夜晚几乎不大休息，组长看我这个小中尉处理各种状况都做得不错，就向黎先生报告，如果找不到计划科科长人选，就让马顺义代理好了。人事部门说不行哪，编阶是中校科长，中尉不行呀，规定最多只能代两阶，中尉顶多只能代少校，怎么能代中校。黎先生和组长决定以专案陈报，公事到总部，黎即以副总司令予以批准，所以我以中尉代三阶，代中校科长做了一年。一九五六年春我就离舰指部到丹阳做舰务官。

记过与进阶

我提这个，是因为海军有舰长应与舰共存亡的传统。尤其在二次大战中的太平洋战争时期，日本舰队战败，多数舰长都与舰共沉，故而上级可能对唐舰长也有这个意思。听说有人在一项检讨会上责备我当初不应为舰长穿救生衣，硬把他拖下来，所以我想这个传说多少有点真实，因为我到舰指部的第二年，也就是一九五五年四、五月的时候，有位高班的学长告诉我："老马，太平作战的时候你记一大过哦，舰长记两个小过。"我说："哪有这种事情，我没收到人事命令。"他说："你去看通令某某号。"我就去找这个通令，果然我通信官记大过一次，舰长记小过两次。

海军通字号的通令应该是每个单位都有，而且记过的当事人应该要发一张副本，可是我没有收到。我看记过事由写得不三不四，并不符合我负的职责，因此大为光火，就写了一篇很长的报告直接呈给黎先生。黎先生看了我的报告后，告诉我："马顺义，你这个报告交给朱参谋（同学朱普华）好了。"我就交给朱普华。但过了两个月没有消息，我第二个报告又上去。黎先生就叫我到办公室。他说："马顺义，你的报告我当面向梁总司令报告的，梁总司令也认为没让你当战斗英雄，没让你出国接舰（因为我当时还没入党），都觉得委屈你了。"因为若据当时情况，我不算首功，对减少伤亡也算是关键性的人物，结果给我记了一个大过，所以梁总司令讲："晓得委屈你了，但青年人没得关系，帮海军生的人、死的人代点过，算了，想办法给你弥补，让你明年升上尉不受影响。"总司令都这么讲，我也就认了，那时我也没其他的办法。

以中尉代中校科长的那一年，正好与美军检讨新的通信制度，特别忙，我铆足全力地干。组长和黎先生都很欣赏我，也很肯定我。可是那一年我的记功嘉奖却很少，印象中连嘉奖都没有。第二年我在丹阳，舰长是邱仲明先生，我应该晋上尉了，但第一批任官令中没有我，到最后一批最后一名才出现我的名字。我自己打趣地说："还不错，与总司令的名字挨到一起。"起初因为没有我的名字，我心里很不平衡，所以拿到这个东西后，在官厅里就讲："中国海军还有是非呀？今年不给我升上尉，我会火大，给我升了，我的火气更大。"舰上的李姓指导员一听这话，马上脸色一板就说："舰务官，你这什么意思呀？你这个牢骚发的没有道理！"他不说这话就算了，一说这我火更大。我就把前因后果讲给他听。我说："指导员，你听清楚了。海军如果真的有是非，我的报告上去，为什么晓得我受委屈，而不想办法给我弥补呢？我记了一个大过，比舰长还重，应当修正，或把它取消，这才是有是非呀！好，海军不这样子做，有所顾忌，安慰我，想办法给我弥补，让我升上尉不受影响。按人事法令规定，记大过的人，起码以后要记嘉奖两次以上的奖励，才可以抵消前面的大过，视为不足一大过。但我在通信改制这一年出了很多力，可是印象中一个嘉奖都没有呀！依人事法令我检讨都不能检讨，结果给我检讨了，也给我升了，那人事法令何用？海军法令不行嘛。"所以不升我很火大，因为我很用功，在班上不是最差劲的，而且离开学校以后，我一直以自己的成绩和服务绩效很有自信。刘和谦当总司令的时候，有一次请退役将官在官校吃饭。那时官校校长是顾崇廉，大家先参观校史馆，凡是每届前三名的同学，学校都会在铜牌上刻个名字，从三十六年班开始。顾崇廉就说："学长你看这个铜牌。"我是我们班第二名。他叫我再往下看，我儿子是七十二年班第二名。他说："您看看，这个牌子上就只有您跟您公子同时上榜。"我开玩笑地说："哎呀，儿子应该考第一名才算是有进步，考第二名也没有什么。"所以，中尉进上尉是例进，如果就因为我为人受过，上面不问是非，记了一个大过就不升我的级，我当然会生气，现在又给我升级，人事法令等于没用。

这是我年轻时的看法，后来当然升了就升了，我也不再去计较了。

基层干部阶段

学校毕业后上舰，虽然我初时晕船晕得颇厉害，但我相当坚持，因此我在舰上服务的资历，我的同学或学长、学弟，恐怕都难找到比我多的。我从初级的少尉军官开始，前后在十艘军舰上服务，担任舰长者有四艘。从少尉到升上校的十五年当中，只有一年（一九五八年）在海总部人事署任参谋一年，余皆任舰职。我虽晕船，然体格尚佳，吐过后还能吃东西，胃不致受到损害，由此慢慢磨练至完全不晕船。所以我的实质海上年资超过二十年，四十年班同学除了李恒彰与我相差无几外，大概没有更长的。这种经历在抗战前的海军军官或许是很难获得的机会，一方面因为当时军舰较少，另方面也因任务少，故在任副长前，很少有人可以历练舱面职务达十年之久。

我自加入海军，深入接触海军后，对海军极为热爱，而且我出生在中国西南边陲的乡村，能够乘大江东去，参加海军，自许一定要做出点成绩，才不辜负自己离开山区到海边的初衷。同时我生于民国十七年，是年属龙，我是不大相信命运的人，人家说属龙是干海军的命，或许也是个巧合。

（一）自我要求

在任副长之前的十年间，先后担任太和舰的通信员兼反潜官、舰务员（1952.1.1-1953.3.1）；永嘉舰的枪炮官（1953.3.1- 1954.3.1）；太平舰的通信官（1954.3.1-1955.3.1）；丹阳舰的舰务官（1956.3.1-1957.10.1）；汉阳舰的航海官、枪炮官和副长（1958.11.1-1964.1.1）。可说每个部门都经历过，而且做的时候都非常踏实。因为我自我要求，在接每个职务之前，必须将这个部门的所有装备、仪表、设施、配件作充分了解，欲熟谙各装备之性能与操作，就必须熟读装备说明书和保养手册。毕业时派任太和军舰通信员兼反潜官，光是通信部门就有对空雷达和平面雷达两座，收发报机十几座，声纳一座，这些装备的说明书堆起来约有一公尺高，而且均是原文。我们在学校里学的只是原理原则，到船上后，必须先了解每个装备的说明书，才能了解该装备的性能。我每接一个新职务，一定要在三个月内弄清一切后，才能放松自己。因为我的部属有声纳、雷达、电信、电工等军士，他们有解决不了的问题，一定先报告我，若我也不能处理，将不足以服众；同时若在海上没有厂所支援，没人解决的话，装备就不能用。所以我用心把每一项装备说明书都弄清楚。

对于部门的要求，每一项部署的操演，每一个人员动作技术的要求，我都要看清楚，因为我是该部门主管，他不会，有班长教他；班长不会，我可以指正，示范正确的动作，这样才能把部属的战技和术科训练得好。

（二）带兵：作之亲，作之师，作之君

所谓带兵带心，不仅要记得士兵的姓名，也要了解他们的背景、个性。五十年代政战部门尚未要求“知兵运动”，但我自然而然地就实行了。了解他们后，其错误我能事前预防，其优点我也能加以激发。公余之暇，我也主动为他们补习。有些士兵认为我带他们很严格，但我并未作额外要求，一切均按规定来。后来我鼓励他们考三军官校、考大学，所以我补习过的士兵，考上海官校者，自四十六到四十九年班均有。他们毕业后，又和我共事，配合协调得非常好。其中有一位升到海军少将，一位升到陆战队少将。如现今高雄退伍军人协会理事长刘克诚，就是我当年的电

1960 年圣诞节摄于台湾左营

信兵。

抗战后期参加赴美接八舰的军官，后来当舰长的王庭篪先生（青岛五航甲）、李正粲先生和陈东海先生（皆青岛五航乙），都是以严格要求而出名，对于不称职的干部，他们通常会当面严厉地指责。大部分的军官，只要担任过他们其中一位的属下，都会受不了，然而我三位舰长全遇上了，我晓得他们的个性后，自我要求更切，读书更勤。同时让本部门的装备、训练、操作没有让舰长不满意的地方。追随过这几位舰长，当我任副长时，自信若让我当时即任阳字号舰长，亦能勉力承担而无惧色。

出长武陵舰

我先后出任四任舰长，分别是武陵舰、武胜舰、太原舰和富阳舰。

武陵舰负责高雄、马公间的运输。当时大部分舰只为美援舰，武陵系日本赔偿舰中仅存而仍服役者，故得不到美援配件，舰上物资状况非常糟，如发电机的喷油嘴，轮机长常需自中字号舰同型电机换下的旧品中去找寻，发现比我们稍好一点的，就拿来更换，做得非常辛苦。

因该舰仅是高雄、马公间的运输舰，十分安定，日久官兵心理比较闲散，我乃加强训练。一九六四年一月，我甫从汉阳副长调升武陵舰长，训练初期，士兵背地里说:“喔，我们的舰长把我们这里当阳字号了。”我也不管，和缓地慢慢做。是年战技竞赛，我要求枪炮官好好训练三吋炮和四十公厘炮的炮队，每天早点名炮队练炮操，我在旁监看。等训练得差不多的时候，我要他们参加战技竞赛，士兵们眼睛瞪得好大，因为武陵舰从来没有这种念头。我鼓励他们，有时亲自下令操炮，若某位炮手动作不对，我也亲自示范。后来到舰训部参加战技竞赛，马焱衡司令正好到炮场巡视，我的炮队一进场，马先生就说:“这个炮队不得了啊。”问我是哪个船的。我说是武陵舰。结果是年三吋炮炮操，由武陵军舰夺魁。其他军舰都很吃惊，因为以前武陵军舰连报名都没报过。四十公厘炮的盲目拆卸、换撞针，我严格督促官兵操练，要求他们工具要放定位，以免造成混乱，并亲自拿码表计时，结果这项竞赛也是我们拿冠军。当时的高标准是十五秒，我训练的士兵可快到九秒钟。

自此士兵士气高昂，“国防部”政治教育抽考，每个舰队抽一艘船，后勤舰队抽中武陵舰，我就和辅导长讲：“这次抽考我们只要第一，不要第二，每天操课照常训练，晚上辅导长要加强辅导，我也会亲自来听课。考一百分者，家在北部的放慰劳假一个礼拜，南部则五天。”结果政治抽考武陵舰也考第一名，最低分的是八十六分，一百分的有一二十位。年纪最小的考八十六分就哭了，因为抽考前他患盲肠炎开刀，才刚出院。我把他叫到房间安慰他：“这不是你的错，当初辅导长不让你考就好了。”辅导长又和我说：“报告舰长，一百分和九十八分只差两分，考九十八分的问能不能把标准定少一点？”最后仍按我原先的约定放假，辅导长转告我的话对他们说：“舰长无戏言，一百分就是一百分。考九十八分的为什么那两分不要？没达到目标，下次再讲。”下次我的标准或将另作考量了。

一九六四年夏，武陵舰修船，因为系非美援舰，修船就叫“专案整补”，也就是等年度快终了，海军总部检讨年度经费，剩下多少就给我们整补多少，我就在马公修船。当时马公造船厂厂长是罗昭汶先生（青岛五期轮甲），他是我们刚到青岛海军官校时的副大队长，他不大理武陵舰的工程，我乃对他讲：“我是您的学生，我的船您弄不好是您丢人哪。我的船如果不服勤的话，您的氧气也没得用了。”因为他们厂内使用的氧气和材料都要靠我们运输，最后我盯他三个月给我出厂。出厂时又因非美援舰，领不到油漆，事实上我们全船外部油漆一次只要三十到三十五加仑面漆就够了。我准备了油漆申请单，申请九十加仑油漆，另外还申请底漆、甲板漆等，都申请得比实际多一点。副总司令刘广凯先生到马公视察，督导后勤，开美援的检讨会。我就直接到马公军区司令部面见刘先生。刘先生一看到我就说：“哎，你上午开会怎么没到？”我说：“报告副总司令，我是非美援舰。”还开了一个玩笑：“我是大老婆的儿子，小老婆的儿子受心爱，大老婆的儿子没人爱。”他也笑起来了。问我有什么事情，我说：“报告副总司令，我要领点油漆。船在大修，没有油漆，船怎么办嘛，铁壳都要锈穿了。”他问我士兵怎么样？我说士兵都想把船弄好，就是没有东西，我这里有申请单。他要我交给参谋陈宽淳（已故，后曾升任海军巡防舰队少将舰队长）。交给他后第二天，马公造船厂补给课课长朱从政就对我说：“马舰长，中午就给您送油漆来，副总司令批‘如数照发’。”结果中午两个卡车的美援油漆就运来了。我的士兵一面搬一面笑着说：“喔，我们武陵有十几年没有领到这么多油漆了。”这个数量足够让后来接我的舰长，每年大漆一次，可以用三年。所以我的船一出厂后，整理得很清爽，靠在测天岛码头。那时总司令黎玉玺先生陪同美军协防司令到马公度周末钓鱼，坐小艇回港时远远看到我的船，要侍从官查一查，怎么有艘美国军舰在这里。侍从官打电话问二军区，都答说没有美舰泊马公。他就觉得很奇怪，叫人查明眼前这艘舰是什么舰，当回报他是武陵，他就更为惊奇，惊讶武陵怎么改头换面成这个样子。回去后就交代，年底“总统”亲校，靠泊校阅一项，武陵要列进去。因此一九六四年年底，武陵也在左营靠泊校阅的行列。人家年年参加校阅的船，只要听到是“总统”校阅都要恼火，因为舰体都要重新大油漆整理。但是武陵军舰的官兵从没参加过校阅，反而觉得很拉风，上面发了新的旗章，官兵甚至自动放弃休假，加强整理舰容。

赴美接武胜舰

一九六四、六五年间，政府计划自美接收三艘军舰，分别命名为剑门、武胜和居庸。三舰皆为同型舰，是美国的舰队扫雷舰改装的巡逻反潜舰。剑门舰于一九六五年三月回国后不久，即于“八六海战”时作战牺牲了。我接的是第二艘武胜舰。

接武胜舰时，有些事项亦颇值一记。

(一)雀屏中选

过去我不敢苟同当时的做法，自认只要我真心为海军、为国家，不一定要加入国民党；但我还要继续在海上服务，不入党，升至某个阶级后，便需下船，后来还是入了党。接武胜舰时，我根本没想到会选我担任舰长，当时总司令是刘广凯先生。我离台赴美前夕，由其参谋长宋长志先生带同到总司令的官舍辞行。刘总司令当面告诉我："马顺义，我这一次选你可不容易，因为这三条船，剑门舰由三十九年班的上校舰长接任，其余两船，我交代人事部门，必须由四十年班接任，不可再选三十九年班。同时要在四十年班中，挑选海上资历多，又是在作战舰上资历多者，而且是在二级舰舰长任满，或行将任满的原则。若有战功，再从作业程序上选择。人事署照我这个标准选共挑选了十二名候选人。这十二人中，按选拔标准以积分排列，第一名就是你马顺义，但是会政战部门后，他们第一个就不同意你马顺义。写了很多理由，其中一条写道：'查马员在舰队服务期间，恃才傲物，刚愎自用，倨傲粗暴，领导统御拙劣'等等，我一看就把阮成章主任找来。我说：'阮主任，你们写马员恃才傲物，刚愎自用，倨傲粗暴，或许有点事实，但是他可能真有点才，他才敢傲哪！傲当然不对，这是我总司令领导统御的问题，我要用领导统御去纠正他。你政战部是管思想、忠贞、品德、安全，这里面一个字都没有提该员在这四方面有瑕疵，有缺点，安全有顾虑。他安全有没有顾虑？'阮成章讲：'报告总司令，这些都没有顾虑。'我说：'好，这才是你的主要职责，如果这些都没有瑕疵的话，我就要圈他啰！'阮主任没有话讲。"这是我赴美前，刘总司令亲自对我讲的话。

此事两个月后，八六海战发生，剑门舰沉没，王韫山舰长受伤被俘，刘先生也因而辞职，距他接任总司令仅六个月，我认为这是海军的损失。海军历任总司令中，在我们心目当中，他是最有理想，最有见解，最有担当，最有魄力的一位。他对部下能识人而不疑。过去我从未与他直接接触过，他选我当接舰的舰长，我都不知怎么回事。因为我在做二级舰舰长前，从来不与长官作个别接触，也没做过他们的侍从官。后来我才听说，原来我在一九五八年于人事署做参谋时，当时刘先生是军政副总司令，主管人事署业务，我主办海军的服制、礼节、旗章三个案子。后来又承办“海军退除役官兵转业河海航行人员考试检核案”，办了半年，把此案变成法制化，一九五九年即照章施行。这种大案呈上去之后，刘副总司令看了，除批“如拟”以外，也偶尔加上：“如此参谋作业，殊属难能可贵，勉之！勉之！”当时我只是一个上尉军官，看到副总司令批我的案子，不但不改我的字，而且所签办法也批“如拟”，心里头很感鼓舞。不知是否即因此故，他对我有些了解。选任接舰舰长时，李恒彰也是被选名单之中，他对我说：“马顺义，你狗运来了。”我说：“对，狗运来了，我土包子也要去接舰了。”

赴美前刘总司令还问我：“马顺义，你有没有什么困难？”因为他知道我从来没有留过美，结婚后家里有三个小孩，家庭经济很没有基础。但我说：“报告总司令，家庭的问题不需要您顾虑，内人是总医院的护士，没有问题。”又问我有没有建议。我就提了以下两项报告。

第一，由于我在阳字号上担任过枪炮官和副长，阳字号五吋炮的炮弹弹头和药筒分开，其初速由药筒装药量来控制，其时阳字号上所配赋者全是满装药筒（初速 2,600 英尺 / 秒，其最大有效射程为 15,000 码）而没有减装药筒（初速 1,200 英尺 / 秒，打出弹道呈抛物线，可以像迫击炮般打到反斜面）。

减装弹药的作用为何呢？在标准两栖登陆作战时的岸轰射击中，有要求射击，可由驱逐舰的五吋炮来执行。要求射击有直接射击和间接射击两种。直接射击者，由船上可观测目标，岸上有观测组告知目标位置的坐标，依作业程序换算成发射诸元后，对准目标直接炮轰。间接射击者，船上无法直接观测目标，由岸上的观测组告知船上目的物坐标，船上在图上作业，此时即用减装弹药，打抛物线到反斜面而命中目标。

但现在阳字号上未配备减装药筒，我过去是枪炮官，曾申请减装药筒五百发，备而不用，要求两栖训练司令部与我协同作这个训练，结果弹药库却报告没有此型弹药。故我趁机报告刘总司令，今日我们训练没有此型弹药，就无法训练战技，在真正作战时，即不能完成是项射击任务。因此请求配备此型弹药。

第二，我系初次赴美接舰，以前没有留美经验，第一次就担任舰长，对于自己的语文能力还没有充分自信，但我会全力以赴，甚至比手画脚地与美国人交涉，以达成任务。回国前必尽全力将船上装备齐全，请总司令放心。

除此之外，我别无请求。

（二）戮力从公，争取战斗装备

出国前我亦抽出一个上午到剑门舰上拜访王韫山舰长。王舰长是东北人，三十九年班，我认为他是该班最好的一位。学识、运动均佳，品德操守更是令人尊敬，我非常敬重他。当时仔细观察了剑门舰，发现船上有许多装备上的缺点，主要有三项。第一，驾驶台 open bridge 上面装的挡风玻璃，只在船头前方装了三块，侧面则未装。我说：这侧面也应当装两块玻璃，以免斜风细雨时将驾驶台上的海图打湿了。王舰长说他亦注意到此缺点，要求美军装，但美军不装。因为此舰系三年前的接舰计划，顾问团海军组将全部计划、预算送到海军总部，我海军没有任何建议或修正（海军总部的幕僚作业，可能本身没有在船上实际工作的经验，未见实体，只在纸面上作业，未必能发现问题），故美方认为我方同意，乃照原计划和预算，与民间造船厂签约，按此计划改装与整修。舰长虽不满意，但预算已经用罄，无法加装。第二是通信装备，仅 TBL 和 TDE 各一座。这绝对不敷所需，最少需增加一座 TDE 或 TBL 才够。第三是三吋炮的炮位甲板，因为中国人个子比较矮，必须加高一层站台才能装弹，但原舰系按美国军人高度，并没有站台。还有航海的天文钟，当时越洋航行靠测天定位，天文钟是保持时间准确的重要仪器，必须同时拥有三座，但剑门只有一座。诸如此类的缺点，王舰长其实早已知道，但美军均以预算用完答复。到圣地牙哥受训时再争取，未果；回国时到夏威夷又争取，亦未予加装，故要我去试试看。

我心中有此初步了解后，率同一位轮机长、补给上士比官兵先到美国。抵美后第五天，美方移交组组长怀特（White）上尉即从俄勒冈州的波特兰（Portland）率舰航抵西雅图。此组长原为圣地牙哥美国海军训练司令部的训练官，由其司令部指定为移交组组长，并配予一位轮机士官长及舱面轮机士兵共二十人，他即带此编组到民间造船厂，按美政府给予的修复单验收之后，将船开到西雅图，负责与我一项一项地点交。移交完毕，该舰即由我指挥，他就从移交组组长转变成训练组组长，全程陪我从西雅图到圣地牙哥受成军训练。我们离开后，他才归回原建制。

很幸运地，怀特上尉个性与我非常相像，而且又同是天主教徒。他因家远在圣地牙哥，同时不喜欢跳舞与交际应酬，故周末均埋首办公。他于礼拜五下午将船开到西雅图港后，我与轮机长在码头迎候。他下船后向我

1965 年 7 月 22 日在美西雅图举行接舰典礼。主席台上最右一人为西雅图侨领中华会馆主席周少平；马顺义左手臂侧穿黑衣、戴太阳眼镜者为移交组长怀特上尉太太，特自圣地牙哥乘飞机来参加典礼

敬个礼，说：“Captain，your new ship is here.” 并说我的心情应该像等新娘一般，问我要不要马上上船去看？我说他太累了，开三百多海里过来，合格的舱面值更官只有他一人，根本没有休息，下礼拜再看。他说：“没关系，下礼拜再详细看，现在你急着看你的新娘，我陪你很快地看一下。” 我乃叫轮机长随美军的轮机士官长看机舱，自己与他到舱面看，发现所有缺点与剑门舰完全相同，故我一面看一面与他提，他最后讲：“舰长，你讲的都对，但现在要做，没有多余的预算，也不可能办到。不过这许多项目我有些也不满意，我方的政府验察员（government inspector）说 O.K.，我也没有办法。这些验察员都是海军部的官员，他们不是海军人，也都不很懂，签了字，我也不满意。等你的官兵都来了以后，我们再慢慢仔细地检查讨论。我很同意你的想法，我愿意尽我的力量来协助你改善这些装备的缺点。西雅图十三军区修护部门的主管中，有许多是我的朋友，我可以说服他们来支持你的请求。十三军区司令部内的修护主管也有我的好朋友，只要你提出很好的理由，我也可以说服他们支持你的请求。但能不能达到目的就不敢保证了。”

第二个礼拜，我到办公室先向他说明自己的经历：曾在护航驱逐舰与驱逐舰上做过所有舱面部门主官，而且我方的大部分作战教令几乎完全参照美国太平洋海军总部，并叙述所举手册的部分章节，与其完全相同。他是 USNR，也就是接受美海军资助念大学，然后在海军服务，曾于护航驱逐舰上当过通信官，他能了解的每一项技能，我一项一项讲给他听，所以他晓得我是行家。

我首先想申请的是加装一座 TBL 或 TDE。他问我是不是把此舰当巡洋舰了？我说你讲的很对，我们视此舰较美国海军视巡洋舰还要重要，因为你们能造巡洋舰，我们不能。而且此舰回国后，将作为任务支队长（task group commander）的旗舰。并反问他美军任务支队的旗舰要开几个高周波（HF）的通信网？一是舰队指挥网（Fleet Command，FC），一是支队共波网（Group Common，GC），一是战情通讯网（CI），起码要三座 HF，另一座备用。现在只有一座 TBL 和两个 TCS 怎么够用呢？他一想也对，所以他支持我。并说我不懂美军的文书作业程式，他晚上回去用我的名义打一份公文，直接送美国海军军令部（CNO）申请增加，理由如前所述。打好后，第二天交给我看，不如己意者立即修改，签名后他再送出。他的副本和建议全部如我所拟，而且他也曾说服西雅图的第十三军区修护部门和地区修护部门同意，先试试看。我同意，并要他发一副本给我驻华盛顿海军“武官处”的邹坚。他也答应了。

第二天我将公文签字后，马上打长途电话给邹“武官”，告知我将争取申请加装一座 TBL，副本不日送达，希望他在华盛顿也能协助促成。当日下午，怀特上尉即将其副本给我，第二天十三军区和地区修护部门的副本亦回复，完全依照我的意见。一个礼拜以后，怀特上尉告诉我：“Captain, good news for you!”谓将有一座全新的 TDE 装上我的船。两周后，新的 TDE 吊装上船，我的官兵都鼓掌跳起来了。这项设备在当年大约值一万美金左右吧，算是相当重要的装备。此次成功后，其余二十几项待增装配备，都在我的要求下全部加装。怀特上尉翼助之功，实不可没。

怀特上尉之全力助我，系因他对我服气。当船移交给我之后的首次动船，他很紧张。西雅图港的军港部分是栈桥式的码头，从外港进入后，航道很窄，进港时只要风向不对，就没有运转的空间，很容易就撞到码头。但当时我的阶级是中校，在言谈间他知道我非浪得虚名，也不好讲话。移交第二天，我就开着船出去，做测速等各种试验，他见我只下少数几个舵令，船就顺利驶出。出去后测速，我完全用心算，因为海军测速是借岸上装设的两对标杆，标定一固定航向，二者相距是 1000 码，测速船采该标定航向在两对标杆间往返航行，再用码表计算一航次花费多少时间，这样马上可算出一小时可走多少节。我用心算算得很快，他却用笔算个半天，几乎每一项次我说出答案，他要隔好几分钟后才算出。我的心算功夫，也是过去做值更官时历练出来的，故小露一手，足可收服他了。回航进港也是几个舵令就靠好码头。所以最后我离开西雅图开往旧金山时，接舰经费原即编列 1,000 美元为领港费，我问他到旧金山是否需找领港员，他说：“舰长，我看你不用领港。”我客气地说：“你就是我的好领港。”我看着海图，依本舰测绘导航组的作业，就直接进港了。

此外还有一件很妙的事，我离开西雅图到旧金山，必须发我的 ETA（预定到达时间）给旧金山的美海军基地指挥部，并在到达前 24 小时再确定一次。我进旧金山港时，问怀特上尉，到达何处始算进入旧金山港的 ETA？他说通过金门大桥即算抵达。当我舰的雷达天线通过金门大桥底下时，我要他看我的 ETA，居然连秒针都不差，他不敢置信地瞪大眼睛看着我。后来我到圣地牙哥时也是如此，缆一套到码头就是我的 ETA，分秒不差。此后在夏威夷、关岛皆是如此。所以他对我颇为佩服，所有申请加装的装备，全力为我争取，都如数装好。

我加装的各项装备中，最有趣的一项是在偶然的机会下增加的。我们在西雅图碰到每三年举办一次的海上博览会（Sea Fair），虽系民间性质，但美国及其邻近国家的海军，如加拿大、墨西哥都派军舰参加。有盛大的游行活动，晚上各舰也挂满灯饰。当地华侨每年都要选出 Sea Fair Queen，游行中也有舞龙舞狮，正好我在此接舰，华侨社团即要求我舰官兵支援他们舞龙，士兵很乐意，华侨也很高兴。我对怀特上尉说：难得西太平洋的"中华民国"海军有军舰在此，乃要求为舰体点缀灯饰。怀特上尉替我交涉，回复没有办法，因为此项不是战斗装备（operation items），修护和补给部门也不同意。我想了一下说："你们也许不了解，我们参加这个活动是政治作战范畴，对观众心理有很大正面的影响，希望能获得灯饰。"并询问申请此项需费若干，当时舰上每个士兵床铺上面都有一盏很漂亮的床头灯，若一百位士官兵将床头灯拆下缴回，可折多少钱。另外每个官士兵有两条军毯，收回一条，可折多少钱。将这两项物资缴回所值金钱，请他采办灯饰。怀特上尉听后很受感动，又去试了一次，当天晚上就带给我好消息。他说造船厂提议可报修一项工程，金额与灯饰价值相等，但工程不做，将工程款移做此用。我听后紧握他的手说："海军的礼节是国际性的，没想到海军的修护作业也是国际性的，我们的造船厂偶尔也干这种事呀。"相与拊掌大笑。

最后船离开时，只有攻潜鱼雷发射管还没试，也没装鱼雷。没试我就不晓得发射管好不好，我要求他一定要帮我装，如果不装鱼雷，万一我离开关岛到台湾这段航程，遭遇水面下敌情怎么办？所以最后武胜舰三个发射管都装上了攻潜鱼雷，每管也作哑雷发射试射，功能都良好。

我在美国本土争取唯一没有获准的是尼龙缆绳。当时我舰用的马尼拉缆为六吋缆，若改用尼龙缆只要四吋即可，当时在国内船上如能用尼龙缆比人戴一个亚米茄腕表还要拉风，士官兵很在意。在美国本土没争取到，回航经过夏威夷整备时，就获准了。争取过程也很妙，因为我舰每到一个新港口，美军必派一艘同型舰做地主舰（host ship）接待我，派一位军官做 liaison officer（联络官），专门看我修护或补给有无其他问题。这一位联络官是中尉，我先送他一个台湾代表性的礼物，他很高兴，问我有什么问题。我说其他问题我的补给军官会照管，只有两件事要请他帮忙。一是想申请三卷四吋尼龙缆（一卷 1,200 呎，共 3,600 呎），一卷可做四条缆，申请三卷我就几乎可用五年。在美国本土因仓库缺件，故未能取得。其次是请他申请红、蓝、白三色旗纱，做为缝制归国时从桅杆顶拖到水线的长旒旗。他说没问题，将为我争取。此人虽然也毕业于安那波利斯海军官校，但却是航空军官（Air Officer），在航空母舰上的飞机驾驶发展。交涉回来后告诉我："只争取到旗纱，但没办法取得尼龙缆，因为尼龙缆只给潜艇使用。"由于他系到我舰传达此项消息，我马上打开舱门请他看，在几百码外对岸码头的人员运输舰（APA）和两栖登陆物资运输舰（APL，皆一万吨至三万吨）使用的是什么缆？他说尼龙缆。再请他看美国的驱逐舰和领队驱逐舰（DD、DDL）使用的是什么缆？他一看也是尼龙缆啊！我说："你们的补给部门骗你的，骗你是 Air Officer，不是 Deck Officer。"美国人最怕人家瞧不起，我故意激他，并说美国的驱逐舰都比我大，都是用尼龙缆。他脸色不太好看，真的认为补给部门骗他，所以马上又回去交涉。到下午他就回我一个好消息，立刻给我送三卷尼龙缆过来。

我出国前夕向刘广凯总司令报告，将尽力争取战备装备的完整，至此完全兑现。而我与怀特上尉的联系也持续不断，最近才慢慢失去联络。我以一个从未曾留美受训的土包子海军，能够逐项争取到各项装备，至今仍深感安慰。而且我不只顾及本舰的装备完整，同时也照顾了较晚接舰的居庸舰。

居庸原与我同时接舰，但该舰在波特兰进厂稍晚，我舰甫出厂，正巧美国西海岸造船厂工人罢工，该舰修护乃停止。他们亦有一位移交组组长，与怀特上尉是同事，大概都是第一次担任此种任务，故特别用心，也到西雅图来，故亦与我认识。我问他：你那条船的原始状况是不是也和我完全一样？他说对，同一个计划一定是相同的。我乃马上要求：我舰争取到的每一项装备，请他趁此机会也为居庸舰争取加装。如此一来，居庸舰舰长接收时，也拥有完整的配备。而且接居庸舰的舰长是同班同学郝德云，我把所遭遇的各种状况都写信告诉他（如我在航经金门大桥下遇到很大的乱流和暗流），使他能早有准备。我在海军各部门服务，一直秉持这种做事态度，内子有时告诉我不要过度热心，人家不一定会感激。但我认为可提供人家作为参考，未尝不好。

接舰回来，第二年（一九六六年）在马祖北区支队驻防一年，全系作战任务，表现良好，当选第十七届国军战斗英雄。

太原舰长

太原舰系由欧阳位上校自美国西雅图接回国者，我为第二任舰长（1969.10-1971.1）。由于此舰亦属新船，状况甚佳，我接任后，自忖不仅未辜负欧阳舰长所建立的良好制度和基础，且能在其基础上更发扬光大。

（一）拖救大武舰

一九六九年十一月，正是东北季风非常强劲的时候，台湾海峡上的风浪高达九级至十一级，十一级风已经是轻度台风的大风浪了。某次大武舰

（今已除役）为拖救自东沙运补回台的美字号舰，该美字号舰因风浪过大，船头大门锁定杆被风浪打断，大门洞开进水，等待救援。大武舰出勤后，本身却因锅炉故障而漂流，待其他拖救船将美字舰救回后，大武反而不知何往，请求支援。然因失去动力，每天报的船位都不准，天候恶劣也无法测天，故总部派出三批舰去找寻，均无所获。那时太原舰正在清洁锅炉的火侧（汽机船的锅炉，每运转 600 小时，炉膛必须清洁一次；每清洁三次火侧，还要清洁一次水侧），因为找不到漂流的大武舰，舰令部乃紧急通知我支援。我赶紧停止清洁火侧，连夜赶出去找寻。

我出海后，海象非常恶劣，但我不到二十四小时就把该舰找到。我请求海军反潜机（S-2A）协助，起初亦不知该舰方位，后来我听到反潜机和漂流的大武舰通话，我马上呼叫反潜机，说明我听得到他们的通话，相信该舰距离我舰不远，但却位在我的平面雷达搜索范围以外，乃要求反潜机先找到我舰，我会打开桅顶的旋转灯，以供辨识。反潜机自云层降下，很快就找到我舰。我要它通过我的桅顶，以我舰为中心，10 海里、20 海里，逐次向外扩大搜索圈，找到后告诉我方位。不久即听见反潜机对该舰说："你有个朋友来了。"并把我舰的呼号告知该舰。我听见它的方位，要反潜机转知他们把故障灯打开，我将在两个小时内赶到。该地位于东沙和台湾之间，名为台湾滩，我到达现场后，发现该舰状况确实凄惨，已在海上漂流五天，因为仅是七百多吨的拖舰，锅炉坏了，没有内燃机电机可供备用电源，连故障灯都是用电瓶供电的小灯。因为没有电，灯号也没办法打。我要他用煤油灯维持故障灯的亮度，是夜我舰将以慢速围绕他们守一个晚上，若海上有其他船只，我会警告他们离开。

第二天早晨天一亮，我即站拖船部署。于大风大浪中实施拖救任务，本是件极危险的作业，其时我接掌太原舰未满一月，但舰上官士兵久闻我之名气，而且我特别先将负责拖救现场指挥之帆缆士官长找来，交代他注意几个细节和重点。因为我在基层服务时，对各个细节了解得非常详细，故讲解过后，该名帆缆士官长晓得他们的"老大"是不简单的。我要求：第一，不准有任何人员落水，所有人员都要穿着救生衣，系好安全绳后才作业；其次，也不准任何人员受伤，连缆绳擦伤都不可以，若发生此事，唯帆缆士官长是问。

由于风浪很大，很不容易接近，停车晚，两舰将发生碰撞；停得早，风吹走了，缆绳又带不上去。我第一次没接近上去，被风吹走时，看见拖船上的副长和一位士官长都是我过去的老部下，心情更不一样，因此第二次努力将我舰接近到三十呎距离，才把缆带上去。当时我的副长在一旁捏把冷汗，因为不小心就会撞上去了。等带好缆，每个小时只能拖 1.5 节，故拖了两天三夜才拖回左营来。该船粮食无着（船失动力，不能做饭，漂流一周，干粮几已食罄），拖行途中，我利用拖缆将干粮以绳索系好送过去，天气好时则申请飞机空投，补充食水。

回来后我听到任职总部作战组副组长的同学告诉我一件事，他说当时宋长志总司令于每晨召开的作战会报中，头一件事即询问该拖船找到没有，连续几天都答称：未发现。我舰出动后报告：已寻获。宋总司令很高兴也很放心地说："哦，马顺义把它找到了，也拖到了，也回航了。好，那这件事你们作战中心值更官继续注意就好了。"此后几次他舰无法达成的任务，我出勤后一定达成任务。

更妙的是，当时我军尚无潜艇，所有攻潜训练的实际操演都是美军潜艇来协训，他们潜艇一来，所有攻潜舰（太字号、阳字号和武胜、居庸等巡逻护航舰）都要参加操演。操演最后一项是美潜艇潜到适当深度，让我们操演放射攻潜鱼雷的操练雷（太原、武胜、居庸都备有攻潜鱼雷）。这种操练鱼雷是鱼雷头内没有火药，里头装设有录音机、纪录带和控管装备，到达一定距离后会停止前进，浮出水面，并不直接撞击潜艇，放雷的船看见操练雷浮出水面，即立时航往捞起。当时我舰队驻防马公，每次实施反潜训练，必定解除我原有的任务参与操演，由我发射鱼雷。我轮到六次，六个发射管就轮流发射，也使我了解每个发射管是否正常，结果每次收回的鱼雷头纪录都是直接命中。后来有人反映，不要老让太原放，也要让其他舰试放。但操演的指挥官喜欢我放，因为我放的话，他有把握操练鱼雷可收回，否则将损失几万美金，操演的指挥官也会受到责难。有次航前会议决定，该次演习由洛阳舰发射鱼雷，但鱼雷却没收回，因为没有看见鱼雷浮上水面，也不知道是否命中。未收回的原因很多，可能是洛阳的发射管有问题，或是鱼雷工厂在操练雷头的各种设定有错误。故我对副长讲："这次若由我们发射，如果是鱼雷工厂的问题，或许也收不回来，好在不是我们发射，否则一世英名就毁了。"

（二）拖救日籍商船"若松丸"

一九七〇年十一月某日夜晚，我于太原舰长任满前夕，一艘预定开往印尼的日本籍商船"若松丸"，因机械故障，在距汕头附近120海里处漂流，请求救助。海军派大武舰往救，因接近汕头，有安全顾虑，乃派太原为护航舰，并任现场拖救指挥。大武舰先行出航，待我暖机出海，联络上大武舰后，大武谓其锅炉之一故障。我要其赶快自行检修锅炉，但仍需往故障商船地点开航，并要他们随时向舰令部报告，我也会将现场情形向舰令部报告，建议舰令部派舰接替，另舰来后才能离开。我并向舰令部报告，因敌情顾虑，我会单舰至出事地点先行将该故障商船找到。第二天早上十一点即找到，因已带本舰一年多，官兵对我也更有信心，而且天候较救大武舰时稍好，海象为七至九级。我先绕行该船一周，和副长讲：舰令部虽未告知将派什么舰接替大武舰，但没关系，作战舰也可以拖，我们先试拖，到哪里就算哪里。我花了两个钟头，将缆带上，然该舰为七千多吨且满载的商船，太原仅两千多吨，而且作战舰速度虽快，但吃水不深。故带上缆后拖带，可以走两节多的速率，同时马上发电报，向舰令部报告船位与拖救情形。结果舰令部（当时舰令部司令为陈庆堃先生）并没有派舰接替大武，就让太原舰拖了一天一夜到达高雄港。到外港后解缆，由港内拖船接手，拖带进港。其中也有件妙事，在海上把缆带好后，帆缆士官长（海军叫"总头"）上驾驶台向我报告："报告舰长，该船船员都是海军退伍的，船长是过去的海军军官，水手长是你在丹阳舰当舰务官时的帆缆中士。"我说："哦，那还不错，拖救了一些老朋友回来。"在高雄一进港到新滨码头，记者马上蜂拥而至，陈庆堃先生和政战部主任也到我船上来，开记者招待会。陈庆堃先生说的第一句话就是："我很 proud，我的作战舰能拖一艘这么大的船回来，这是舰长对船艺、对拖船，以及对本舰的性能有 perfect understanding，以及有高级的 seamanship 技术才能做得到，否则一般人是无法达成此任务的。"

当年我的服勤状况及绩效也非常好，获选为第二十一届国军战斗英雄。当年美军顾问团每年定期到各舰上检查物资状况（material condition），我舰被评为全军最佳状况。因此美军顾问团曾讲个笑话，说中国海军只有一条半军舰；一条完整的军舰是 DE27 太原舰，其余军舰加起来只有半条。

海军官校学生总队长

叙述这段经历之前，得先提一下我任太原舰长时的枪炮官吴伟。这位枪炮官毕业于五十四年班，他很妙，刚上船时很潇洒，不好好学，我告诉他该看什么书，起初几次老是不上道，我就盯得很紧，但他始终不进步，也不看书。有一次我把他叫到舰长室，问他："你是不是认为我对你的态度太强烈，你觉得受不了？如果是这样，我改变我的方法，你告诉我，你哪个地方不能忍受，我修正。我的目的是让你进步，让你这个枪炮官能够做好。"讲到最后，他就流眼泪了。我说："你这是愧悔之泪，还是委屈之泪？如果是委屈之泪，我修正我的做法，但绝不放弃你。如果是愧悔之泪，你照我告诉你看的书看就好了，有什么好哭？我们是脚踏肩头的兄弟呀，我协助你进步是我的责任，你不要打个报告请求调差，这个报告我不会批准。如果我批准，表示我对不起你，没有辅导你进步。如果你要调职，我写的唯一理由是'不称现职'，但如果我写了'不称现职'，你以后的发展就毁了，我是学长，下不了这个笔，我不可以这样做，因为你是我的学弟。"这次和他恳谈一番后，他变得很努力，相隔多时，我们再度出海打靶，第一习次他就打得非常好，甚至比阳字号还好。我马上告诉他表现良好，并要他用电话告诉炮位，说："这次的射击效果，命中率很好，舰长很满意。船回去后，每个炮位向补给官领100元奖金。下一习次还要再打，再打只能比这个回合好，不能比这个坏，如果比这个坏，奖金取消。"结果第二习次打得稍微差一点，他自己也笑了。我说："枪炮官，怎么样，舰长无戏言喔，我讲了要取消哦。"副长在旁边打圆场，说："报告舰长，这次不要取消，下次坏了再取消。"我说："好，暂不取消，记账。"以后这位枪炮官表现得非常好，后来他到岳阳号（DD-5）当兵器长，据悉舰长朱瑞庆先生对他非常欣赏。

一九七〇年七月，池孟彬先生调任海军官校校长，池校长希望他用的总队长，是在舰上资历完整，且训练比较好的人来做，对学生有正面的鼓励和示范作用。我听到这件事，也知道有几位同班同学想去，而我却很担心他会找我，因为他任人事署长时，我追随过他。正好池孟彬先生的侍从官是枪炮官吴伟的同班同学，某个礼拜六，池先生的侍从官就到我的舰上，午饭时也在官厅里与我一同吃饭，我向他打个招呼，问他是不是来看吴伟？他说："对。报告舰长，校长希望您今天下午有空去见见他，校长想看看您。"我笑一笑说："校长在打我的主意，要我去干总队长是不是呀？"他也笑了。那时我当太原舰长还不到一年。

是日下午我就去见池先生，他要我接总队长一职，我说："报告校长，老长官征召，我很愿意，但是我太字号还没任满，就我个人的海上发展，我希望任满后不要耽误，立刻上阳字号当舰长，因为我已经四十二岁，年龄比较大了。校长，您任太康舰长时是多少岁，您满四十了没有？"他一算是三十九岁，我就说："您当太字号舰长还不到四十岁，我们都认为您是老前辈了。可是今年我已经四十二岁了，才做太字号舰长，我总希望不要耽误，立刻做阳字号舰长。对我体能各方面都比较好。现在我的眼睛都感觉有点远视了。校长如果愿意栽培我的话，让我阳字号舰长做完，我再来做您的总队长，我一定全心全意把学生带好。"池先生认为我的话很对。我乃说我的同班同学中，类似我这种海上资历的人还有。池校长认为有道理，也就不再强求。过没多久，刘和谦和郑本基两位学长为这件事专程到家里来看我，他们问：“你怎么不去？池先生要你呀，你对学生有很大的正面影响，你应当要去呀。”我说我任太原舰长还不到一年。刘先生说他愿意向池校长建议，请他将总队长一职保留，让副总队长代理。因为这样，所以一九七〇年年底发布人事命令，要我在次年一月一日到官校接任总队长。

我在太原舰实际做了一年两个月，发布要我去，我当然去。因为同年我当选为“国防部”的战斗英雄，参加“国防部”的英雄表扬大会回来，到一九七一年元月上旬才与接我的舰长交接，一个礼拜后到官校任职。

到官校后，发现自己当总队长，和我当学生时期的总队长有很大的不同。过去的总队长有很完整的总队部幕僚编组，也有相当的经费可供运用。可是我去后，因为经费精简，总队部变成空架子，只有两个训练官，一个补给官，也没有单独的经费，任何采购，都要向校部申请。

这些都没有关系，但是学生就和我们当学生时很不一样了。我去后，发现学生读书兴趣不高，周末晚上，教室灯都不开，大家都准备放假了。我说你们这样不读书怎么可以呢？上课都看中文翻译本，精装的原文书就放在教室后头的书架上，灰尘积得很厚，打开里面全是新的。我在总队的队务会报就说：激发学生读书的风气很要紧。那时学生有因内务、课外活动表现好，礼拜六就会放特别假。而一般礼拜天放假前的校阅，则是一个月由校长校阅一次，总队长校阅一次，其余两个礼拜天，由大队长校阅，所以很早就放假了。我说：放假当然也应当，但是功课扎实是很要紧的。我告诉他们我自己当学生时，礼拜六、礼拜天，教室里面仍有 90% 同学在自修。当然因为我们迁了两次学校，功课压缩得很厉害，必须赶着上，但是学生读书的风气很浓厚。我并不要求每个人做书呆子，但一定要很扎实。我援我当学生时的例子，以往我们的区队长每人每天晚上要负责一个教室班，一面盯着我们读书，同时也可以当助教。我要求区队长也要援例照办，刚开始学生的反弹很大，但我很坚持，过了相当时间后，慢慢也做得很好。至于校阅，我要求除校长每个月校阅一次外，其余三个礼拜天都由总队长校阅。每次校阅完毕，出汗最多的人是我，因为我每个人都看得很仔细。

我告诉他们，我这样训练他们，是因为当年我自己也是受这种训练，这样以后他们才知道如何去要求舰上的官兵。至我离开前，渐渐就上了轨道。

一九七一年六月，我接长富阳舰，离开海军官校，据闻池校长为此事颇感不豫。然此非我主动要求，我本欲在海官校带学生一年，不料总司令宋长志先生挑选我接长富阳舰启封。担任富阳舰长二年，任满将调差，正好官校六十二年班敦睦远航，舰队选中富阳舰任旗舰，故我又带着当总队长时训练的学生远航。敦睦舰队由富阳舰和一艘山字号组成，对毕业的六十二年班施以远航舰训。我听到分配在山字号的同学对富阳舰上的同学说："你好惨哦，又到总队长那里，总队长会把你们K惨了。"确实我对在富阳舰上舰训的同学盯得很紧，但这也是为他们好。

此次远航到南沙、越南，从西贡河驶入西贡（这是敦睦舰队唯一一次进入西贡，一九七五年四月，阮文绍政府结束，西贡就陷入越共手中）。途中多次遇到台风，天气很恶劣，我要求学生，再大的风浪，值更都要就部位，接更的时候，舱面值更要到驾驶台上向舰长报告后才到部位，机舱值更则到轮机舱，我随时叫电话手，要他帮我叫轮机舱的见习生听电话，查他是否在部位值更。有时船摇摆幅度达到二十几度，吃饭时盘子都不能摆，这时我已经完全不晕船了，但是学生刚上船当然都很苦，我看他们每个人都脸色惨白，频频呕吐，我就多摆几个桶子，鼓励他们："没有问题，老弟，我当年更不如你，你要吐不要忍，吐了以后马上漱口，我准备了苏打饼干，你们吃一点。"硬是这么盯着他们，有些学生吐得眼泪直流，此时我就找事给他们做，有事做就比较好。当时正好操演到该转向的地点，我马上告诉见习生，现在要发转向信号，用无线电话该怎么发，视觉信号该怎么发，请他查译出来给我看。他一面吐一面译，我也由他吐。译对了就发出，译错了，我修改后再发，这样才是真正的训练。

我在当见习官的时候，并没有长官这么要求我，但是我告诉学生，我并不是虐待他们，是训练他们在这种状况下还能做事，如果每个人都躺下，船就没人指挥了。远航回来，学生毕业后各奔前程。一九九三年他们在官校举行毕业二十周年纪念，只邀请我一位总队长出席，学生为我介绍他们的太太、孩子，并说："总队长，那个时候我们很恨您哦，但是今天自己当了舰长，您教我们的那一套现在都用上了，的的确确很有用。"或许他们不好意思批评我，但我相信我要求他们的东西确实有帮助。

我们并不要求海军官校的学生做老学究，变成读死书的书呆子，而是要培养干部。但要达成此目标，必须让他们具有兵学与哲学的修养，因为若海军官校学生，在航海、枪炮和轮机学得不踏实，毕业后就不能充分执行职务。所以在学校里要求学生读书读得很踏实，我认为这是应当也是必要的。而且毕业成绩最好，不一定代表学生将来的发展最好，其中还有领导统御的能力，会读书不表示品德完美，人际关系和个性都是考量的因素。但我觉得，如果一个官校学生在学养上有相当程度，其将来发展与此颇成正比。例如海军历任总司令，刘广凯先生是我们这辈军官认为最好的总司令，可惜运气不好，因"八六海战"失利而调任；但他任联勤总司令，却也是历任最好的总司令。他就是他们班上的第一名。又如宋长志先生，也是他们班上名列前茅者。刘和谦先生，是三十六年班的第二名。叶昌桐先生是三十八年班的第二名。

富阳舰长

富阳军舰（DD-7）于一九四五年初次下水服役，美军的驱逐舰通常服役二十五年即停役，故一九七〇年即除役封存。然美军的除役舰，对舰只缺乏与经济能力不裕的台湾而言，仍旧可利用。一九七一年六月富阳舰自珍珠港拖回台湾启封，七月一日成军，我于一九七一年六月至一九七三年十月担任本舰首任舰长。

很巧的是，我担任四任舰长，三舰的成军月均为七月，而我的生日也在七月，似乎冥冥中也有巧合。一般而言，启封舰舰长航行时数必须超过一千二百小时以上，但我航行达一千二百小时之后，正好是年敦睦支队访问越南、泰国、新加坡、菲律宾各国，选中富阳军舰，因系远航，上级认为不便更换舰长，我乃于敦睦返国后卸任。

富阳舰是“我国”启封的第六艘舰，可是却是同型舰的第一艘（称 geariag class，因为此型舰的第一艘舰美海军名为 Geariag），比原来“我国”的一号、二号、三号等舰长 14 呎，故载油量较大。我启封工程，在第一造船厂整修约半年的时间。

一艘船的启封，轮机长很重要，他能与厂所协调，使该舰整修到最好程度。当时我蒙经国先生召见，坐夜车到台北，在车上我就想：在船上副长固然很重要，但轮机长更重要，若我到总部，轮机长仍未派定，我将请求总司令派辛悦伦担任轮机长。辛悦伦为山东人，是一九五二年我在太和舰担任少尉通信员时开补习班的士兵学生，后考取四十七年班，毕业后专事轮机工作。为人认真笃实，若他能担任我的轮机长，我就很满意了。第二天我到总部，先到总司令办公室，然后才到“总统府”。当时总司令是宋长志先生，一到总司令办公室门口，总司令侍从官黎克恕（四十九年班，现为花莲港务局局长）一看到我就说：“马学长，恭喜您啊，这次单签您一个人应召见，没有别人陪。第二，副长已经决定了，我是您的副长，轮机长是辛悦伦。”我说：“哎呀，太好了。”因为黎克恕跟着宋先生很久，也希望到海上历练一下，所以宋先生派他当我的副长。后来我们二人相处融洽，他担任副长做得很不错，我也倾囊以授地教他。至于辛悦伦，我不好意思说前一晚我还想请求总司令派任，这样的结果很令人满意。

后来我和辛悦伦讲，到厂里洽谈，他唱黑脸，我唱红脸，意即他站在技术本位，该要求的就坚持到底，一点都不放松。我则负责打圆场。事后我发现这个办法很对。比如我的主复水器（main condenser），这是蒸汽机船很重要的一项装备。从锅炉烧出来的高温高压蒸汽来转动涡轮以推动主机，每部主机是三万匹马力，两部就是六万匹马力。当三万匹马力的主机开到全速时，使用后排出的蒸汽量很多，一定要经过效率极好的复水器变成水再回到锅炉使用，同时建立良好的真空，以增主机的效率，因为锅炉水不能用海水或普通水，一定要锅炉独特使用的水。但是主复水器是以海水冷却用过后的蒸汽，变成水后再回锅炉使用。主复水器有两座，前、后机舱各一座。该船进厂时，上面整整一排约六百多根的管子全部被塞子堵住了，原因不明。一般情况，堵塞是因管子漏水，不堵的话，海水冷却蒸汽会渗入盐分，污染了水，锅炉就不能用了。另一原因是管子有漏而无法即时更换，也会先堵住，但是不会堵得那么整齐。我在富阳舰的旧存修复史略卡中找不出原因，所以怀疑是漏管，要求把堵塞物拔掉，试压后发现漏管就更换。因为工作部位在主机下面，很不好施工，也很困难，造船厂就不想弄。首任后勤司令部司令是牟秉钊先生，他就很支持厂所，因为重要会议都在司令部召开，厂所告诉他这种状况，说这个堵得很整齐就不要动它了。当然他们有他们的考量，可是在我的立场，又有不同的考虑。我认为台湾海峡是热带区域，海水温度高，冷却效应本就偏低，现在管子又被堵了六百多根，我的主复水器冷却效率低，真空建立不好，主机就不能发挥马力。我是舰长，这种情况对本舰的作战能力有严重损害，要求一定要拔塞试压。然而因为牟先生已经听过厂所的报告，所以我去报告时，气氛弄得很僵。过去我没有直接追随过牟先生，牟先生也把话讲得很难听，最后我说："请司令列入记录。"这样将来作战若因为这个缺点而使作战能力不高，仍有舰长和轮机长坚持的记录可查。后来我请舰令部修护部门的主管从总部下工夫，终于达成我的要求。把堵塞物拔出后压管，发现并没有管子漏，可见当初是另有原因才堵住的；因为不需换管，问题就简单多了。

所以富阳舰自一九七一年七月启封成军，到第一造船厂整修至年底，第二年三月完成成军训练服勤，直到今日，该舰仍未除役，状况还是相当好。我不敢说是因为当时我的坚持所打下的基础，但也应有相当正面的效果。

至今我仍很怀念辛悦伦，他后来做到第一造船厂厂长，升少将，在后令部副司令任内退役。

舰长任内的检讨

前后四任舰长任期六年多，在我们这一辈能担任四艘军舰的舰长是不多见的，一般人担任三艘军舰的舰长就已经很了不起了。早一辈的长官，如陈东海和王庭簏可以做到六任舰长。我这四任舰长，除武陵是日本的赔偿舰，状况很不好以外，其余三舰都是非常好的舰，做得很愉快。而且我对官兵军纪、训练、保养的要求，都很实在，同时鼓励他们自修不遗余力，所以官校的后期同学有些人一听到我都头皮发麻，想办法调离，但很多人上了我的船，相处时日一久，慢慢发现我并不如传闻中那么可怕。第一，我绝不用脏话骂人，第二，我从不打部属、士兵，因为管教部属若需要官长动手，官长本身应该要检讨，为什么士兵不服从命令，激怒官长到出手的地步，这是要检讨的。第三，我对士兵的要求，真正做到了"作之亲，作之师，作之君"，这句话原本应是"作之君，作之师，作之亲"，但我认为带兵首先要作之亲，再作之师，士兵自然听从，我也才能作之君。作之亲者，《孙子兵法·行军第九》有云："视卒如婴儿，则可与之赴深溪。视卒如爱子，则可与之俱死。厚而不能使，爱而不能令，乱而不能治，譬若骄子不可用也。"所以我一开始带兵，就以此为圭臬。因为我们与子女都不可能天天见面，可是与舰上士兵却是朝夕相处。他们认为我很严格，但我认为我都是按规定做，不过分要求。在船上的作息，一定是我舰长做到的我才要求。而且弟兄有病痛，我一定亲临病榻探视，哪怕有传染病也是如此。

记得一九五六年，我任丹阳军舰舰务官，管带 120 余名官兵，五月间，我们因任务停靠在基隆码头，是月因为"刘自然事件"，民众围聚在美国"大使馆"前抗议与破坏，官兵奉令不放假，惟恐外出发生事端。当时正好也是第一次流行性感冒侵袭台湾，丹阳舰上一个晚上就有几十名官兵送进医院，基隆海军医院住满了病患，走廊也都是发高烧躺在行军床上"打点滴”的病人。我舰务部门的 120 余名官兵，躺下一半，丹阳军舰开不了船。我自己则坚持每天喝一加仑的白开水，又请医官给我一些阿斯匹灵，作为预防。但是只要听到有士兵发高烧，我马上到他的舱里看，晚上又去探视一次，摸摸看退烧没有，很密切地接触。最后全舰包括舰长在内，每人都染上感冒，仅我万幸，毫无异状。所以我带过的士兵，尤其是不守规矩的士兵，更是觉得我如影随形。

又如我在汉阳军舰担任副长期间，有个服兵役的充员兵张川野，他一来报到，我看他横眉竖目的脸相，身材魁梧，臂上还刺了一个飞鹰，是台中某个地区飞鹰帮的老大。我和他稍微谈了一下，后来我即告诉枪炮官和兵器部门官员，要他们对张特别管教，特别注意。当然张川野后来出过一些状况，我也下过很多功夫，最后他完全洗心革面，变好了。他快退伍以前，有天我看他膀子烂了，问他怎么回事？他说：“报告副长，我现在已经变好了。”我说：“不错啊，你的确变好了。”他接着说：“我退伍以后想当刑警，所以用中药把刺青的皮肤弄烂，将来要脱离我那个帮派。希望副长向舰长建议在我退伍时，写个推荐信，让我考警察学校。我要是干刑警，一定可以干得很好。”他退伍后，我也没再遇到他，不知他后来考取没有。但就此实例而言，真的让我感动。

我带兵也很注重安全，所以在四任舰长期间，没有让任何一个士兵出过意外的伤亡，诸如航行中如遇天气恶劣，士兵掉到海里捞不起来，或是防水门把手指打断等等意外，都没出过。同时也因注意安全，不管航行或在港，均未发生过海事或意外状况。一向对任务执行，我只要求自己，秉持一个基本原则：“绝不抢锋头，但也绝不皱眉头。”绝不抢锋头者，好的任务我绝不主动去抢。譬如专送经国先生赴前线，有机会接触高级长官，这是个好处，同时这种任务也可得到上级经费的支援。尽管我不去抢，但当时大部分这种任务，上级还是指定要我去。因为我的船状况最好、最可靠，所以不管专送经国先生或赖名汤先生，多半都是找我执行。至于不皱眉头者，像在恶劣的天候下，出海搜救大武舰这种任务，如果自己没有相当的信心，在这种情形下，很危险。而且很多人担任舰长后，仍会晕船，我则在做基层军官时期，努力克服这个毛病，所以当舰长后，不管再大的风浪，都绝不晕船，舰上的士官兵也才能安心，特别很多服役的士兵，见到这种场面，脸都吓白了。记得有一次，我在一个天候恶劣的夜晚进左营港，左营港口很窄，进港后马上要转向，因为船体很长，一转向，舰尾似乎就快碰到防波堤了。当时在船尾站进出港部署的一名新到的士兵，紧张得哇哇大叫起来，旁边一个老兵就说："没有见识！你紧张什么东西呀？我们老大，哼，你看吧！"所以官兵跟着我，觉得我严，我却觉得自己从来没严过，都是按规定要求，自己也做到要求，不管在任何天候下，他们都觉得有安全感。很多年以后，有时我走在街上，老远就有退伍的弟兄对着我喊"舰长好"，这就是在船上培养出来的感情。

我对干部，则是毫无保留地教导。过去我遇到某些舰长，不但不教，而且还有所保留，以表示其技高一筹。我则主动教授，盯着他们学东西。比如一般舰长都不大愿意让副长操船进出港和离靠码头，因为离靠码头是个高难度的技术，尤其在只有一个船位的状况下，操作动一下就有几千匹马力驱动的巨大船体，确实非常困难。这种状况，多半我自己做了以后，看天候良好，我就叫副长操船。有些副长害怕不敢做，但是能做到副长，应该有相当历练，若不给他练习的机会，将来他第一次担任舰长，可能会胆怯。此时我就鼓励他们，没关系，有任何状况，我可以化解。副长训练得差不多了，因为我们是航轮兼修，轮机长也有可能当舰长，我就打电话到机舱叫轮机长上驾驶台练习。其中有一两位会推辞，我向他们保证责任由我负，有紧急状况我马上接手化解。之后资深的军官一个接一个训练。所以跟我共事过的军官，到其他船上后，都得到其舰长的信任。而这些军官经过历练后，日后都是最好的舰长。例如现任海军总部参谋长高扬（按：一九九七年十一月调任海军官校校长），就是当年跟过我的军官。我退役后许多过去的部属来家里拜年，谈起来都说感谢当年我对他们的栽培，我马上表示，当一个部队的部队长，对下属的干部，要因材训练，改进缺点，加强优点，让他往上发展能发展得很好，这是部队长的责任，不是部队长的恩典。我也不认为这是恩典，在学校里面，大家都是脚踏肩头的兄弟、校友，大家能同在一艘船上服务是彼此有缘。在你们认为是我严，但我却是倾囊以授，希望对你们有点帮助，现在大家是朋友，不要讲“恩”，讲这个就不大好了。如果我有“你是我的人”的观念，那不是和民初的军阀一样了吗？

而很多六十几年班以后的小老弟，虽没见过我，但也知道我的名字，可能许多我训练过的军官，后来在船上也采用我要求的方法来要求部属。但这不表示我有何创新，我只是按规定做，什么都做，而且天天做，从来不打折扣。

四任舰长任内，由我启封为首任舰长的有两艘，我很有信心，也很感安慰。尤其由我启封者，我建立了舰规，也做得相当踏实。而且也未发生任何海上安全的问题。同时因为“我国”海军基本装备，大部分均由美国供应，甚至有些是美国的除役舰只，故平常的保养维护非常要紧，我都做得非常好，连非美援舰的武陵舰，我都想办法维持它最大的机动率，故在我任内服勤的状况都很好。我都会把这些经验告诉所有与我共事的干部。我当基层军官时，过去老海军在船上的后舵房还供着妈祖，适当的时机，舰长还亲自去上香。这种信仰当然无可厚非，可是我当舰长后，还有少数年轻一辈的舰长也供妈祖，我遇到他们就跟他们开玩笑：供妈祖不如要求自己，把训练、保养和航行安全都做得很踏实，官兵训练得很优秀，如果这些都偷懒没做好，妈祖绝对不保佑懒惰者。

还有一件趣事，人家说：海军吃鱼不翻面。如果礼拜五是十三号，也不想开船。我认为这是心理作用，必先把这个心理障碍去除掉，官兵服勤才能安心。所以吃鱼时，我舰长先翻鱼。礼拜五又是十三号，碰到任务时要开船，我心里面也毫无牵挂，尤其在冬季月黑风高，海上风浪很大的时候，半夜出港，我也不紧张，因为只有毫无牵挂之后，操纵船才能从容自如。愈不忌讳，自主性愈大，运用的空间也愈广。

例如我在武陵时，船上只有磁罗经，没有电罗经。电罗经只要船上电力供应正常，永远不受外力影响，指示真正的航向。但现代舰体多为铁壳船，铁本身即有磁性，故磁罗经不光受地磁的影响，受船体本身磁性的影响也很大。所以过去我们船修理好以后，要校对磁罗经，得出一个自差表。因此使用磁罗经非常麻烦，每个角度都要计算。比如我要航向 000 度往正北方向，但磁罗经的偏差是偏东五度，自差是偏西八度，总误差就是偏西三度，故航行时，磁罗经就要走 003 度才是真正的航向。每转一个航向都要算一次，当年的军舰或商船都是如此。军舰的海上操演科目中有双舰近距离（50-100 呎）平行航行，作加油或运送物资的演练，这等于是作战时的海上补给作业，全船都要动员，特别是掌舵者更要小心，稍一不慎，两船就会撞在一起。在这种操作时，最好用电罗经，若用磁罗经，不但受自身船体磁性的影响，还受对方舰体磁性的影响。故一般舰长在做此种科目时，若仅有磁罗经，多半不敢操作，因为两舰一接近，磁罗经的航向就变了。因此如果电罗经故障时，指定操演此科目的舰长，通常都向上级报告，请求免操作。而指挥官也会核准。我长武陵舰时，某次受训正好有长官在船上督训，也有双舰科目作传送的训练。当时负责训练的训练官，问我双舰科目做不做？我说："你已经排出这个科目，我们就做呀，我已经准备了，有把握可以做。"他还是请示指挥官，报告武陵舰只有磁罗经。指挥官说："舰长讲做，就做。"其实这个道理很简单，要作双舰传送时，必须先校对航向，对方为补给舰，如采补给，航向是真航向 000 度，我跟在后面校对罗经，因我只有磁罗经，如果罗经指向 005 度，表示我的罗经误差是偏西五度。之后我加速前进平行靠近，此时磁罗经艏向必定变动，我要求舵手不管，听从我的舵令即可。操作时我在驾驶台上看着罗经下舵令，等到渐渐与补给舰的舰身平行，罗经稳定不动了，就下令"稳舵"，表示我们走准了，他舰影响我的程度已稳定。若下"稳舵，航向 007 度"，就表示原来差 5 度，现在多增加 2 度，我的 007 度就是真航向 000 度，与它平行航进了。我相信过去很多舰长不愿意做，因为开船有很多不可控制的因素，不像开车，只有一人掌握方向盘，船上掌舵的是一个人，机舱开车的又是一组人，大家必须在舰长的口令下动作，若有一人稍有差池或动作慢，结果就不一样。

无论接待华侨参观或高级长官视察，都会安排海上整补这个科目。做这个操演，通常都在白天做，但实际上这是一个战斗科目，大部分在夜间执行，二次大战时才发展得比较成熟。例如航空母舰，在海上机动很久，油料不够，必须派一艘补给舰去整补，在白天整补的话，目标显著，两舰又非常靠近，运转不便，是飞机攻击的最佳时机，所以一般要在夜间做，同时所有灯光除作业识别的号灯外，都要熄灭，免得灯光干扰驾驶。若在夜间操作，如果只有磁罗经，老实说我也没这个本事。

接长富阳舰，当时驱逐舰队的舰队长是罗锜先生，我完成成军训练后，服勤未及半年，某次作例行训练，几艘驱逐舰中，有两位舰长是我的同班同学，其余都是高班学长。航行前开会，舰队长要求试作夜间整补，要我们其中两艘船“自动报名”。这是第一次在夜间试作。作双舰整补，主要靠舰务部门，过去崔之道先生担任驱逐舰队司令时，很注重训练，当时我正好任丹阳舰的舰务官，因为经常夜间操演，得以深悉操演作业。（舰长邱仲明先生，是马尾六期的第一名，后留学德国，是我在官校时的航海启蒙教官，他担任丹阳舰长，就要我担任他的舰务官。）故此时罗锜先生提出问题后，没人自告奋勇，他乃一一点名，征询高班学长的意见，然均以罗经不佳或其他机械不良为由推辞。点到我时，他说：“马舰长，你刚刚成军训练出来，你做好不好？”我仍本着“不出锋头，也不皱眉头”的原则，等他点到我，我就说：“报告舰队长，我可以做。”

做这种科目很简单，补给舰保持航向不变，由受补舰来调整航向，慢慢接近。罗舰队长指定惠阳舰（DD-6，舰长为卅八年班学长）做补给舰，我的 7 号舰为受补舰。我报告“照办”。但会开完后，有位舰长说：“我才不做，我舰长就快任满，若做的时候出一个意外状况的话，我就毁了。”因为过去曾经在作整补操演时，发生碰船意外，何况又是在夜间作。其他人就说：“老马，你真是胆子大呀！”我笑一笑，未置一言。与惠阳舰舰长稍微协调，其余按标准作业规定。回船，我立刻召集有关部门，包含副长、舰务长、帆缆士官长，和部位上的班长。拿出教令，要帆缆士官长把《帆缆军士教程》的某几章仔细看懂，然后让部位的班长看懂；再交代副长、舰务官各作准备。第二天下午出航前，我要亲自到部位检查。这些都完成后，翌日进行夜间操演，已经站好部位，马上要接近了，副长黎克恕就小声地跟我讲："报告舰长，我们今天光作接近训练吧？"接近训练是不把装具传送到彼舰，两舰保持整补距离航行五分钟就算成了。我告诉黎克恕："照做啊，跟白天一样，而且它要传东西过来，我们也要传东西过去。没有问题。你只要到部位上帮我 supervise，告诉他们不要乱，不要喧哗，完全看信号灯的指挥动作齐一就好了。"准备好后，接近，我们很从容地传东西过去，他们传东西过来，完成后脱离。作这种训练，通常在 15-20 分之间完成，视天候、海象、平时训练以及两舰配合的状况而定，如果风浪大到五级以上就避免做。结果此次我们做得比白天还快（我最快的纪录，只花了九分钟）。

我们做完后，以后舰队才敢要求其他舰做，并说"6 号、7 号也是第一次做，而且做得比白天还快。"这样才建立起他们的信心，其他船也开始慢慢训练作夜间整补，后来且变成舰队的常练科目，列为每舰每年的战术验收项目之一。在我之前，大约有十年时间舰队未曾操作过这个科目，因此也许可以说，这个科目重获重视，也是自我开始。

我曾对内子及很多部下讲，我是一个很平凡的人，而且也笨，我的智商并不高，可是我从小学开始，一直到初中、高中，都是班上的第一名，这是因为我对于每个问题都求彻底了解，考试从不作弊，连课间休息十分钟也尽量用于温功课，故在求学的每个阶段都学得相当扎实。在海军官校的四年中，我自认也未辜负国家的栽培。

毕业后做事，我仍旧本此原则。内子常劝我，不要常讲什么事只要你做得到，别人也都可做到。我说："对，我相信我能做得到，人人都可以做得到。我不是圣人，也非勉强别人做常人做不到的事，如守时、守分，如何注重保养，怎么注意航行安全，该看哪些书籍等，这些都是在其位者应当做到的基本工作。"

例如海军每到一个新港口或海域，都有航行指南（sailing direction）、航船布告（notice to mariner，修正海图用），及很多兵要资料可供参考，里面包含某地区有哪些特别的气象突变，有什么航行的障碍，以及最好锚位的建议等。我完全照这些书上的建议来做，作业都很好，航行也很安全。

但是有些人就不看，即使看也不那么仔细。比如我第一次护航到南沙，我训练战情官，他负责搜集情报和兵要资料等。南沙的主要岛屿是太平岛，在其南面约十海里有个鸿庥岛，东北面有个敦谦沙洲（后皆为越南所占），都是无人岛，由海军定期派人从太平岛过去巡视。我在看海军总部情报署所编的《兵要地志》时发现，他们把鸿庥岛的纬度弄错，标到敦谦沙洲的纬度了。因为此岛在太平岛南面，但一对海图，就发现错了。也许参谋作业时就错，或许排版时误排，没有校对出来。但如果我不看，或看得不仔细，就不会发现了。我不动声色，要离开南沙的前两天，我要战情官把《兵要地志》仔细地看，看完后对我简报。他看完后向我简报，我问他是否看了鸿庥岛的经纬度？他说没看，我要他去检查。他检查后才对我报告。可见如果看书不仔细，我们到一个新的地方，则此错误的资料就会误导，甚或可肇大祸！

另如过去曾有舰长到绿岛（或兰屿），任务出发前没有看航行指南而出了事。航行指南上特别说明，此海域在春季会偶有突然的地区性风暴，要注意。而且此地海水很深，海底是乱石，锚的抓力不好，而且距岸只有三百公尺，也要用深水下锚，很容易发生严重的后果。当时我还很资浅，知道这个事件后，深自警惕。故当舰长时，对航行安全格外不敢马虎。许多人在担任舰长的最后阶段，也常会因为迟未调差，而心浮气躁，此时就很容易出海事。我当阳字号舰长长达二年四个月，但到后期我一点都不心浮气躁，只要一开船，我都兢兢业业，一如刚上船阶段。很多同学告诉我：“老马，你舰长快毕业了啰，要小心喔，不能出任何事情。”我都会谢谢他们的好意。但我对内人讲：“你看武侠小说，华山派和昆仑派的掌门人，都不轻易出剑，一旦对方逼着他出剑，即使只是面对无名小卒，他们也会把对方当成高手，很专注地应敌。我虽然不是掌门人，但是我舰长快毕业了，只要一开船，我一点都不马虎，我一定打一场完全比赛。”我这么说并不是想自吹自擂，只是把真实的故事讲出来。

登陆舰队舰队长

一九七三年年底，我于富阳军舰舰长任满，奉调担任驱逐舰队参谋长。半年后，调任舰队司令部作战副参谋长，晋升少将军阶。此职做了三年七个月，然后到三军大学战争学院受训一年，一九七九年六月毕业，即调任登陆第一舰队的舰队长。

担任登陆舰队长，我不晓得是不是有人存心想看我的笑话。我刚在基隆交接完毕，即回苏澳中正军港的司令部（我是第一个进驻该港的舰队），约一个月后到左营出席舰队训练会议。会毕我到舰队司令刘和谦先生的办公室，请示是否有所指示。他说："马顺义，你的资历百分之七十是在驱逐舰队，应当给你担任驱逐舰队长，更能发挥你的长才。可是今天给你做登陆舰队的舰队长，你要多学习，好好地做。"过去我在中字号登陆舰的经验，除开在海军官校二年级曾受过舰训外，毕业后，不曾在该型舰艇上待过一天。当然舰上的基本作业原则也和一般舰艇一样，但登陆舰有其特别作业。比如中字号可以抢滩，有一套专门的作业程序，我没做过中字号舰长或以下军官，虽然对其作业原则、原理、方式、程序都知道，可是没有实际经验，别人可能就认为你是生手；而我没做过，也不敢讲自己有多大的把握。当时我就对刘和谦先生讲："报告司令，请司令放心。虽然我过去的资历一天都不曾在中字号、美字号等两栖舰艇上任职过，但是我做学生的时候，在船上见习就相当用心。我过去学生时候的笔记都还在，也找出了老资料，复习得相当熟了。而且交接后，在舰队的这一个月，已经把中字号和美字号的标准作业程序等有关教令大致浏览过。我会很努力、很用功地去了解，来训练我舰队辖下的这些船。请司令放心，任何状况我不会有让您有担心的地方。"

刘先生告诉我这些话，是善意的提醒，因为我没有这种登陆舰艇的资历，将来可能会遭遇某些困难。可是我的许多同学就不一样了，对我说："老马，可能人家要看你笑话哦！"我除致谢其关心外，也更加强自我警惕。因为中字号都是在外岛运补，南区是金门，北区是马祖，马祖除北竿、南竿两大岛，附近还有东引岛，以及东犬、西犬（今称东莒、西莒）两岛屿。特别是东莒与西莒两岛，滩头都很窄，而且岩石很多，风向也有时不对劲，冬季吹东北风时抢滩很容易发生危险，曾经有中字号在春节时运补抢滩，因风势太强，勉强抢滩，以致搁浅。虽然后来也拖出来，但花很多工夫才整修完毕。这使我有戒心，因为舰艇出了问题，舰长当然受到很大的责难，可是上级也会唯我是问，可能质疑我平常的训练不力，运用船只和任务调配是否合适等等。所以我很感谢刘和谦先生的关顾。

我到任后，仍保持过去"不出锋头，不皱眉头"的作风，而在海军历练的这么多年当中，我可以说没遇到过不能解决的困难，再大的障碍，我都想办法做出处理解决的方案。做登陆舰队的舰队长，对我是一项新的挑战，所属舰艇中，最大的是两艘八千多吨的船坞登陆舰，最小的是七百多吨的美字号，总计有十五艘舰艇。到任不久，我即召集所有舰长作不定期的舰长会报，宣示几项原则。我说担任舰长阶段很重要，如果在此阶段能做得很好、很安全，以后发展就很顺利。首先要注意的是如何训练和掌握舰艇，并将自己当舰长时的经验要领，毫无保留地传授给他们。其次因每年有单舰的战技竞赛、考核等，要求他们在船上的训练，自我要求要很高，要做第一名，不要第二名，有这种自我期许，才能把船带好；每艘船都带好，舰队长对上面自然也好交待，而且将来他们也可能做到我这个职务，同样也会要求部属这样做。

再则是海军有一种很怪的现象，比如我当舰长阶段，我的舰队长会定期邀请舰长一起吃饭；或是舰队的参谋长、政战部主任等高级幕僚长调差，这种欢迎、欢送，一定也会请舰长会餐，送纪念品。但是高级司令部的经费并不充裕，因为舰长也参加这种餐会，所以大家就凑个份子，打个平伙。出席餐会后，舰队部马上给个收条，列明每舰摊多少元，我收到这个条子，通常二话不讲就交给副长，请他转知补给官照数送缴。但有时我有任务出海，没参加，也没有代表参加，费用照出也没有关系。可是有些时候舰队部却一毛钱都不出，全部由各舰来分摊。偶尔补给官会说舰队部要求过多，我要他不可多言，照收条付款就是。但是我做舰队长，在第一次的舰长会报中，我说："今后仍有很多机会邀集各舰长吃饭，或是请各舰长参加参谋长、政战部主任的调职餐会，但请你们放心，不会有收条交给你们，向你们收半个钱。"有位舰长就问了："别人都要收钱，您不收钱，您拿哪个钱来办呢？"我说："我绝不会拿自己养家活口的薪水来支付，舰队部有正当的经费可以开销，绝不花你们一个钱。"此时我的上级司令部也有类此的餐会，他们同样循旧例送收条给我，我也照付。

还有是长官上舰，舰长都会加菜，以示尊敬。此乃人之常情，但有些舰长就做得过分了。此处并不包括特例，比如我在富阳舰长任内，若专送参谋总长或经国先生，总部会派专人，带专门的经费随舰接待，菜色自然特别丰盛，此乃另当别论。我指的是普通的舰长，遇舰队长、舰队司令上舰，有些舰长就加菜加得过分。以往我的做法是，长官来我仍然接待，但我从改善官兵伙食着手，士兵的大饭厅吃什么，大官厅吃的也与他们一样。我告诉这些舰长，今后我会经常上他们的船，不管当旗舰或出海演习等各种任务，我到船上都不必加菜，因为当年的伙食已经不错了。而且以往只要舰队长上旗舰，随同上去许多幕僚、通信兵等人，通常旗舰都马马虎虎，把舰队长等人的伙食费摊在官兵的伙食费里头，并未向舰队部收取，但日久成俗，只要旗舰不收，舰队部也不主动缴。我当富阳舰长，因为状况特别好，经常当旗舰，我即交代副长和补给官，不主动去问舰队部，但他们送来就照收。因为若我的做法与其他舰不同，也不十分合时。我当舰队长后，首先就对舰队部管军需的人员说明：我到旗舰时，我与幕僚在舰时的食粮，不等旗舰问，主动将该付的伙食送到旗舰。

为了考核各舰，每年都有定期的校阅，但我告诉舰长们，我会经常不定期、不预知地到各舰视察，这样才能真正看出该舰保养、训练、行政的成果怎么样。比如海军的午餐时间是十一点三十分，我常在十一点钟到船上，这样可以看出船上是不是按时作息。有些船在十一点十分就吃饭，提前吃饭就可以提前休息，久了且就有自行放松的习惯，而这种现象也很普遍。所以我不定期地到各船查看，一上去就先到士兵饭厅看，如果十一点三十分吃饭，十一点一刻开始排桌才是对的。看了以后，值更会报告舰长，舰长才过来，发现不按时间，我也不当面责备，事后也不追究。因为我各处查看，比较不对的地方，我多看两眼，舰长看我的脸色不对，自然明白，我也不再多讲话。回官厅和他们一起吃饭，这样也可看出该舰平时伙食办得如何。

我常常运用这种方法查看在港的船只，效果非常好。

由于舰长都是海军官校的小老弟，特别是以前跟过我的部属，也会告诫他们：舰队长讲的是真的，不是虚晃一招。我第一次出海到某个船上去，中午吃饭时，我坐下来就问舰长："舰长，今天加了菜呀？"舰长笑了笑说："舰队长第一次上来，我要表示敬意。"我说："好，我照吃，也可以考核厨房大师傅的手艺怎么样。晚上你可不要再加了，我要你们在我上船时不加菜，与官兵吃的一样，我是讲真的。"这样过了一两次以后，舰长也就不加菜了，我也达到了目的。因为我做过多任舰长，晓得舰上的经费状况，不必要让他们破费为难。

因为我从来没带过中字号舰艇，但每年春节前后，运补梯次就变得非常频繁，各种劳军物资，司令部发放过年的东西，还有眷属也要到前方去"眷探"，相聚过年。但此时正是台湾海峡刮强烈东北季风的时候，气象很恶劣。我负责北区运补支队，包括马祖、乌丘、东引、东莒、西莒各岛。这几个岛，马祖有很好的滩头，没有问题，乌丘和东莒、西莒因滩头狭窄，非常危险，凡是这几个地方，都是只有一条船去。若整个船团出发，一到马祖，一到东莒，一到东引，我一定同行，并且一定坐上到东莒的船，看着舰长抢滩，至于舰长如何操纵，我不置一词，因为舰长负责全舰的安全，即使我是舰长的上级指挥官，也不可以越俎代庖。但我会站在舰长的身旁，他自然会谨慎小心。

尽管我从不疾言厉色地责备部属，但他们见了我，似乎有种说不出的畏惧。所以凡是官兵到我办公室来，我一定先请他们坐，先请他们抽烟，以纾缓他们的紧张情绪。可能所属舰长都能接受我这种训练方式，而且他们也很优秀，因此任内的运补作业，都进行得很平顺，没出什么差错。

担任舰队长期间，每年轮由两个登陆舰队作一次或两次团级的两栖登陆演习，舰队长是当然的指挥官。若作营级的登陆演习，就是派战队长当指挥官了。一九八〇年端阳节前后，也是我接任舰队长一年后，主持一个团级的两栖作战登陆演习。刚开始计划作为时仍在苏澳，进行到一半，我要参谋长带着必要的幕僚回左营，与参演的陆战队团长协调。等计划作为快结束时，舰队部才整个移防到左营。

移防到左营后，我深知自己没从事过两栖登陆作战演习的指挥工作，所以很用心，我的参谋长也非常好。当初接任此职时，总部曾询问我，要谁当我的参谋长，由我自己选。我说我不选，每个人都是海军官校毕业的，都要让他们有机会历练。派给我谁，我就用谁，我绝对不选。如果部属很好，我当然很省事；如果差一点，我是他们的学长，我有责任、有义务要把他们教好，训练好，否则我愧做学长。就如同我带兵，不管士兵本质怎么样，我要把他们变好。我也常对士兵讲，如果他们在家是个好孩子，在我这里服役完毕，我要还一个更好的孩子给他的父母；如果他在家里有不良的习性，到我这里以后，我要改变他们，还他父母一个好孩子。此即所谓：作之亲、作之师、作之君。几年前我上台北，等公共汽车时，常有计程车开到我面前，说："报告枪炮官，请上车。"或是："报告副长，请上车。"我都不认识他们。俗语说："铁打的营盘，流水的兵"，每一年义务役士兵梯次很多，我不见得每个都认识。

后来派来的参谋长，正好是我在汉阳当枪炮官、副长时，也在汉阳服务的学弟，晚我五个年班的卢庸篱。河北人，退休后，在三军校友总会当秘书组组长。因为与我共过事，了解我的作风，而且他当过中字号舰长，因此在计划作为时，给我很大的帮忙。

《两栖登陆作战计画》很厚一本，项目繁多，要在一个月之内完成，里面概分登陆计划、反潜计划、舟波计划、海上运动计划、情报计划、通信计划等。参谋长看完，付印以前，我开夜车，逐字逐句地看，遇不明了的地方，用铅笔做记号，隔天请参谋长为我说明。有些是我不了解的，有些则是他们疏忽遗漏的问题。

主持两栖登陆演习要非常慎重，稍一差池，就会出事，不是撞船，就是登陆舟波 LVT 沉没。过去常常发生这种事情，所以从计划作为到预演阶段和战备检查阶段，都必须很谨慎，我还由团长陪同，亲自抽样检查战备。还有主持演习任务提示，各参谋幕僚报告完后，我就其报告要点作重点指导，请他们参演部队长记下来，如果将来他们哪件事做错了，请他们对照我讲的要点自我省察。

一九八〇年端阳节后的真正实兵演习，三军总部派高阶观察员随我的旗舰出海，“国防部”的联训部派一个视导组，海军两栖训练司令部派一个教官群来组成裁判组，依舰炮支援、海上运动、舰岸运动、小艇舟波控制等各科目，各有专门的裁判官。

第一天上午出海作海上运动，然后是夜间运动，第二天拂晓，就到目标区，所有在海上对空中攻击、潜艇攻击等科目的处置都作得很不错。到子夜前后，来考察裁判的人，为试探我的应变能力，临时出了一个特别状况，看我是否能抽出兵力。如果我处理得慢，不能当机立断，表示在战场上将损耗一部分兵力，若处置得不适当，更将全盘皆输。当时我的主力船团正发现潜艇的威胁，我派两艘屏卫舰（太字号）到发现潜艇位置作侦测攻击。因为少了两艘屏卫舰，必须调整屏卫，以保卫主力船团。另有慢速船团 LCU、LCM 也用小型作战舰组成护航船团，作沿岸航行往目标区。

正在处理这个状况时，他突然又出一个新状况，说有四条鱼雷快艇攻击我的慢速船团，慢速船团的护卫兵力在申请支援，请问我要怎么办。我若派快速船团的护卫兵力驰援，则主力船团兵力不够，同时有潜艇攻击，对主力船团威胁更大。我要是不管，鱼雷快艇把我的慢速船团消灭了，第二天我要登陆将无艇可用。我灵机一动，马上告诉空军指挥官（据告是影星归亚蕾的先生），要他赶快紧急空援申请两架 C119，两架 C119A，前者在高空投照明弹，后者携带改装后的点五〇机枪弹在低空扫射快艇。他愣住了，不可置信地问我：“舰队长，你怎么晓得我们有这个东西？”我说：

“我晓得，赶快申请，赶快申请。”

我晓得空军有这种装备，系因我在战争学院受训，参谋旅行时到三军基地参观，在屏东基地参观时，空军为我们解说这两种机型配合作战的攻击性能。因为当时空军点五〇的机枪淘汰的很多，弹药就变成没有用途，空军乃研究，将这些弹的弹头和送药分离，每个弹头再焊接四片尾翅，让它投下时较为稳定，这是很琐碎的工作，但空军也是做试验，做好仍按每箱五百发的数量装回弹夹去。C119A 系在 C119 左右两边各开两个门，每个门放两挺点五〇机枪，一共八挺。C119 的速度并不快，但俯冲下来的速度约有 140-150 节，利用俯冲下来的惯性，在弹槽的五百发改装弹头，就像下大雨似地打出一扇密集弹幕，因为其被弹面很大，海面的目标只要中五六发，一中油舱就会爆炸了。用以对付共军的水上鱼雷快艇最为有效。

空军指挥官一听我这么指挥都愣了，“国防部”一位先期的学长也没料到我会有这一招，故在演习最后检讨时，“国防部”的联合演训司令部的首席裁判官说道：“哎呀，老马，此次演习是最近五年来演习最成功的一次，没有人想到你会出这一招。”因为我在舰长以次的海上资历，完全是在驱逐舰上，少有接受过两栖舰艇的训练，因此他们认为这次大概会把我难倒了，谁知竟没有难倒我。而且在整个演习过程中，没有任何人员受伤、装备受损，这是我很值得欣慰的一点。

高雄港务局副局长

（一）意外的来电

一九八〇年八月，我正在作第二次的团级两栖登陆演习，某日夜间，我与内子外出散步，回家后，小女告诉我台北有位陈伯伯打电话来，要我回电话。我晓得女儿口中的陈伯伯是陈东海先生，他三度任我的长官，第一次是在汉阳舰时，我任他的枪炮官、副长；第二次是一九六五年我赴美接武胜舰回国后，编配在巡防舰队中，其时陈先生为巡防舰队舰队长；第三次是一九七六至一九七八年间，陈先生任舰队司令，我为舰令部作战副参谋长。三度共事，陈先生对我相当了解，彼此在工作时也很有默契，但是我很少到他的家中去过。

长子出生时，我担任汉阳舰的枪炮官。内子产后一个月，一边乳房得乳腺炎，疼痛不已。时已近阴历年，正好有个“中美”混训，美国航空母舰游骑兵号（USS Ranger）到琉球西北，与我军的汉阳、洛阳二舰会合演习，我二舰担任屏卫舰，要四个锅炉同时运转，以 28 节到 30 节的高速航行，因此值更官很重要，不能请假。当时内子已在海军总医院开过一次刀，然未能痊愈，人家介绍她贴膏药，贴后发高烧，另一边乳房仍旧为孩子哺乳。我见内子受这种苦，建议她打退奶针，病体或有好转。但内子认为饷俸不足，无余钱为孩子准备奶粉，尽管发着高烧，仍为孩子哺乳。开船当天早上，我买了一盒金鸡牌饼干，两条面包，床头柜上放两个暖瓶的开水。向内子致歉不得不离开，内子要我快去，以免迟延。幸好那时内子在护士学校的同学有住在附近的，有两位每天轮流来为孩子洗澡，我的同学太太知道了，也照顾着送午餐、晚餐过来。

我上船后，当天中午船航经鹅銮鼻南边，准备到那霸海面与美国航空母舰会合。午饭时陈东海先生对我说：“枪炮官，你太太怎么样？”我把内子发烧以及我出门前为她准备的情况报告了一遍，陈东海先生说：“哎呀，怎么这样哪？你怎么早不讲？”我说：“报告舰长，如果今天您不问我，我根本不会讲。如果早讲，您怎么办？没这个任务，您可能就让我回家照顾太太了。可是有这个任务，您也不能让我走啊，让我走了，您少一个值更官，很麻烦。当然您也可以在其他舰借来一位值更官，但这位值更官不见得称手。所以早跟您讲了，您不准假不好，别人会说您太苛，但准假了也不好，既然这样，我干脆就不讲了。”

或许因为类似的经验，陈东海先生对我做事态度有所了解。我回电话给他，他说：“高雄港务局要征求一位年轻的海军将级军官去任副局长，你有没有兴趣去？”我愣了半天没说话，他又问：“你听到没有？”我说：“听到啦，您讲错了吧？”他说没有，我再问：“不然我听错了？”他也说没有。我说：“高雄港务局缺个副局长，李局长是海军的老前辈，我官校快毕业的时候，他是供应司令，但我毕业出来从来没有追随过他，他也不知我是何许人，虽然我很尊敬他，我也曾经住过崇实新村和他近邻，但是他要找副局长，怎么会想到我呢？不可能哪，我和他差了近二十年。”陈先生说：“不管嘛，你要不要去嘛？”我说：“这样吧，让我考虑考虑，不能马上答复。”他说：“对，你也应当好好考虑，你和你太太研究研究，研究好了回我电话。”我放下电话，和内子讲：“哎呀，海军不要我了？我对海军很热爱，海军为什么不要我了？我是不是变成消耗料件，时间到就该撤换了？”内子安慰我：“也不一定是这样嘛，或许人家真正是想借重你。可以考虑呀。凭你的能耐和个性，留在海军，了不起给你升个中将，人家不喜欢你的个性嘛，你专讲真话。”

我很认真地考虑了一两个礼拜，第二次打电话给陈先生，我说：“好吧，既然您向李先生推荐，我就考虑去了。”陈先生马上告诉李局长，第三天是礼拜天，李局长就亲自开车到我明德新村的眷舍来，告诉我此事的来龙去脉。

（二）长官属意接任

当时陈东海先生已经到台航当总经理，与港务局同为省属单位，经常在省议会和李局长碰面。是年李局长已经六十九岁，公务人员退休年龄是六十五岁，李局长一延再延，最多只能延到七十岁。而副局长原是港务局的总工程师，已经在职多年，与主任秘书、局长年龄都相当，仅相差一两岁，故李局长为副局长向上级报请延退。经国先生看了公文，和其时任“总统府”秘书长的马纪壮先生讲：“你跟李连墀讲，他的副局长还报请再延，副局长年龄和他差不多，主任秘书年龄也和他差不多，到时间他退了，副局长、主任秘书和他一起退，这怎么可以呀？你告诉他副局长不要再延了，在海军里找一个比较有潜能条件，还可以发展的年轻将级军官接替，跟他学一年，准备让他接局长。”

当时三个港务局局长都是海军军官，其目的是为配合作战。世界各国在真正发生战事时，港口、机场、火车站这些交通要冲，以港湾尤为重要，故老先生在世时即明示港务局局长由海军人担任。李局长从马先生那里得到这个指示，认为很有道理，但是他在海军任供应司令，没在舰队，对人事不熟。陈东海先生与他同是青岛海校毕业，也是北方人，遂将此事告诉陈东海先生，请他帮忙物色推荐人选。陈先生义不容辞地，当晚就在旅馆内，从三十六、三十七、三十八、三十九、四十等五个年班中挑选，将他认为可用之人，提了二十四个人的名单给李局长。李局长因为仍旧不了解名单上每个人的背景，过了一段时间，又请陈东海先生再筛选一次，最后名单上只剩五个人，我是其中之一。李局长仍要求陈先生帮他推荐一位，陈先生就选了我，并说明我的个性、操守、做事实在要求的程度，都与李局长相似，而且我曾三度任陈先生的部属，他认为我可以。李局长说：“哦，那就是他了。”所以陈先生才通知我。

（三）秘密进行

李局长在我家里讲了一个多小时，临走前他站起来说：“我就代表省政府、代表高雄港务局谢谢你。谢谢你为了我们港务局而牺牲了你海军的前程。”这话由那么资深的前辈口中讲出，讲得我心里很感动。他接着叮咛我：“但是你现在要守口如瓶，不能走漏风声，你照样作你的演习，这件事完全交给我来办，由我向国防部申请，在没有成定案以前，任何走漏的风声都可能有变化。因为愿意去的人很多，中将比比皆是，但是愿意去的人都不够称手。”我当然守口如瓶，照样作我的演习。

十月初，南部的报纸突然刊出：“据闻高雄港务局副局长，将由海军某位马姓少将接任。”我看到这个新闻，仍旧不动声色，很多认识我的人都打电话来问：“老马，是不是你呀？”我装着不知情似的问：“什么是不是我，我正在作团级演习呀！”他们又问：“你不要装傻啦！”我说：“什么装傻，我每天忙着团级演习，连报纸都很少看，只有上床前稍微看一下标题。”他们又说：“高雄港务局副局长是不是你接？”我说我不知道，没看到这个消息，同时问他什么报？第几版？如果是小标题我根本就没看到。他们又再说一次。我只说不可能有这种事情，也不会考虑到我，我和李局长差那么远。就这样打马虎眼过去了。甚至有位姓马的朋友打电话问我，我还反问：“我以为是你，你姓马，也是少将呀！是不是你？你跟我讲真话哦。我正在忙两栖登陆演习。”

一直到最后，连总部的人事署署长李恒彰都打电话问我：“老马，怎么回事儿？”我说：“什么怎么回事儿？”他说：“省政府来文要你去呀，总司令叫我问你。”我说：“既然你问我，我肯定这个消息。”他说他会向总司令报告。所以可能这次事件，使总司令，甚至总长对我都不高兴，因为他们事先一点都不知道，问我为什么不报告？我说李局长跟我讲，后续的事情完全交给他办，叫我不必管哪，我只有遵照前辈的话。因此我答复了人事署，总部就回了省政府的文。此时仍有同学问我，我还是装糊涂。有一次徐学海先生碰到我，对我说：“老马，他们讲是你，我想怎么可能呢？”因为当时高雄港务局的港务长孙文全先生，与宋长志先生同班，也是升少将后到港务局任职。一九五六年，我在丹阳任上尉舰务官，孙先生是驱逐舰队司令崔之道先生的上校参谋长，舰队部人员要到旗舰丹阳办公，所以孙先生常来丹阳，我与他接触很频繁。后来我任武陵舰舰长，他是后勤舰队司令部的少将副舰队长，是我的直属长官，经常到武陵舰，我还在梯口摆梯侍欢迎他。他任港务长，我去接副局长，是他的上司，辈分差那么远，在一般常理来讲，是不大可能的。所以徐学海先生这么讲，我顺口就说：“对嘛，那么资深的老长官在那里做港务长，我去做副局长，怎么可能啊，学长不要信传闻。”实际上那时都快要发布了，但我不能讲。

（四）尘埃落定

十二月初，省府的人事命令发布，十二月十六日生效，我任高雄港务局副局长。一切尘埃落定，我舰队长的职务，也同日终止，且于十二月十九日由总司令邹坚先生主持交接布达，但是公文在二十一、二日才到。公文到后，李局长命港务局总务室主任将公文送到家里来给我，并要他请示我什么时候可以到任。我说舰队长任务已经交卸，明天（正好是礼拜六）就可以报到。总务室主任忙说不要这么急，李局长问我报到的时间，是想为我安排一个茶会，介绍科长以上主管给我认识，明天来不及安排。我想就听局长的，要他向李局长报告我随时可以去。当日下午总务室主任来电话，说李局长希望我下周一，也就是十二月二十八日报到，当天早上八点半他会开车来接我。

（五）前辈众多的港务局

确定报到时间后，当天晚上，我和内子就一同去看孙文全先生。那时他住建业新村，一进门，我就讲：“报告副司令，今天我收到省政府的命令，局长也叫总务室主任来我家交代我二十八日报到。副司令永远是我的副司令，我到港务局，有很多事情不了解，会向副司令求教，希望副司令不要见外，您永远是我的副司令，永远是我的长官。”我此举不是做假，完全发自内心。因为我心想：假如我是他，我上校时的上尉部属，二十年后，他来做我的直属长官，我的心情会是

马顺义担任高雄港务局副局长

怎样？虽然这是身不由己，不是我主动要求和争取的，但是我还是尊敬他是前辈，所以当晚谈得很愉快，我坐了半个钟头才告辞。

隔周一，我按时间报到，李局长为我准备了茶会介绍各部门主管，我看同仁中许多组长、科长，都是过去我在海军中的直属长官。有位航政组的技术科赵姓科长，与柴敬业先生同期，很资深，我官校毕业那一年，他是我的大队长，要求很严，我也很尊敬他，但他在港务局只担任科长。航政组的林组长是马尾海校毕业，原与邹总司令同班。其余比我更资深的还有很多，李局长一一为我介绍，我心里有数，所以第一个介绍港务长孙先生，我恭恭敬敬地向他敬个礼，但我看他脸色还是不怎么开朗，因此我事先去拜候他也是这个原因。后来走到林先生面前，虽然他不曾担任我的直属长官，我也很恭敬地对他敬个礼。等到走到赵科长面前，我说了一声“报告大队长”，他心里也有数了。

所以我到港务局后，我要求自己对资深的同仁，态度一定要合宜。比如开局务会报，局长、副局长、港务长的座位是一定的，这是没办法的事，可是除开会议外，我都称孙文全先生为孙先生，从来不叫孙港务长，因为这样表明了我是他的长官。遇到我认为尚待进一步研议的案件，已经过他时，我一定打电话说：“报告副司令，我是顺义，我马上开车到您办公室。”对于以前的长官，我都是采取这种态度。

（六）守分尽职

港务局副局长的职务，是辅佐局长执行所有任务，所以我并没有专管的业务，等于是局长的助手，当其公出或事病假时的代理人。但是像考纪委员会、福利互助委员会，按规定副局长一定兼任主任委员，我就主持这些业务。

对于长官，我忠于职分，绝不逾矩。对于一般的部属，我并不会像军中要求的那样急迫，多以身体力行来感召。但是基本的“守时”观念则一定要做到。例如我第一天上班，仍按照我在军中的习惯，八点上班，我七点五十五分就到。结果我办公室的小姐还在做清洁工作，看到我，说："哎呀，副局长，您怎么来得这么早啊？"主任秘书来了，也对我说："哎呀，副局长，您不用来得这么早啊，您一定要在八点五分到八点十分才到，因为小姐们也是在这个时候才上班。"我说我的习惯一向是这样。第二天我就八点钟到，但还是太早，后来我就调整为八点十分以前到。

另外如文职单位的开会，李局长的要求是很好的，但是大家对开会的时间观念并不怎么好，局长主持会议，我一定早到，大家也还算守时。但我主持会议一定准时，有人说我太早了，我说没关系，可以与早到的人交换意见。对于迟到的人我也不立即责备，也不特别瞧着他，以免难为情，最多说一下迟到会让别人等候，这样不好。几次以后，凡是我主持的会议，就没有人迟到，并且渐渐推及其他会议。

对于钱的管制，我以"不浪费公家一分钱"为原则，其中有一笔经费，是以福利互助基金的名义，每个月从每人薪饷中扣一个适当数字为基金，每个会计年度，局里也会依规定编列数百万元的预算，拨并到这个基金，让退休的人依据其年资与职务，最高可发到十一万元。我接此职时，定期存款只有一千三百万元，我要求将未存入储蓄存款的款项亦存入储蓄存款以孳生复利，并追回被误扣十几年的利息所得税税金一百二十几万元（按规定这种存款的利息不必缴所得税），等我退休时，交出去的定期存款有四千余万元，成长三倍多。

工程部门的事务，对我而言是一项新的领域，所有工程签案，我都向基层的工程师，或签案的承办人请教，请他们提供原始的资料给我参考，我很仔细阅读，有时也做笔记，慢慢我对工程业务也很熟了。我不在乎这是不是笨办法。

李局长找我到港务局，经过一年以后，也发觉我和他的想法、思维都非常类似。首先是节俭，李局长任港务局长二十年期间，凡是到港区拜访的客人，除了很好的茶招待外，不会有别的东西。而我也有个习惯，每次开会或公文副本的纸张，凡有空白页，我都裁下来当便条纸用，积久也有厚厚数大本，这些纸张如果随原件收回，都全部烧毁，但要制造这些纸张，却不知道要砍伐多少棵树。所以我在港务局，除报到当天，工友为我领几本拍纸簿外，后来十一年中，从来没领过任何一张白纸。这些虽然微不足道，但人人都如此做的话，对环保与生态平衡也有点帮助。

港务局的分层负责分得非常清楚，许多事务，科长即可判行，以免所有公文都集中到上阶层，耽误作业时间。真正到主任秘书和副局长办公室的文并不多，但因为全港务局有三千多名员工，故亦不算少。有些公文组长不便决定者，到主任秘书（当时是四十三年班的谢锦璋）处，他持有局长的公章，可代批代行；若主任秘书也不能批的，到副局长室，我也不能批，因为这些多半是政策性或牵涉广泛的决定，必须由局长亲自批复。若我代批，仍需向局长报告，这就不合规定，历来皆是如此。但若主任秘书因公出差，或以私人事务请假，我就代办所有公文。我看公文非常仔细，经常查《辞源》、《辞海》修正公文上文辞的笔误。至于工程部门的公文，我有不懂者，必请主办工程师或课长为我解说，请他提出原始资料给我参考，这样一点一滴地累积，我自己受益良多，工程人员也惕励谨慎，认真从事。

（七）提前退休

后来我未能在李局长退休时接任局长，这是因为上级的因素，我现在也不好讲。不过，李局长为此耿耿于怀，认为与当初的计划和构想不同。李局长任满交给袁昌炎局长，袁局长再交给朱瑞庆局长。朱局长任满本来要交给我，省府命令亦已经发布，一九九二年十一月一日朱局长退休，我就接任局长，这张人事令我已经接到，但我向朱局长报告，我将提前于十月一日退休，因为按我的年龄，一九九三年八月我就满六十五岁，也应当届龄退休了。

我之所以如此，是有原因的。省政府交通处是我们的直属上级，如果他要我接局长，应事前知会我，征求我个人的意愿，这是必然也是必须的程序。但事先我一点都不知道，直到一九九二年九月底，报上又登："据闻港务局马副局长将接任局长。”我都一笑置之。当时交通处长是严启昌，厦门大学土木工程系毕业，由公路局局长升任。他任公路局副局长时，我为港务局副局长，常在省议会碰面。此人脑筋反应很快，年龄比我稍大一点。我认为他若想升我为局长，应该先与我谈，但都没有，等到十月初报纸披露，我晓得这件事，乃请教朱瑞庆局长，交通处是否曾与他谈过，朱局长也不知道此事。我觉得很奇怪，怎么可以这样作业。直到十月上旬，交通处长陪省议会的交通委员，要到澎湖视察，澎湖的马公港是高雄港的附属港，我们在马公设有办事处，局长无法分身，遂派我去陪同，我乃先到澎湖机场迎接省议员。省议员到后，交通处长即向他们介绍：“向几位议员报告，高雄港务局朱局长十一月一日就退休了，将由马副局长接任，已经定案了，公文马上就要发布。”这是他第一次正式告诉我，当时有一两位省议员，如澎湖籍的许素月议员，马上就说：恭喜副局长啊，将来马公办事处对我们澎湖应当如何如何。我当时只说：谢谢，谢谢。没有任何高兴的表情。因为我总觉得这个作业程序不对劲，有违常理，或另有文章。

公毕返家，是夜我对内子说：现在晓得了，不过我总觉得其中必有隐情。如果我在十一月一日接任，我一定会在翌年的八月届龄退休，按照我的个性，我不愿延期，即使上级为我延期，我也不愿意。因为延了以后，若有议员的请托不遂，他们一定会想办法在质询时修理我，这些事情我看得太多了。我生平做事俯仰无愧，我不愿接受这种羞辱。而且前后只做九个月，我能有什么作为？这当中一定有内情。我也与其他几位相处比较好的同仁研究，都认为其中必另有隐秘。第二天晚上我就去看李连墀先生，把这个情况向他报告，李局长说：“你应当接，不应当退，我这个心愿终于得偿，原始计划十年前就是这样子的。”我乃向李局长分析，此事他们事先一点都没告诉我，而且我接到的人事命令中，我是局长，连副局长的人事也确定了，一同发布。这就不对呀，副局长应当在我接任后，由我选报后核定；如果上级心中已有人选，也应当示意我，让我选报的两人中包括此人。不应当把任副局长的人都代我决定了，其中必有文章。李连墀先生听后，说上级会替我延长一年，我说谁能保证？即使帮我延了我也不愿延，生平做事完全按规定做。我花了一个晚上的时间为李先生说明，最后李先生也同意我的看法。

第二天我就写报告给朱瑞庆局长，请报提前退休，朱局长愣住了，问我怎么会这样子？我说我要学长欢送我。他说他考虑考虑。后来朱局长告诉我，如果他处在我这种情况，他也会这样做，我这个选择很对。此时严启昌就找台航的总经理陈连生先生打电话给我。陈说："哎呀，马副局长呀，严处长要我跟你讲一讲。"我说："学长，我是六十开外的人，提出来的请求都是经过大脑的。谢谢学长，有空帮我转达，谢谢他的好意，我提出来了就不会改变。"最后报上登，严启昌向省府连主席报告，说当初曾征求我的意见，我同意了才签办核定发布的，怎么临时又反悔了云云。

后来我因到交通处开会，顺便找人事单位，才发现其中原委。原签副局长是由总工程师升任，我认为这不太合理，因为总工程师是工程部门的主管，较少接触全般业务。但真正原因是，这位总工程师任副局长后，将来再升局长，我接任局长的九个月，可以带领他熟悉业务，等于是帮他作在职进修。我再经过侧面的了解，才晓得此人有很好的背景，与当局颇有关系。我觉得如果我接任局长，上级示意我要将棒子交给此人，我也可以签报他，但是却完全不尊重我的权责，事先完全不让我知道，这个局长能做吗？同时我在当副局长阶段，所有大的政策都由局长决定，局长未征询我的意见，我绝不乱发议论，谨守副手本分。但是像交通处这样，事先一点都不让我知道，一定有问题。这种做法我不接受。

朱瑞庆局长要我和他一同在十一月一日退，我说这样不好，这种做法反而更怪。他要求我再帮他半个月，所以我实际退休日是一九九二年十月十六日。

最后我离开时，高雄港航各界在华王饭店欢送朱局长和我。当时所有港区记者都在场，朱局长致词完，请我讲话，那时我就讲了："报上传闻，省府长官说当初征求过我的意见，我事后又反悔。此话与事实完全不符。"遂将事情的来龙去脉说明一遍，究竟为什么会造成这种现象，上级为什么故意要让我当事人不知道，临时才发布消息？我不知道，但他说事先征求过我的意见，完全与事实不符，是公开说谎。

我原是港务局的发言人，与港区记者都熟，除了把事情经过讲出来外，我也告诉他们：不要认为自己是港务局不可缺少的人，人人都可以做这个职务，连皇上都是人人可做的。朱元璋是开国皇帝，朱由俭也是皇帝，但同样是皇上，其间差别有多少，这都留待历史去评断。我有所为，有所不为，绝不恋栈，该退就退。而且我退了以后，就是真正退，这样我才有时间回家陪太太，太太这一生跟我太辛苦了。

有些港务局的局长、副局长退休以后，航运界的大老板多高薪聘请为顾问或副董事长，目的是想利用他们在港航界的老关系，为他们当打手。因为对港务局有所求的事情，按规定可以做的，不必到局长、副局长办公室，若到局长、副局长办公室来，都是常理不能做的才来找，来了之后，局长、副局长都会说明为什么不能接受的理由，不能为某个公司开例等。我曾亲自遇到过以前的局长到某个航运公司当顾问后，回头来找我关说某个案子，而这个案子在他当局长任内是完全不接受任何压力而更改的，现在为什么又反过头来向我关说呢？这不对呀，做人的立场和原则是不能如

1992 年 10 月 21 日，高雄港航各界为马顺义副局长举办欢送荣退茶会

此反复的。

也许我这番话记者先生也登出来了，我退休后完全没有任何航运公司来找我，我也没有这个困扰。而且我这辈子在军中，在港务局都做了相当多事情，也相当尽心，退休后该过个清闲的日子。

大陆亲人

我于一九九二年十月中自港务局退休，没退休以前，有一年黎玉玺先生把他在四川故乡的大哥和妹妹接到台湾来，带他们到处参观，也到高雄港来，那时局长到省议会去了，遂由我接待。参观时黎先生问我回去过没有，我说我们不能回去。他顺手把他身上的规定给我看，说："我一样也不能回去，但可以按这个规定把他们接来。"我回家后看这个规定，了解某些等级的公务人员，政府不会核准请假回大陆，但可以向"境管局"申请把家中三亲等以内的亲人接过来。那时我已和家中的弟弟妹妹联络上了，就在一九九一年十二月三十日把两个妹妹、一个弟弟从大陆接来，在我家过年，过了元宵才回去。我从他们的谈话当中听出，家人并没有因为我在海军的阶级而受到折磨。因为家父过去也是军人，比较有警觉性。大陆变色时弟弟才五岁，妹妹稍大一点，父亲交代他们，如果有人问哥哥哪里去了，就只说三十六年考上大学就出川到青岛读书去了，一定要一致。所以看样子，中共对我状况的了解似并不深入。有位四川万县的同学回去后，他的高中同班同学在统战部门工作，就给他看他的人事资料，和我们的人事资料很接近。连他参加过四目屿的海战，得过陆海空军奖章及国军英雄等，都登记得一清二楚。

太平舰沉没时，我自己的东西一点都没带出来，很遗憾的是连父母亲的照片都在那时候丢了。我从初中开始写日记，一直没有断，所以日记很多，大陆陷共后我就很担心，不晓得中共是不是有我的资料。不过看弟弟妹妹的样子，好像不知我在太平舰的情况。我回去故乡采低姿态，怕中共万一翻脸，家中弟妹受不了，所以完全不张扬。他们来找我讲话，要我介绍台湾商人去投资，我就哼哼哈哈地敷衍两句，并对他们说：我是个奉公守法的公务人员，虽然我为他们服务，但是“大夫无私交”，您要我介绍，我没有这个能耐。

敬爱的师长

（一）陈绍宽先生

关于陈绍宽先生，我听过很多前辈对他的看法，都说他为人清廉，把全付精力都放在海军事务上。而且在那个年代，国家并没有足够的经费给海军造船，他就以身作则，从自己开始，每个月扣除多少薪饷，让全军官兵的薪水适量地减低一点，以此节余累积建造新船，果真如此，在那个时代，高官中有如此作为，确属难得。

（二）邱仲明先生

邱仲明先生自德国留学回来后，即派去马尾海校当教官，此时海校因抗战已迁到桐梓。他到桐梓，教过刘和谦先生，同学都说他教书方式是“德国派”，非常严格，如果发现学生打瞌睡，粉笔头就打过去，要学生“站起来听！”后来他教我们航海时，因为我们这一班与在桐梓的最后一班（航十四期）同年级，所以他们与四十年班一起毕业。我们有位同学，是他在桐梓时也教过的，有天上课这位同学打瞌睡，被邱先生发现，就用粉笔头丢他，叫他站起来听，并说：“你怎么还打瞌睡呀？你记不记得以前我在桐梓打你手板呀？你现在站起来比我还高，你还打瞌睡！”他的态度教人凛然，故学生上他的课都不敢打瞌睡。他当舰长时也不出脏话骂人，但是却很严厉地斥责，所以在他下面当军官，很有压迫感。但因为我是他的学生，在官校时，我的航海学从未考过 95 分以下，连出题怪异的常香圻老师出题，我也保持这个水准，因此我在学生时期，邱先生即不曾对我厉声厉色过。

第一学期他教我们磁罗经和地文航海，第二学期以后到毕业就是陈赞汤老师任教。陈赞汤先生也是我很尊敬和永远怀念的老师，因此我自信自己的航海没有问题。

一九五九年我已经是资深上尉，人家叫我不必再做航海官了，我认为学了航海就必须做一任航海官，在海上真正验证一下，就上汉阳舰任航海官。当时舰长是王庭箎先生，是很有名的舰长，外号“王老虎”，脾气较邱仲明先生更刚烈，骂人骂得更厉害。曾经有位副长被他当场骂得流眼泪。此时邱仲明先生已是驱逐舰队副司令，某次“中美”混训，与美国的驱逐舰、潜艇作海上操演，从左营出港，绕过南台湾到琉球，进入琉球的中城湾（Burkner Bay）。因为在攻潜的时候，大家往往忽略船位。到东海岸，已经出雷达范围以外，想测天，但天候不佳，有云层遮月、蔽日，连水平线都无法观测。此时就靠罗远定位，这个科目我们在学航海时仅稍微介绍其原理，美援舰上有此仪器，故我当航海官，先看过书后，特别向舰训部申请训练，实际操作得很熟。因此“中美”混训，每半个小时我就以罗远来定位，一般约十分钟可做一次定位，但我熟练后，愈做愈快，最快可以用五分钟即做好定位。因为攻潜作战，航海官比较没有事，但就在操演愈益热烈时，我频频定位，自海图上看已接近琉球南面的宫古岛，我告诉休息中的雷达军士，请他看某方位是否有什么目标。雷达军士告诉我看见了，我很高兴，因为用雷达定位与罗远定位完全相符，证实我用罗远定位做得很准确。当时邱仲明先生以汉阳做旗舰，见我定船位这么精准，说：“顺义啊，你的罗远定位定得那么好，休息的时候，你来教我。”我客气地说：“这还是老师您教的。”他说：“不对，我那时候还只有讲授原理、原则。”

还有一件最妙的事，邱仲明先生与我同乡，不但同省、同县，而且还念过同一所中学。他大概是四川省资中县第一位念海军学校的人。他是马尾海校五期航海科第一名毕业，我则是第二位，也是班上的第二名。五十几年班中也有两位原籍资中的学生，第五位就是我的儿子了。我念海军官校时，邱先生教我们航海。某个礼拜天放假，我和一位同学到高雄逛，回来途中等着坐公车，上车前看见一位海军中校穿着军服，带着身怀六甲的太太和两个小孩，手上还拎着一个大包袱，正走过来要上车。我和同学看到，车子一开门，我们就帮忙扶着中校太太，牵着小孩，提着包袱上车。坐好后，这位中校看我们的穿着，就问："你们是官校还是机校的学生？"我们说："是官校。"那时我的四川口音还很重，后来他听我和同学对话，又问："这位同学，你是不是四川人？"我说："是呀！"又问我哪里人。我说资中县。他就说："你们学校有位航海教官，叫邱仲明，也是资中人。"我说我不知道。这位先生名叫赖成杰，与邱仲明先生是海校同班同学，也是四川人，没升到少将，很早就离开海军。

他告诉我这件事，我心里有个概念，礼拜一有航海课，两个钟头连着上。我在第一节课休息的时候，故意拿问题到教官休息室去请教邱仲明先生，事实上我都了解，问完后，我问邱教官："听说您是资中人啊？"邱教官的口音已经变很多了，他问我哪里人，我说："我也是资中人。"他很惊异地说："啊，你也是资中人！资中人也有来念官校的？"我说："是啊。"他又问我念哪所中学，我说省六中（四川省立第六中学，位在资中县城内），他也是省六中的。但他那个年代是旧制中学，我念时，则已是分初中、高中的完全中学。又问我哪个镇，我说银山镇，他是太平镇。接着谈起他家中的人物，我多少听人讲起过，后来他说他住在左营合群新村，要我周日到他家去玩。我遂于那个星期天去拜访，发现邱夫人也是资中县的县立女中毕业的。因为大家都是离乡背井来台，夫人很自然而然地把我当作子弟看待，我与邱教官的关系一直都处得很好。但在公事上，我是谨守本分，他当舰长，我当舰务官时，表面上别人看不出我与他的关系。

（三）何树铎与林鸿炳先生

另外我与何树铎先生、林鸿炳先生都很熟。

我很尊敬林鸿炳先生，一九五一年，我们甫自官校毕业，上船当见习官，那时他是最有名的太昭舰舰长，到他船上见习，是很具挑战性的。他操纵军舰像开车子一样，技术好得没话说，我们这些 baby officers（年轻的小军官），视他如神一样。后来我历练出来也当到太字号舰长，我管带的太原舰比太昭舰更新，马力更大，我操纵军舰也像开车子一样，我的官兵也很佩服我。追根究底，这是因为我跟随了名舰长，他们操纵舰只时，我都很用心地看，同时心想：如果是我来下舵令，下一个舵令是什么。果然几秒钟后舰长下令，与我所想相同，我就很高兴；如果几秒钟后舰长下的舵令与我不同，我一定想为什么？可能是天候、风向不一样的缘故。因为我从少尉军官阶段就跟随着这些好舰长学习，所以这样的心得很扎实，不然只是像看风景而已。所以我当舰长后，任何状况下均指挥裕如，从来没有问题难倒我。

至于何树铎先生，一九五五年我在舰队指挥部通信处任中尉通信官代计划科科长，何先生则任总部通信处处长，故与他有很密切的接触。何先生个性也相当急，他也晓得我作业的能力，当时正好进行通信改制，常常到全军各地讲习。通信网路的作业，当然由通信站派实际收发报的技术人员，去学习通信的规程与系统，舰指部就是派我参加。何树铎先生带一位幕僚，到各地讲习。之后何先生担任咸阳舰（16 号）舰长，我就在汉阳当航海官。

（四）陈赞汤先生

陈赞汤老师让我很敬佩的一点是，在一九五〇年，大家生活普遍很苦，我们当学生的月饷只有新台币三十元，当时的黄金价是新台币三十六元一钱，陈老师虽然是上校研究教官，很资深了，但他的家庭生活却很清苦，据悉在家中常吃稀饭。育有两女三子，我在官校时，陈老师的长女陈超念高雄女中，长子陈骥念高雄中学，坐不起公共汽车，每天沿着火车轨道走路到高雄上学。不过他从来没缺过我们的课，为增加收入，陈老师又至省立高雄水产学校兼课，过度劳累，身体不太好。那时他好像已经有肝病，有时在课堂中发病，他就一手抚着腰，皱着眉头上课，一点也不提早下课。实在忍不住了，就请一阵子假，销假回来就召集他授课各班班长，说他已经与教育处协调过，将利用课外活动的时间，把他请假期间耽误的课补回来。补完了后，还说："同学们，很抱歉哪，耽误你们课外活动的时间。我讲的还有没有不懂呀？还有不懂的话，我再跟教育处讲，再安排几个课外活动时间，你们牺牲一点，我再来跟你们讲得详细一点，马上要考试了。"这种完全发自内心的言语，听后很令人感动。虽然他教书的方法不一定很好（教得最好的是常香圻老师，邱仲明老师也很好），但他非常用心，很能让同学了解他所教的东西，后来我们的天文航海都是他教的。

陈老师苦得在家只能吃稀饭，表示他操守很好，这是一般人做不到的。当时总司令是桂先生，马尾海校出身的人少有机会出头。后来有位校长的侍从官晓得他的情况，遂向校长报告。校长乃专门下个条子，指示在学校每个月的余粮中，酌拨若干给陈老师。

一九五一年九月上旬我们考完毕业考，要等到九月三十日，蒋中正"总统"才能来举行毕业典礼。这段期间，桂总司令每天找几位同学作个别谈话，谈完后必定问一个问题："你们对学校里面的老师、教官、队长，最尊敬、印象最深的是哪一位？"我们有八个班，陈赞汤老师不一定每班都教，但差不多有百分之九十五的同学都说最尊敬陈赞汤老师。我们快离校前，桂总司令又来对我们训话，说："有百分之九十五的同学都说陈老师好，可见他真是好。"所以我们一毕业，陈赞汤老师就调升教育长，继升少将，后来做到"国防部"第五厅副厅长（主管教育），一九五九年四月病逝于任内。

我想陈老师一生是累坏了。一九五二年我上船后，当时少尉军官月饷是新台币六十六元，外加海勤三十六元，共一〇二元，扣除保险费等开销，一个月实领九十五到九十八元，约合三元美金。我们少有机会到金门、马祖，如果去的话，我一定会托伙委带一两条黄鱼回来，送给陈老师和邱老师，表示我的一点心意。

陈老师的子女都很成材，长女陈超毕业于成功大学化工系，拿到奖学金赴美留学，半工半读，先后拿到硕士、博士学位，在美国事业很有成就，是成大的名校友，与前高雄女中校长师蔚霞同班。

海军史政资料

抗战以前，海军总部每年会印发一本《海军年鉴》。一九五一年，海军官校自厦门迁台的第三年，学校新建一所图书馆，图书尚未完全上架。是年八月，也就是我们毕业考试期间，考我们四年来在海官校所受的每一门科目，书本叠起来有一公尺多高，我们特别找一位个子最矮小的同学站在书旁照相。考前一个礼拜，队长特许我们每天用功到子夜，但不得逾时。我到图书馆温习功课，发现《海军年鉴》这本书，等温书完了以后，就翻阅此书，发现上面记载了某年某月，海军部派多少人赴英留学，哪一年派军官赴德留学，等于是海军的一年大事记。由此可知陈绍宽先生培养海军人才，真是不遗余力，而且是有计划的。派出者均在当地国的海军官校受训，或更高一层的指参教育。选派学生不另考试，以当年班的毕业名次为序，这样让学生在学生时代即开始用功，学得很扎实，故陈绍宽先生时代的马尾海校学生，学问都很好。再往前溯，严复先生即是马尾海校航海科毕业，留英回国后，曾任天津水师学堂总教习。他对引进西洋学术，居功厥伟，特别提倡翻译西书要做到“信、达、雅”的境界，这对现代的翻译工作而言，仍是理想标准。

我在图书馆看的年鉴只有抗战以前的，不曾见到抗战以后的年鉴，不晓得海军总部有否出版。我觉得这是一个重要的史政资料。

一九五九年，我在汉阳舰担任上尉航海官，海军总部开始建立舰上的史政资料，要求各舰每月呈报舰上的大事记给总部，总部再汇整成为各舰的史政资料。刚开始没有规矩可循，业务归谁做也不明确。当时副长是高我一年班的学长，我们二人相处融洽，而我这个航海官，等于是不管部大臣，凡是舰上不明确的事务，都归航海官处理。我的个性，凡是上级长官交代的事，我都是“Aye，Aye，Sir!”地去做了。不过实际上航海官的工作时间也比较有弹性，航行时航海官很辛苦，一天几乎没有休息，即使半夜突然要转航向，航海官都要起床来定位，向舰长报告请示转向；可是在港的时候，航海官作完例行训练后，业务没有其他部门主管那么繁杂。所以副长要我做这个史政工作，我就欣然地接下来。

由于我平常有写日记的习惯，而且航海官在舰上也要综理航泊日记，每个月要作航行资料的统计，记载这个月航行任务多少，何种任务，航行多少时间，航行多少海里，这个统计资料出来，就记在航泊日记的最后一页，再报抄本给总部，舰上保留原本。如果说不特别整理，从航泊日记中拣重点出来，也就是船上的史政资料了。我开始做时，将船上航泊日记的重点挑出，并加以简单的描述，按月逐条报到总部。我整理好后，拿给副长看，他说：“哎呀，马顺义，你整理得真是不错。”我说：“我这是自己杜撰的，请副长要特别修改。”我这样按月呈报，半年以后总部一看，发现全军只有汉阳军舰做得最好。而且要将汉阳军舰整理得比较完整的一两本，印发给全军，当作史政资料的范本。这是我始料所未及的。及至我当舰长阶段，为精简人事，航海官一职就裁撤掉了，航海业务由副长兼，史政作业则由战情官兼任。他们做好的史政资料会先拿给我看，我看得很仔细。

我在海上从未出过海事，这与平常的要求有很大的关系。航泊日记，按规定应当在每天早上八点钟，将前一天的航泊日记呈给舰长看，然后签名。我当舰长时，我是按天看，但很多舰长因事情忙碌，看见副长已经签了名，未曾细看，也签名了。航泊日记的左边一页是固定资料，如风向、风速、温度、气压、海浪的方向与高度等，每个小时要记一次。右边是记事栏。规定要用铅笔写，若有错误需修正，不能擦掉，必须划一杠，然后再把修正文字写在旁边，修正者签名。我每天无论航行再忙，都很仔细地看，而且完全按照航海规定来做，若有错，就把航行值更官和副长叫来，指明错处，如何修正。这样做了几次之后，军官就不敢乱写，副长也不敢马马虎虎地看，这样就能保证航行的安全，而且也能对副长以下军官施以良好的训练。

另外海军中还有夜令（night order），意指航行中的舰只，不管单舰或编队任务航行，操演至晚上零时以前，一定结束，让官兵在夜航时可以休息。夜航时一定要有夜令簿，舰长将晚上航行应注意事项，写明在夜令簿上，让每个值更官有所依循。夜令包括航行的起讫点、航速、转向次数、转向时间、转向点的参考目标等。系单舰航行或编队航行，单舰任务为何，编队航行居何部位，向导舰的方位距离，以及战备准备、建立何种防险等级等，都要逐条注明清楚。最后一条一定是：今晚我住舰长室，有任何事情、任何疑难，不要犹豫，立刻打电话报告本人。还有一项是夜令常规（night order standing order），这是一成不变的规定。一九五九年我当航海官以前，各舰的夜令常规并不相同，由各舰舰长自订。任航海官后，洛阳和汉阳一起自美接回台湾，后来又有南阳和咸阳，一共四艘阳字号舰。我将其余三艘阳字号的夜令常规拿来对照，发现互有出入，我乃以汉阳为基础，将之合并汇整，翻译成中文，报告副长，请他看看是否有价值；若有价值，请建议总部，把这个东西印成全军可通用的规章，印在夜令簿的第一页，如此各舰都有统一的夜令常规了。副长嘉许我的做法。我又送给舰长李正燊（赴美接汉阳舰的副长）看。舰长大表惊异和嘉许，决定呈报总部。半年后，总部通过这个建议，周知全军通用。也因为如此，我当舰长后，就很重视夜令，而夜命中最后一条是：余如夜令常规，故每个值更官接更前都必须仔细看夜令常规，并签名。我训练新进军官，一定先让他看这个常规，询问是否有疑问，我可为其解答。若能完全懂得这个规定，则此军官必定能做个相当称职的值更官，这样夜航时，舰长才能获得适度的休息。

这是我在担任航海官期间多做的事，但对海军很有帮助。

航海军官不一定对航泊日记的每一项都看得懂，比如：在海上发生气压表突升突降四个毫巴，表示地区有突变气象，要立刻报告舰长。所谓突升突降者，因为每小时要看一次气压表，标准气压是 1013 毫巴（760mm 的水银柱）。气压表的结构，里面有一根指针指示目前气压，外面还有个手动的指针，通常由值更航海军士负责看表。若 0800 的气压是 1020 毫巴，航海士即在航泊日记上记好，同时将外面的手动指针转到与里面指针相重叠的地方。0900 再看一次，若变成 1022 毫巴，表示升高 2 个毫巴。如果 1000 再看时，变成 1026 毫巴，表示突升 4 个毫巴，此时必须马上报告舰长。但这条规定很多值更官看过后就忽略了，也未追究其中的道理。我常抽问新进军官，大部分都不懂，我要他们去看航海书第几章第几节，他们就了解了。

某年夏天我护航运补到南沙，经过菲律宾海域，一天下午三点多钟，远远看见前面乌云遮日，有大风雨的迹象，我马上告诉航海军士和值更官，此即气象突变，要航海军士看气压表，与上一小时相差多少？航海士报告相差 5 个毫巴，我即说明此乃“突升突降 4 个毫巴以上，表示有风暴之意”，果然不一会儿，大风雨直扑本舰，不及半小时，又雨过天青了，值更官对此印象就很深刻。我就这样一点一滴地带领我的军官上道，所以与我相处一段时间的军官，之后再到其他舰上服务时，大都能获该舰舰长很大的信任。

结　语

最后，谢谢吴教授、张教授、曾小姐在溽暑期间，南来寒舍进行数次访问，自认生平所为均非常平凡。综合以上所述，我半生戎马在海上，从海军有机会转任高雄港务局副局长，凡十一年余，再按公务人员规定限龄退休。回顾这一生，我从西南环山丛中四川的农村子弟，唱大江东去而到省外参加海军，有下列几点感想。

首先，也许我是农村子弟，所以做任何事情，均实在而求真，对怀疑的事务，一定在得到真正了解时才贯彻执行。这一点从我当学生时期，担任基层职务，一直到历任舰长、舰队长，在任何岗位上都以求真求实不苟且的精神，来处理事情。对于公务完全尽职、尽力也尽分，一点都没有投机取巧和自我荒殆的情况。对于工作、国家和海军，自忖无忝无愧。现在退休后，常遇到过去的老同事，经过四五十年，我还记得他们的名字和家庭概况。大家聊起过往的日子，他们也都记得我怎么要求，当时他们都感到受不了，现在则哈哈一笑，认为我是对的。而且不管他们叫我通信官、副长或舰长，咸认我对得起国家，对得起海军，对得起同仁，这种反应，让我觉得相当安慰。

其次，也因为我是农村子弟，接受传统的教育，对于勤俭与物尽其用的原则，把握得非常好，自我要求也很严。以勤俭而言，后来我在军中担任舰长职务，当时经国先生为“行政院长”，推行十项行政革新运动，一般人会认为受不了，但以我看来，这都是应当要求的。反躬自省，自认这十项要求，我都行之有素，并非新东西。至于物尽其用，在家庭生活中，及在船上历任部门主管和各级主官任内，均掌握这个原则，故我在武陵舰长任期，虽因该舰为日本赔偿舰的最后一艘，物资状况非常缺乏，且不受美援资助，前几任舰长都捉襟见肘，而我却把能够用的东西都留下来选用，所以可以把武陵舰的机动性发挥到最高程度。又如我手中这枝机械式铅笔，是一九五八年买的，至今仍非常好用，发挥它最大的功能。我的子女要我丢掉，但我认为还很好，一定要将东西的功能用到最大限度。我不但对私人要求如此，对于公务要求也是如此。对于公款，一介不苟，公私分明，这是我最感欣慰的。担任历届主官，几乎大多数前任交接时，经费移交多有赤字，到我接任后的一个月到三个月，即能完全将接收的透支部分补平。等到我交接给下一任时，则是有多余的钱移交给他们。所以不管在任何职务，别人觉得财源窘迫，我则觉得游刃有余。

第三，对于练兵、用兵，及士兵的管教训，我以身作则，自己做到什么程度，也要求部属做到什么程度。我在海上待过十艘船，其中四艘是担任舰长职，但我从来没发生过海事及意外事故，即因我要求得很实在而有恒，故在任何恶劣的天候和艰苦的任务下，都不会有任何危险发生，这点我也很感欣慰而自豪。

第四，政府明令规定：公务人员退休后，在一定时间内，不得于民间从事与军中或任公职时相同或相对的工作。据我所知，许多港务局的高阶人员退休后，马上转任民间的航运公司担任顾问等高职，享受优厚的待遇。然而这种优厚的待遇后面，业主多半是想利用你的人脉关系，或是希望你当打手，对于这种事，我个人是相当厌恶的，绝对不做。所以在我退休时，新闻记者正式访问我，我即说："不再介入与过去职务相关的工作，以免使原单位的同事发生困扰。"作为一个公务人员或军人，若能坚持这个原则，不管是在军购案件或任何其他事务，才能让民间对军人和高阶公务人员观感不佳的情况减少。

最后，胡适之先生曾说过一句话："但开风气不为师"。胡先生在中国近代学术史上地位的重要是人尽皆知的，他的一些观点和治学方法，也是现在很多学者和青年学生所景仰的，我个人非常钦佩他说的这句话。我在军中三十年，在海军服务时，不少同仁批评我的很多做法是在创新，可是实际上我并非创新，都是按照规定不打折扣，实实在在地执行就是了。用这种精神来做事情，让自己的成功率、可靠率和战备都能充分发挥，也使安全得以确保。因此我相信自己对军中的部属，或多或少有些影响。我常对他们说，不要把我当成老师，大家互相研究，把风气带起来，对海军才有点实质的贡献。海军的建军和发展，对国家的安全和国防非常重要，一定要让海军的建军中心思想，及行为法则建立起来，并一代一代传下去，发扬光大，才能让海军真正走向光荣和壮大的途径。